Maine de Biran

Influence de l'habitude sur la faculté de penser

essai

ISBN : 978-1511511827

10 9 8 7 6 5 4 3 2 1

Maine de Biran

Influence de l'habitude sur la faculté de penser

essai

Table de Matières

Introduction Pierre Tisserand (1920)

Après un séjour à Paris de treize mois, Maine de Biran rentre à Grateloup vers le milieu de 1798. Il commence par se remettre à l'étude des mathématiques, comme l'attestent les lettres de Van Hulthem [1], pour revenir bientôt à ses études préférées, les études métaphysiques, comme on disait alors. Il travaille au *Mémoire sur l'influence des signes*, qu'il n'a pas le temps d'achever. Le 13 germinal an VII (2 avril 1799), le prix est décerné à Degérando. Quelques mois après, le 15 vendémiaire an VIII (6 octobre 1799) la *Classe des Sciences morales et politiques de l'Institut* met au concours le sujet suivant : « Déterminer quelle est l'influence de l'habitude sur la faculté de penser, ou, en d'autres termes, faire voir l'effet que produit sur chacune de nos facultés intellectuelles la fréquente répétition des mêmes opérations. » Maine de Biran prit part au concours; et à défaut du prix, qui ne fut pas décerné, son mémoire obtint une mention très honorable. Le sujet ayant été remis au concours le 15 germinal an IX (6 avril 1801) il remania son manuscrit, en modifia sinon le fond, du moins la forme ou la composition. La commission, composée de Cabanis,Ginguené, Réveillère Lepaux, Daunou et Destutt de Tracy, chargée par la *Classe des Sciences morales et politiques* d'examiner les 7 mémoires qui lui avaient été adressés, fut unanime à accorder le prix au Mémoire de Maine de Biran, 17 messidor, an X (le 6 juillet 1802). Destutt de Tracy, chargé du rapport, jugeait « que cet écrit était plein de sagacité et riche en observations fines et profondes, qu'il prouvait beaucoup de connaissances et de talent, qu'il jetait de grandes lumières sur le sujet, et qu'il était très capable de faire faire encore de nouveaux progrès à la science ».

Van Hulthem tenait Maine de Biran au courant de ce que l'on pensait à Paris de son Mémoire; il lui écrit le 12 germinal an X : « J'ai vu que vous avez été bien près d'avoir le prix à l'Institut, car le meilleur Mémoire était sans doute de vous ; ne perdez point courage, une seconde fois vous serez plus heureux. » Puis, le 12 floréal : « J'ai vu dans les journaux littéraires l'éloge que l'Institut a fait de votre Mémoire sur l'*Influence de l'habitude*. J'espère que cette fois-ci, il obtiendra la couronne qui lui est destinée. Si je parviens à connaître les rapporteurs (et je pense que

---

1 Représentant du département de l'Escaut, au Conseil des Cinq-Cents où il fut le collègue de M. de Biran.

cela ne me sera pas difficile), je ne laisserai pas de vous en envoyer les noms. » Enfin le 19 prairial, an X, il lui annonce cette grande nouvelle : « Mon cher Biran, *Gaudium magnum annuntio vobis.* Laromiguière me dit à l'instant qu'il a parlé à Destutt de Tracy et à Cabanis, deux des rapporteurs de la question sur *l'Influence de l'habitude.* Ils lui ont dit que votre Mémoire est supérieur à tous les autres et qu'il sera couronné en messidor. Ils ont été bien aise d'apprendre qu'il appartient à un aussi honnête et brave homme. Ainsi, mon cher, recevez d'avance mes bien sincères compliments de félicitation et soyez bien persuadé que ceci me fait plus de plaisir, comme je l'ai dit à mon collègue Laromiguière, que si le Mémoire était le mien. J'irai voir Cabanis, autrefois membre du Conseil des Cinq-Cents, aujourd'hui sénateur, que je connais très particulièrement; sa connaissance pourra nous être bonne à quelque chose. Je vous embrasse à la hâte. Mes respects à Madame de Biran. Votre bon ami, Van Hulthem. »

Le prix de l'Institut consistait en une médaille d'or et un don de 1.500 francs, en argent [1].

Sur le conseil de ses juges, Maine de Biran publia son Mémoire, quelques mois après qu'il fut couronné, chez Hendrichs. L'ouvrage a été réédité par Cousin en 1841 (*Œuvres philosophiques de Maine de Biran,* de Ladrange).

Les manuscrits du 1er et du 2e Mémoire sont conservés dans les *Archives* de l'Institut. La *Bibliothèque* de l'Institut possède une copie du manuscrit du Premier Mémoire (MSS, NS, CXXVIII), un cahier qui doit en être considéré comme le brouillon *(Id., CXXIX)* et un exemplaire de la 1re édition de 1803, avec des notes marginales de la main de Maine de Biran lui-même (CXXI) [2]. Il convient enfin d'ajouter à ces pièces fondamentales de nombreux fragments, des feuilles détachées, qui font partie du fonds Savy de Biran, de la bibliothèque de l'Institut. Nous puiserons à ces différentes sources, dans l'étude qui suit, adoptant le signe A, pour désigner le brouillon, B le manuscrit du Premier Mémoire, C le Second Mémoire, D les notes imprimées de l'édition 1803, qui ne figurent pas dans le manuscrit présenté par

---

1 Correspondance inédite avec le Comte de Féletz (Archives de Castang).

2 Manuscrits de Maine de Biran (Fonds Naville).

Maine de Biran à l'Institut, E, les notes manuscrites de l'exemplaire de la bibliothèque de l'Institut.

Avant d'entreprendre l'analyse de l'ouvrage, il importe d'indiquer dans quelles dispositions d'esprit, Maine de Biran abordait son sujet, ses rapports avec l'objet de ses premières méditations et les travaux des philosophes contemporains.

I

Le premier journal de Maine de Biran

Dans son *Premier Journal,* Maine de Biran se montre à nous comme moraliste plutôt que comme philosophe. Certaines pages du journal de 1794-95 évoquent d'une façon irrésistible par la forme comme par le fond les *Confessions* et les *Promenades* de J.-J. Rousseau. Dans cette période agitée, en pleine tourmente révolutionnaire, il médite sur les conditions privées et publiques du bonheur. Pourtant dès cette époque ses goûts le portent vers l'étude de la philosophie. Il lit et critique les ouvrages de Locke, Condillac, Bonnet. On ne peut pas dire, quelle que soit l'influence qu'ils exercèrent sur le développement de sa pensée, qu'il se rallia jamais entièrement à la doctrine d'aucun d'eux. Peut-être était-il plus près de Locke que des deux autres, par le souci qu'il manifeste, dès cette époque, de l'observation directe et précise des faits.

Mais il aperçoit déjà très nettement, par conséquent plusieurs années avant qu'il ait eu connaissance des Mémoires de Cabanis [1], l'importance des sensations organiques dans la vie morale [2], l'influence

---

1 Les 6 premiers Mémoires sur Les rapports du physique et du moral furent lus en 1796 et 1797 à l'Institut (Classe des Sciences morales et politiques).

2 On manque, et peut-être manquera-t-on toujours de données et d'observations suffisantes, pour déterminer, dans tous les cas, quelle est la disposition générale, dans les organes internes, qui correspond à tels modes, à telle allure de la pensée, ou encore quel est l'organe particulier dont l'action fait naître tel genre d'idées. Mais cette correspondance est une vérité de sentiment pour tout homme qui sait s'observer lui-même, surtout lorsqu'il est doué d'une constitution délicate. Je n'ai pas besoin de nommer les philosophes dont j'ai emprunté dans cet article les idées, et quelquefois peut-être les expressions, mais j'ose dire que ces idées m'étaient devenues propres depuis longtemps, et m'avaient été suggérées par ma constitution même, quoique je n'eusse pas su les développer, ni peut-être même me les, éclaircir parfaitement à moi-même (p. 169).

qu'elles exercent non seulement sur notre sentiment de l'existence et sur notre bonheur, mais aussi sur le cours de nos pensées, et c'est là une découverte qui devait avoir en psychologie une portée considérable. Le sensualisme de., Condillac, comme celui de Hobbes, était en quelque sorte moulé dans les formules du sensualisme traditionnel, qui considère l'esprit comme un produit des sens externes et de l'habitude. Bien loin d'expliquer la vie humaine, cette philosophie n'explique même pas la vie animale. Déjà dans son *Discours sur l'homme*, plus tard, dans ses *Notes* sur le *Traité des animaux*, Maine de Biran soutient que l'instinct ne se réduit pas à l'habitude, qu'il dépend de dispositions intérieures qui ont leur source dans les profondeurs de la vie organique et qu'il en est ainsi non seulement de nos sentiments, mais de la plupart de nos liaisons d'idées.

Bonnet, malgré des efforts louables pour expliquer scientifiquement la pensée, et mettre sous les mots, qui désignent les opérations intellectuelles, des images précises, est tombé dans les mêmes erreurs que Condillac. Bien plus, il en commit d'autres qui lui sont personnelles. En réduisant la liberté au pouvoir que nous avons d'exécuter nos désirs, on peut dire qu'il en méconnaît la nature. Maine de Biran, se référant au témoignage du sens intime, lui répond qu'elle est le pouvoir d'agir sur nos représentations et par ce moyen de modifier le cours de nos désirs comme de nos idées.

Fatalisme physiologique, liberté, tels sont donc les deux pôles contraires autour desquels gravitent, à cette époque, les idées de Maine de Biran ; mais leur centre principal d'attraction est l'idée du destin. Elle se rattache dans son esprit à un ensemble de faits précis : les sensations organiques. Les moments où il échappe à leur influence sont si rares, qu'il est parfois entraîné à douter du pouvoir de sa volonté. Il n'a pas encore trouvé la base organique, ou, pour parler plus exactement, l'instrument d'un tel pouvoir. Dès lors il devait être conduit à le mettre en question. Une autre raison qui l'inclinait à cette opinion, c'est qu'il partageait l'opinion des philosophes de son temps sur l'objet de la science. L'esprit humain doit renoncer à la recherche des causes premières, car il ne peut connaître que des effets. L'important c'est de remonter à l'effet le plus général, comme l'ont fait Newton en astronomie, Condillac et Bonnet en philosophie. Mais si la sensibilité physique joue dans la vie morale un rôle analogue à l'attraction dans le monde astronomique, si toute connaissance se réfère aux sens, à quel sens faudra-t-il rapporter la liberté ? Qu'est-ce que le sens intime ? Et si l'on ne peut lui attribuer aucun organe, aucun instrument, qu'est-ce qui nous garantit son existence ? N'est-ce pas l'objet d'une croyance morale, comme Maine de Biran le suppose à certains moments, plutôt que d'une certitude psychologique ? Ces objections ne se trouvent, du moins à notre connaissance, formulées nulle part, dans ses premiers écrits, avec une telle précision ; il est visible néanmoins qu'il n'a pas encore découvert une preuve décisive de la liberté, et qu'il a plutôt le sentiment que la certitude de son existence. L'unité n'est pas faite dans son esprit. Il reste soumis à des impressions contradictoires, et comme la plus forte, celle qui est le plus profondément enracinée en lui, est celle de l'influence du corps, il est plus porté à gémir sur son impuissance qu'à la combattre par le libre usage de sa volonté, comme si, par moments, il venait à douter de sa réalité.

Il semble que les méditations qu'il fit sur l'influence des signes, et qui sont postérieures aux méditations précédentes de près de trois années, aient abouti à des conclusions plus fermes sur l'activité originale de la pensée. Il se rendit compte des différences irréductibles qui existent entre les idées morales, les idées mathématiques et les idées de substance, de l'impossibilité par suite de constituer une langue universelle. Les idées sont les moyens dont se sert notre esprit pour appréhender le réel. Il ne s'agit donc pas de plier les faits aux lois formelles de la pensée, mais d'y ajuster le plus exactement possible ses représentations. Que gagne-t-on à ranger ses idées dans des classifications arbitraires, qui ne correspondent nullement aux véritables rapports des choses ? Les mots rendent de précieux services à la pensée, mais à la condition de rester ses instruments, de se soumettre à ses lois ; c'est elle qui les a créés pour ses propres besoins : elle doit toujours dominer son ouvrage.

Toutes ces observations sur les rapports du physique et du moral, toutes ces données, parfois contradictoires, de l'observation interne, toutes ces analyses de nos idées, bref, tous les matériaux accumulés pendant ses années de retraite à Grateloup, et qui n'ont pu être utilisés dans un ouvrage digne de lui, n'étaient pourtant pas perdus ; ils n'attendaient qu'une occasion favorable pour s'éclaircir, se préciser, se coordonner ; Maine de Biran crut la trouver dans la question mise au concours par la *Classe des Sciences morales et politiques de l'Institut sur l'influence de l'habitude.*

II
Influences de Condillac, Bonnet, Cabanis Barthez, de Tracy

Cette question se divisait en deux parties, l'une, préliminaire, portant sur la division de la pensée ou la classification des facultés ; l'autre, fondamentale, se rapportant à l'influence de l'habitude sur chacune d'elles. Pour répondre à la première question il était nécessaire que Maine de Biran s'inspirât des travaux des philosophes antérieurs ou contemporains ; et dans les vingt premières pages du brouillon de son *Premier Mémoire*, il a soin de noter ce qu'il leur doit.

*
* *

La réputation de Condillac était grande auprès des membres de la deuxième Classe de l'Institut qui avaient mis ce sujet au concours. Destutt de Tracy, dans un mémoire sur la *Faculté de penser* qu'il lut lui-même devant ses collègues des *Sciences morales et politiques,* disait : « Condillac a été plus loin (que Locke) dans son admirable *Traité des sensations* ; il a exposé un grand nombre des effets de la sensation dans l'entendement, avec une analyse si exacte et si claire, qu'il ne reste plus aucun louche sur l'origine de nos idées. Cet excellent ouvrage me paraît, sous ce rapport, d'une perfection qui ne laisse rien à désirer, et on peut dire que la statue de Condillac apprend complètement aux hommes comment ils sont modifiés intérieurement par leurs sensations. Voilà donc un point bien éclairci [1]. »

Il est bien vrai, reconnaît Maine de Biran, que la sensibilité est pour les êtres vivants un principe d'une généralité aussi grande que l'attraction pour la matière. Mais tandis que ce dernier principe repose sur de très nombreuses observations et que les applications diverses, que l'on en a faites, en prouvent la fécondité, il s'en faut de beaucoup que le principe posé par Condillac comporte des applications aussi exactes et aussi générales. Si l'on admet que la sensibilité physique est tout entière dans les cinq sens externes, il s'ensuit que rien n'est antérieur à leur exercice et par conséquent à l'expérience externe, que l'appétit et l'instinct se confondent avec les connaissances et les actes réfléchis, que les hommes ne peuvent différer que par la plus ou moins grande finesse des sens. Aussi les philosophes se sont-ils d'autant plus égarés qu'ils sont restés plus fidèles à leurs principes et l'esprit de système les a conduits à combattre l'expérience la plus évidente. « Comment se dissimuler, pour peu qu'on se soit observé soi-même ou qu'on ait observé la nature organique et sensible dans ses divers états, qu'il existe une correspondance parfaite entre les dispositions des organes internes, leur excitation par des moyens appropriés, leurs lésions dans divers états de maladie, leur développement naturel ou leur mutilation, les variations enfin de quelques-uns de ces organes ou de leur ensemble par des causes accidentelles ou naturelles, et les penchants, les modes de la sensibilité, l'apparition de telles images, la tournure des idées, toutes les nuances enfin, tous les degrés de force ou de langueur dans les facultés intellectuelles [1]. » Le parallélisme n'est-il pas la preuve d'une liaison de cause et d'effet entre les fonctions organiques et les facultés intellectuelles ?

Les excitations externes ne viennent donc pas impressionner un sujet indéterminé comme la statue de Condillac ; elles servent bien plutôt à donner la forme à un fond primordial, déterminé par l'organisation intérieure et l'ensemble des dispositions que le système porte en lui. De là dépendent les appétits, les penchants des êtres sensibles, et, chez l'homme même, la direction de la volonté, la force des passions et l'énergie de certaines idées, dont on chercherait vainement la cause en dehors. Cette erreur initiale de Condillac, nous avons vu que Maine de Biran l'aperçut dès ses premières réflexions philosophiques, bien avant que Cabanis l'eût dénoncée et réfutée dans son *Mémoire sur l'histoire physiologique des sensations*.

Elle eût entaché toute la science idéologique, si fidèles à leur méthode, Condillac et les philosophes, qui l'ont suivi, eussent tenté d'expliquer par de simples considérations sur le physique de l'homme toutes les opérations de l'intelligence; mais délaissant de telles considérations, ils ont trouvé, dans l'usage des signes artificiels, un nouvel instrument

---

1 *Premier appendice*, p. 227.

d'analyse et ils ont désormais limité leurs recherches à l'étude de l'influence des signes sur toutes les opérations de l'entendement. Dès lors « ils ne songèrent plus qu'à composer et décomposer les signes de nos idées de tous les genres, pour en connaître les éléments, à observer et comparer l'ordre successif des signes dans les constructions des langues, pour apprécier la manière la plus naturelle, dont ces idées peuvent se lier entre elles et former des tableaux réguliers et complets. Ainsi la pensée fut considérée comme un art qui suit les mêmes progrès que l'art de parler et est identique avec lui. Ainsi l'idéologie fut transportée tout entière dans la grammaire générale » [1]. Mais l'analyse abstraite des formes du langage ne remplace pas l'observation ; elle nous laisse non seulement dans l'ignorance de toutes ces opérations simples de l'entendement qui suivent immédiatement les lois de la sensibilité, mais nous trompe sur la véritable nature des idées. Toutes les sciences ne sont pas de même nature que les sciences mathématiques, où les rapports des idées découlent des rapports des signes. Quand il s'agit de connaître la nature de l'homme, les rapports des signes doivent être calqués sur les rapports des faits ; on ne saurait assimiler les idées morales par exemple aux idées algébriques. Le sensualisme de Condillac enveloppe une contradiction interne, puisqu'il subordonne l'expérience à la logique. La réalité a une diversité d'aspects, et une richesse de contenu qui ne sauraient trouver place dans les cadres rigides où il prétend l'enfermer. Il ne suffit pas de renoncer à la recherche des causes premières et des substances, ni d'assigner comme but à la science la connaissance des rapports, si l'on substitue des rapports fictifs créés de toutes pièces par une sorte d'imagination abstraite aux rapports qui découlent de la nature des choses. Condillac n'est pas un esprit positif, soucieux de soumettre ses idées à l'épreuve des faits ; c'est un constructeur de système, non un observateur. Toute sa doctrine est bâtie sur une hypothèse qu'il ne contrôle pas; il lui arrive, par suite, de s'éloigner d'autant plus de la réalité qu'il se montre plus fidèle à ses principes.

*
* *

Maine de Biran lui préféra d'abord Ch. Bonnet pour le souci qu'il manifeste de rester sur le terrain solide de l'expérience et de donner

---

1 Appendice, p. 229.

un corps à ses idées. Lui du moins s'est efforcé d'expliquer le moral par le physique, en rapportant les diverses manifestations de la pensée aux mouvements des fibres du cerveau. Dans son *Premier Journal,* Maine de Biran se sépare de lui sur plusieurs points ; mais il semble du moins approuver sa méthode ; il en est si profondément imprégné qu'on le voit à chaque instant traduire dans son langage le sentiment qu'il a de l'état de son âme. Il avait fait partager son admiration pour l'auteur de *l'Essai analytique de l'âme* à son ami Van Hulthem qui lui écrivait le 14 vendémiaire an VII : « Votre Dupont de Nemours commence à radoter tout de bon. Il a fait une critique très amère ou plutôt des invectives très déplacées contre Charles Bonnet, cet auteur estimable, cet excellent analyste, cet observateur exact et judicieux dont les ouvrages feront toujours le charme des philosophes rationnels[1] . » Maine de Biran place son *Mémoire sur l'habitude* sous le patronage intellectuel de Bonnet, en inscrivant en tête de sa préface cette pensée qui est comme la formule de son système : « Que sont toutes les opérations de l'âme sinon des mouvements et des répétitions de mouvement[X] ? » Un peu plus loin, en tête de la *Section première,* il écrit cette pensée du même auteur, qui est un corollaire de la première. « Mon cerveau est devenu pour moi une retraite où j'ai goûté des plaisirs qui m'ont fait oublier mes afflictions[2]. » Mais il semble que dans la manière dont il traite le sujet, et quant à la méthode qu'il suit, comme aux résultats auxquels il aboutit, il soit beaucoup plus éloigné qu'il ne le croit de l'auteur qu'il prend pour modèle. Certes, Maine de Biran est, comme lui, partisan de ce qu'il nomme *la physique expérimentale* de l'âme ; il aborde l'étude des opérations intellectuelles par l'observation interne et par l'observation externe ; il explique les facultés de l'âme par les fonctions du cerveau. Mais Bonnet suit-il fidèlement cette méthode ? Il semble bien qu'il soit plus préoccupé de construire une théorie que d'observer et d'expliquer exactement les faits. Il n'a nullement observé ces mouvements des fibres du cerveau qu'il considère comme le substrat matériel de toutes les opérations de l'âme ? Il procède en psychologie comme Descartes en physique, et sa méthode diffère autant de celle de Maine de Biran que la méthode de Descartes diffère de celle de Newton. Maine de Biran nous le dit lui-même. Il multiplie et complique les mouvements de ces fibres et leur nombre, selon le besoin, arbitrairement, comme les Cartésiens

---

1 Fonds Naville Genève.

2 BONNET, préface de *l'Essai analytique de l'âme.*

imaginaient et variaient les tourbillons à chaque phénomène nouveau. Il imagine de toutes pièces ce mécanisme cérébral pour expliquer les faits qu'une observation rapide et souvent inexacte lui révèle. Rien n'est plus instructif à cet égard que son explication physiologique de la mémoire. Sa théorie est la simple traduction ou la représentation symbolique des lois qu'il a trouvées par l'observation interne ; et comme il ne se rend pas compte de tout ce qu'il y a d'illusoire dans une semblable explication, il lui arrive ensuite de considérer le mécanisme cérébral comme la réalité primitive dont la mémoire serait le reflet. De là vient qu'au lieu de corriger et de perfectionner la doctrine de Condillac, il commet par esprit de système de nouvelles erreurs, notamment au sujet de la liberté, qui ne saurait trouver place dans un tel système. Il confond la mémoire avec l'imagination, la perception avec la sensation, élimine des opérations intellectuelles toute activité originale de l'esprit, réduit les sentiments aux images et considère le cerveau comme le centre commun de la sensibilité et de l'intelligence. Que reste-t-il enfin de la formule tant admirée par Maine de Biran que les opérations de la pensée ne sont que des mouvements et des répétitions de mouvements ? Une affirmation vague, car nulle part dans les œuvres de Bonnet ne se trouve exprimée la distinction précise que fait Maine de Biran entre les mouvements organiques qui retentissent dans le cerveau et les mouvements volontaires qui sont dus à son initiative et à son effort propre. Ce n'est donc ni de Bonnet, ni de Condillac que Maine de Biran s'inspire dans sa division de la pensée. Ses deux véritables maîtres sont deux de ses futurs juges, Cabanis et de Tracy ; au premier, il doit son explication physiologique des opérations intellectuelles, au second son idée du rôle de l'activité motrice, ou motilité. Maine de Biran a combiné dans une synthèse originale et en les appropriant à son sujet leurs idées fondamentales.

Nous ne prétendons pas que l'éloge de Condillac et de Bonnet, qui revient sans cesse dans les premiers écrits et dans la correspondance de Maine de Biran, manquât de sincérité, et qu'il fut inspiré, dans le *Mémoire sur l'influence de l'habitude,* par le désir de se concilier la bienveillance d'un jury dont l'attachement aux doctrines de ces philosophes, notamment de Condillac, était connu ; non, il approuvait lui-même leur conception de la philosophie, comme d'une sorte de physique ou de chimie mentale, il appliquait leur méthode qu'il compare à celle de

Lavoisier, et qui consiste à produire toutes les opérations de la pensée par la combinaison de ses éléments dégagés par l'analyse ; mais il leur reproche à l'un et à l'autre d'en avoir fait un mauvais usage ; au lieu de faire une analyse exacte et complète des opérations intellectuelles, et de s'assurer, par un retour constant à l'expérience, de l'exactitude des résultats obtenus par la combinaison des éléments, ils se sont montrés l'un et l'autre plus épris de logique que de vérité, plus soucieux de construire un système que d'expliquer les faits. Ils n'ont pas apporté dans l'étude de la pensée, les qualités intellectuelles qui ont assuré le succès des sciences expérimentales ; s'ils ont conçu en savants le but de l'idéologie, ils l'ont réalisé en métaphysiciens.

Sans être eux-mêmes entièrement exempts de ce défaut qu'il est si difficile aux philosophes d'éviter, si toute philosophie est un essai de systématisation dans lequel l'imagination est en quelque sorte naturellement amenée à combler les lacunes d'une expérience toujours imparfaite, Cabanis et de Tracy ont apporté dans leurs études sur l'homme, un souci d'exactitude et de précision, qui devait séduire Maine de Biran. Maine de Biran reconnaît ce qu'il leur doit dans une lettre à de Tracy qui est probablement de 1804. « Vous pouvez croire que vos deux premiers Mémoires de l'Institut, *votre Idéologie* et maintenant *La grammaire* que je tiens, m'ont fourni le texte de presque toutes mes Méditations idéologiques depuis cinq ans, comme l'ouvrage de notre grand et excellent ami m'a fourni toutes les données pour l'application de la physiologie à la science de l'entendement humain. C'est à vous deux qui êtes unis dans mon esprit et mon cœur, comme aussi entre vous, par la plus tendre amitié, c'est à vous que je rapporte toutes mes idées et tout ce que je sais à l'époque présente de ma vie intellectuelle. La lecture des Mémoires précités fit dans mon esprit une révolution dont je conserverai probablement toujours les traces, quelques modifications, que d'autres circonstances et cette sorte de *fatum* qui maîtrise, entraîne souvent nos idées comme tout le reste, puissent lui imprimer à l'avenir. [1] »

*
* *

Contrairement à ce qui lui arriva, à l'égard de Ch. Bonnet, Maine de

1 Fonds Naville (MSS-NS-CXXXVIII).

Biran parut d'abord avoir été prévenu fâcheusement contre Cabanis, si l'on en juge par les critiques sévères qu'il lui adresse dans les fragments que nous avons conservés de son *Mémoire sur l'influence des signes*. Il lui reproche tout à la fois des inexactitudes, lorsqu'il affirme par exemple « qu'on ne distingue les sensations qu'en leur attachant des signes qui les représentent et les caractérisent » et son parti pris matérialiste lorsqu'il écrit dans son Second Mémoire « que le cerveau digère en quelque sorte les impressions, qu'il fait organiquement la sécrétion de la pensée ». « C'est bien, s'écrie Maine de Biran, la plus grande absurdité, la plus grande impropriété du langage qu'on puisse imaginer. »

Mais cette impression s'effacera bien vite et Maine de Biran ne tardera pas à discerner sous ces métaphores et ces imprudences de langage, un riche fond d'observations solides et fines, des connaissances précises en physiologie et en médecine, enfin un art véritablement exquis de moraliste par où Cabanis s'apparente aux Malebranche, Rousseau et à Maine de Biran lui-même. Il y avait entre leurs esprits, comme entre leurs caractères des affinités qui devaient créer entre eux ces liens de tendre amitié dont Maine de Biran parle dans sa lettre à de Tracy.

Que doit-il à Cabanis ? Nous savons que bien avant d'avoir lu *les Mémoires sur l'influence du physique sur le moral*, Maine de Biran l'avait notée sur lui-même. Il loue, dans son *Premier Journal*, Jean-Jacques Rousseau de l'avoir aperçue, et même d'avoir songé à écrire un ouvrage qui lui permettrait, par une connaissance exacte des rapports qui unissent l'âme au corps, de gouverner ses affections et d'atteindre au bonheur. Un tel ouvrage relèverait plus de la médecine que de la morale, et c'est sans doute pour cela que Rousseau ne put l'écrire. Ce soin revenait à Cabanis qui était tout à la fois un médecin et un moraliste. Mais ce n'est pas à lui qu'il faut en attribuer l'idée première. Avant lui, Rousseau et Maine de Biran avaient découvert en eux tout ce monde de sensations obscures, de sentiments confus où retentissent mille influences, inconnues de nous, de nos organes, et par l'intermédiaire de ces organes, de l'univers tout entier. Avant lui, Maine de Biran a soupçonné la profondeur de cette vie inconsciente où notre personnalité plonge ses racines. Ce qu'il lui emprunte c'est la connaissance de ses conditions physiologiques ; c'est au lieu du symbolisme imaginé de toutes pièces par Bonnet, la détermination précise des faits, telle qu'elle apparaissait à un savant de la fin du XVIIIᵉ siècle.

« Il était réservé, dit-il, à l'auteur de l'*Histoire des sensations* de porter les lumières de la physiologie dans cette partie de la métaphysique qui doit servir de base à toutes les autres, de bien distinguer les phénomènes, d'en rapporter chaque classe à son principe, d'envisager les premiers matériaux de la pensée dans leur siège organique, d'assigner, par la différence physique des organes, les degrés de persistance et de netteté dans les impressions, de trouver dans des foyers particuliers de sensibilité, dont l'influence avait été méconnue par les métaphysiciens, les causes des déterminations instinctives, des appétits violents, des sentiments énergiques, des anomalies et des variations des modes de la sensibilité qu'offrent les individus dans les divers âges de la vie, dans chaque période et quelquefois dans chaque instant de leur mobile existence, enfin de lier le sentiment, le mouvement, et la pensée, et de faire voir par une collection précieuse de faits parfaitement appropriés à son dessein, comment ces trois grands phénomènes de la nature animée ne sont que des modifications du même principe, et des résultats purement organiques de l'activité du système sensitif.

C'est après avoir lu cet ouvrage qu'on est conduit à penser avec Diderot : « Qu'il appartient à celui-là seul qui a pratiqué la médecine d'écrire la métaphysique ; lui seul a vu les phénomènes, la machine tranquille ou furieuse, faible ou vigoureuse, saine o u brisée, délirante ou réglée, successivement imbécile, éclairée, stupide, bruyante, muette, léthargique, agissante, vivante, morte. »

Dans son *Deuxième Mémoire*, Cabanis établissait la subordination de tout ce qui marque en nous de l'activité à la sensibilité, et de celle-ci aux nerfs. Il montre successivement que les nerfs sont les organes de la sensibilité, que de la sensibilité seule dépendent les perceptions qui se produisent en nous, que les mouvements volontaires ne s'exécutent qu'en vertu de ces perceptions et que les organes moteurs sont soumis aux organes sensitifs et ne sont animés et dirigés que par eux, que les mouvements involontaires et inaperçus dépendent d'impressions reçues dans les organes internes ou les viscères ; qu'il y a donc lieu d'admettre en nous, en dehors des sensations externes, des sensations internes, qui sont en grande partie indéterminées. Cabanis croyait pourtant pouvoir leur rapporter : 1º Les déterminations qui se manifestent dans les enfants et les jeunes animaux au moment de leur naissance, et les passions qui se manifestent aussitôt sur leurs physionomies ; 2º Celles qui tiennent au développement des organes de la génération ; 3º Celles relatives, dans certaines espèces, à des organes qui n'existent pas en nous ; 4º L'instinct maternel ; 5º Les effets de la mutilation, en un mot tout ce qu'on appelle instincts par opposition à ce qu'on appelle déterminations raisonnées. Dans les Mémoires qui suivent, Cabanis établissait d'autre part l'influence des âges, des sexes, des tempéraments, des maladies, du régime, des climats, sur les idées et les affections morales.

Enfin, indépendamment des impressions que le centre cérébral reçoit de ses extrémités sentantes, tant internes qu'externes, il en reçoit de directes par l'effet de changements qui se passent dans son intérieur. Telles sont les dispositions maniaques, si persistantes, si tenaces, qu'elles dominent, et les impressions qui viennent des organes internes, telles que les déterminations instinctives au sens large que Cabanis donne à ce mot et celles qui viennent par les organes des sens. La mémoire et l'imagination se produisent très souvent de même, sans excitation étrangère.

Toutes ces impressions primitives ou dérivées ont d'étroits rapports avec l'anatomie du cerveau et des nerfs ; la distinction plus ou moins grande des impressions sensorielles tient à la nature de leurs terminaisons et des causes qui agissent sur elles ; la santé morale provient d'une sorte d'équilibre entre les forces sensitives disséminées dans l'organisme et les forces motrices.

Maine de Biran emprunta directement aux *Mémoires* de Cabanis les considérations physiologiques dont il accompagne ses observations et ses analyses psychologiques. Il ne les invente pas comme Bonnet, pour les besoins de sa cause, il les demande à la physiologie et à l'anatomie de son temps. Elles sont beaucoup plus abondantes dans le *Premier Mémoire* que dans le *Second* ; des pages entières consacrées à la structure des nerfs ont disparu dans celui-ci, ou du moins, ne subsistent que sous une forme résumée.

Il n'est pas douteux non plus qu'il ne doive à Cabanis de nombreuses observations sur la nature et les caractères de nos divers ordres de sensations, notamment des sensations affectives, telles que les sensations de goût et d'odorat. Cabanis avait très nettement aperçu que les impressions des sens affectifs naturellement vives, changeantes, tumultueuses, sont très difficiles à rappeler, surtout volontairement, tandis que la vue et l'ouïe sont les deux sens qui nous donnent les impressions dont le souvenir est le plus durable et le plus précis ; que la raison en est, pour l'ouïe, l'usage du langage articulé et peut-être aussi celui du caractère rythmique de ses impressions, pour la vue, la possibilité de renouveler, prolonger, séparer les sensations les unes des autres. Il semble enfin que Maine de Biran ait emprunté à Cabanis l'idée, illustrée par tant d'exemples divers, des sympathies étroites qui unissent l'imagination aux modifications des organes internes, telles qu'elles se manifestent dans la folie, les états extatiques, les passions, et à celles qui se produisent dans le centre sensitif lui-même.

L'influence de l'auteur de l'*Histoire physiologique des sensations* sur le jeune candidat au concours institué par l'Institut sur l'*Influence de l'habitude* fut donc considérable ; peut-être même aurait-on le droit de penser qu'elle ne fut pas toujours heureuse. Si Maine de Biran subordonne, sinon dans le fond de sa pensée, du moins dans l'expression qu'il lui donne, l'activité de l'esprit au centre cérébral, c'est qu'il n'a pas encore réussi à en secouer le joug. Bien qu'il considère la conscience comme irréductible aux sensations externes ou internes, et qu'il en fasse l'origine de la mémoire et de toutes les opérations intellectuelles, il ne dit nulle part expressément qu'elle suppose l'irruption dans le cerveau d'une force hyper-organique. Ce n'est pour lui, comme pour de Tracy à qui il en a emprunté l'idée, qu'un sens nouveau, le sens musculaire. L'effort volontaire est assurément distinct des autres sens, puisqu'il a son origine dans le cerveau. Mais Cabanis n'admettait-il pas que « le système cérébral a la faculté de se mettre en action par lui-même, c'est-à-dire de recevoir des impressions, d'exécuter des mouvements, et de déterminer des mouvements analogues dans les autres organes, en vertu de causes dont l'action s'exerce dans son sein, et s'applique directement à quelque point de sa pulpe externe ».

En écrivant cela, Cabanis n'avait pas en vue le sens musculaire, dont il n'a pas saisi l'originalité, ni l'importance ; mais du moins, on peut dire qu'il y avait place dans sa doctrine, pour une action motrice émanée du centre cérébral ; et dans son *Premier Mémoire* notamment, Maine de Biran enferme sa pensée dans le cadre des *Mémoires sur l'histoire des sensations*. Il est vrai que pour Cabanis nulle action irradiée du cerveau ne saurait être véritablement primitive : elle est nécessairement déterminée par des modifications produites, soit dans les objets extérieurs, soit dans les organes, soit enfin dans sa substance même ; c'est une réaction à une impression subie : et il ne peut en être autrement dans une doctrine matérialiste. Maine de Biran admet dans le *Mémoire sur l'habitude* une véritable initiative du cerveau : c'était la voie ouverte au réalisme spiritualiste, que, dès le *Mémoire sur la décomposition de la pensée*, il professera. Il lui reste à comprendre qu'une initiative véritable du cerveau n'a de sens que si elle correspond à une initiative de l'esprit c'est-à-dire à sa liberté.

*
* *

Il convient de rapprocher de l'influence qu'exerça Cabanis sur la pensée de Maine de Biran, celle de Barthez, à laquelle il fait plus d'une fois allusion dans ses premiers écrits et qu'il note expressément dans son *Premier* et son *Second Mémoire*.

Barthez partageait sur l'objet de la science les vues de Condillac, Bonnet, Cabanis, et d'une manière générale, des philosophes et savants français du XVIIᵉ siècle. Il est évident dit-il, que les causes premières ne peuvent être définies dans leur essence, quoique leur existence nous soit intimement connue. Les phénomènes de la nature ne peuvent nous manifester que l'ordre dans lequel se succèdent les faits, c'est-à-dire quelles sont les règles que suit la production de ces effets et non ce qui constitue la nécessité de cette production. De là il suit que, dans la philosophie naturelle, on ne peut connaître d'autres causes que les lois, que le calcul de l'expérience a découvertes dans la succession des phénomènes. On peut donner à ces causes expérimentales les divers noms synonymes et pareillement indéterminés de principes, de puissances, de forces, de facultés, etc. Une semblable expression indéterminée abrège le calcul analytique des phénomènes. Mais toute explication de phénomènes naturels ne peut en indiquer que la cause expérimentale.

Introduction Pierre Tisserand (1920)

Les doctrines « des médecins solidistes, des animistes, des mécaniciens » sur les phénomènes vitaux ne s'accordent pas avec ces principes de la philosophie naturelle, soit qu'elles aillent chercher des causes en dehors de l'expérience, soit que dans ses limites mêmes, elles se trompent sur les vraies causes. Les médecins solidistes admettaient cette opinion de Van Helmont, d'après laquelle il existe un esprit inné dans chaque organe, qui s'est dégagé de la semence dans la formation de cet organe où il a pris des déterminations spéciales, et une âme sensitive étendue à tout le corps, qui a vivifié dans un instant cet esprit séminal dont elle s'est approprié les affections particulières (De Lethiasi, p. 68).

Il suffit, répond Barthez, pour détruire ces fictions et d'autres semblables, d'observer qu'il est douteux si le principe de vie qu'on peut désigner par le nom d'âme sensitive existe autrement que comme une loi de ces combinaisons du mouvement et de la matière qui font un corps vivant. On voit qu'une telle loi primordiale n'est point un être distinct, non plus que les lois moindres qu'elle renferme, et qui sont les causes des fonctions de chaque organe, tant générales de sensibilité, de nutrition, etc., que particulières, de digestion, de menstruation, etc. Mais dans la supposition même ou l'âme sensitive serait un être subsistant par lui-même, on n'est point fondé à prétendre que les causes des fonctions des organes ne soient pas des facultés de cet être et qu'elles subsistent hors de lui [1].

Quant aux animistes, ils ne rendent pas compte par l'unité d'un même principe des contradictions que l'homme éprouve si souvent entre sa volonté dirigée par la raison et sa volonté conforme à ses appétits violents. Barthez cite à l'appui de son opinion cette parole de saint Paul, que Maine de Biran aimait lui-même à citer : « Video aliam legem in membris meis, repugnantem legi mentis meæ » (Epist. ad. Romanos, 117) [2].

Enfin il est impossible d'expliquer par des concepts mécaniques les forces surprenantes que le principe vital exerce dans la contention des divers muscles et les accroissements comme arbitraires dont ces forces

---

1 *Nouveaux éléments de la science de l'homme*, XIII, XIV.

2 *Ibid.*, pp. 32-33.

sont susceptibles. Chaque organe a un degré de cohésion de ses parties que les impressions des agents extérieurs tendent continuellement à affaiblir, mais qui est toujours conservé et reproduit par l'action de la force plastique et nutritive de cet organe [1].

Il faut donc admettre un principe distinct de l'âme et de la matière, si l'on veut expliquer les phénomènes qui se passent chez les êtres vivants ; mais il est difficile de séparer ce principe du corps dont il est la faculté vitale et génératrice. Il convient de distinguer en lui les forces sensitives d'avec les forces motrices, parce que ces deux sortes de force produisent des effets entièrement dissemblables (division qui correspond à celle de l'entendement et de la volonté, des métaphysiciens). Les forces agissent dans toutes les parties du corps et ont entre elles cette liaison universelle qui forme l'unité du corps vivant et de plus elles ont dans les divers organes des communications particulières et plus fortes qui constituent les sympathies des organes. Ainsi s'explique le développement simultané des organes de la génération et de la voix [2], la grosseur du cou dans la femme après les premiers essais de plaisirs amoureux, et tant d'autres faits, qui attireront plus tard l'attention de Cabanis. Il semble donc qu'il y ait en tout être vivant, un principe qui veille à sa conservation, qui assure son unité, et la maintienne contre l'assaut des forces extérieures. Maine de Biran adopte cette idée dès le *Mémoire sur l'habitude*, il s'en servira pour expliquer les effets de l'habitude sur la sensibilité ; on la retrouve dans tous ses écrits, elle n'est nulle part affirmée plus explicitement que dans les *Nouveaux essais d'anthropologie*.

Si dans l'explication des différents états de sensibilité, et de tout ce qu'il y a de passif dans la pensée, il se rallie aux idées de Cabanis et de Barthez, c'est du Mémoire de De Tracy sur l'*Analyse de la faculté de penser* qu'il s'inspire, dans sa conception des opérations intellectuelles.

*
* *

---

1 *Ibid.,* p. 92.

2 *Ibid.,* p. 151. MAINE DE BIRAN déclare dans une note du *Second Mémoire* que son travail était presque entièrement achevé lorsqu'il eut connaissance des Éléments d'idéologie mais il avait eu connaissance du mémoire sur *L'analyse de la pensée*.

Introduction Pierre Tisserand (1920)

« L'idéologie, dit de Tracy au début de son Mémoire, me paraît se partager en physiologique et rationnelle, la première très curieuse, exigeant de vastes connaissances, mais ne pouvant guère, dans l'état actuel des lumières, se promettre d'autres résultats de ses plus grands efforts que la destruction de beaucoup d'erreurs et l'établissement de quelques vérités précieuses, mais encore éparses et peu liées entre elles ; la seconde, l'idéologie rationnelle, exigeant moins de science, ayant peut-être moins de difficulté, mais possédant des faits suffisamment liés et ne songeant qu'à leurs conséquences, a l'avantage d'être susceptible d'applications plus directes et de former déjà un système complet. C'est à celle-là que je me borne [1]. »

Disciple de Condillac, s'il reconnaît avec lui que la sensibilité est l'origine de toutes nos idées et de toutes les opérations de la pensée, il admet cependant une sorte de sens de l'activité, qui aurait la faculté de percevoir le mouvement. Il rattache à ce sens les facultés qui composent les opérations proprement intellectuelles de la pensée, comme Cabanis rattachait au sens organique le plaisir et la douleur, les diverses déterminations de la sensibilité, de telle sorte qu'on voit la doctrine de Condillac se développer chez ses disciples dans des voies que le maître n'avait pas prévues et qui devaient conduire à des résultats plus imprévisibles encore, puisque le septième sens découvert par de Tracy, allait devenir, chez Maine de Biran, le sens de la liberté et le principe de toutes les opérations de l'entendement.

Dans la première partie de son Mémoire, de Tracy montre que ce n'est pas au sens du toucher, comme l'avait cru Condillac, que nous devons la connaissance des corps, mais à la faculté de mouvoir. Cette faculté, dit de Tracy, que pour abréger je nommerai la motilité, est le seul lien entre le moi et l'univers sensible [2]. Elle est pour ainsi dire, à elle seule, une moitié de notre faculté générale de sentir dont tous nos sens réunis composent l'autre moitié [3]. L'idée de corps n'est d'abord pour nous que l'idée d'obstacle à laquelle nous joignons ensuite celle de toutes les sensations que cet obstacle nous envoie. Si ce corps n'existait pas, je

1 *Mémoires de l'Institut national des Sciences morales et politiques,* p 345.

2 *Ibid.,* p. 312.

3 *Ibid.,* p. 313.

Maine de Biran

pourrais continuer à me mouvoir. Alors de ce qui ne m'empêche pas de me mouvoir et de ce qui m'en empêche, de rien et du corps, j'abstrais l'idée générale d'*espace*. Je l'appelle vide si je ne trouve rien ; et plein, si je trouve des corps... Le mot espace est l'expression générale de tout ce qui peut ou ne peut pas être traversé par le mouvement. L'étendue d'un corps est pour nous la représentation permanente de la quantité de mouvements nécessaires pour la parcourir.

Dans la seconde partie, il étudie les facultés qui composent la faculté générale de la pensée, et il les ramène à cinq : sensibilité, mémoire, jugement, volonté, motilité. Mais pour percevoir les sensations et les souvenirs, et non seulement les éprouver ou se les représenter, il faut juger et le jugement primitif est celui qui accompagne la motilité. « Si l'intelligence n'avait jamais éprouvé que des modifications absolues et simples, comme sont toutes nos sensations, et par conséquent leurs souvenirs, elle n'aurait jamais pu se former la notion d'un rapport, mais par un effet admirable de notre organisation, elle reçoit la perception d'effort qui est essentiellement relative, car elle est inséparable de la perception de résistance. Nous percevons le rapport de cette sensation d'effort avec ce qui lui résiste et bientôt nous en percevons beaucoup d'autres [1]. » Nous formons l'idée des corps étrangers en liant à la résistance, qu'ils nous opposent, toutes les autres qualités données par les sens externes. La perception complète est un acte de concrétion. Ces synthèses une fois formées, l'esprit les analyse, les compare, et par une abstraction méthodique, constitue la série ordonnée de nos idées abstraites et générales.

Maine de Biran reconnaît lui-même dans une note citée plus haut, qu'il n'a guère fait que développer les premières idées de De Tracy en étudiant le rôle de l'activité motrice dans nos différentes perceptions sensibles ; il lui a de même emprunté l'idée qu'il se fait de la mémoire, et des idées abstraites et générales : toutes ces opérations se référant pour lui, comme pour de Tracy, à la motilité. Sans doute, Maine de Biran, dans ses premiers écrits, avait reconnu en nous l'existence d'une activité capable de modifier le cours de nos représentations et de rompre la chaîne du destin, mais il ne l'avait pas rattachée à un ordre de faits précis comme le sens musculaire. C'est à de Tracy que revient la gloire de cette

---

1 *Ibid.*, p. 338.

découverte. Maine de Biran en apercevra toute la signification et en développera les conséquences. Tandis que de Tracy reste tout imprégné de la doctrine de Condillac et considère le *moi* comme l'idée abstraite de la totalité des parties sentantes qui forment un ensemble, ou comme il le dit encore « des parties réunies pour sentir comme l'idée du bal est composée de personnes réunies pour danser » [1], Maine de Biran fera du moi une force distincte qui se manifeste à la conscience dans le sentiment de l'effort volontaire.

Toutefois, il importe de remarquer, que dans le *Mémoire sur l'habitude*, il ne s'en fait pas encore cette idée précise. Il tend à confondre le moi avec l'activité du centre cérébral, comme le laissent clairement entendre les deux pensées de Ch. Bonnet qu'il inscrit en tête de son traité. Il est vrai qu'il est moins affirmatif, sur ce point, dans le *Second Mémoire* que dans le *Premier*. On y relève même des expressions d'allure spiritualiste comme celle-ci : « La volonté, ou pour substituer le fait à la cause, la réaction du centre, s'applique d'abord immédiatement aux organes mobiles » mais quel sens attribue-t-il au juste au mot cause ? Il ne le dit nulle part avec précision. En fait, il admet dans la pensée humaine une dualité primitive, celle de la sensibilité et de l'activité ; mais il ne l'explique pas par deux principes de nature différente et contraire, l'un, organique, l'autre, hyperorganique.

L'originalité de Maine de Biran, dans son *Premier Mémoire*, consiste donc moins dans le fond même des idées, qu'il emprunte à Cabanis, Barthez, de Tracy, que dans leur synthèse et l'application qu'il en fait au sujet proposé par l'Institut.

III

Opinions de Cabanis et de Tracy sur l'habitude

Cabanis, dans son *Troisième Mémoire*, avait très exactement observé les effets de l'habitude sur les impressions et les mouvements : « C'est une loi constante de la nature animée, dit-il, que le retour fréquent des impressions les rend plus distinctes, que la répétition des mouvements les rend plus faciles et plus précis. Les sens se cultivent par l'exercice

---

1 *Ibid.*, p. 311 (note).

et l'empire de l'habitude s'y fait sentir d'abord, avant de se manifester dans les organes moteurs. Mais c'est une loi non moins constante et non moins générale que des impressions trop vives, trop souvent répétées ou trop nombreuses s'affaiblissent par l'effet direct de ces dernières circonstances. La faculté de sentir a des bornes qui ne peuvent être franchies [1]. » La cause en est toute physiologique : « Les sucs du tissu cellulaire affluent dans tous les endroits où elle est vicieusement excitée : il s'y forme des gonflements momentanés ou de nouvelles enveloppes, en quelque sorte artificielles, qui masquent de plus en plus les extrémités des nerfs, et souvent la sensibilité même s'altère et s'use alors immédiatement [2]. »

De Tracy constate les mêmes faits, mais il en donne une explication bien différente. Après avoir cité divers exemples qui montrent les effets opposés de l'habitude, il écrit : « Vous y voyez la sensibilité physique et la sensibilité morale attiédie et exaltée, la mémoire engourdie ou rendue très vive, les mouvements devenus toujours très faciles, mais tantôt dépendants de la volonté à un point extrême, tantôt absolument involontaires, des jugements d'une finesse singulière, d'autres si confus qu'on n'en a même pas la conscience ; la volonté prendra tantôt une direction, tantôt une autre toute opposée, et sa détermination paraîtra même quelquefois sans motif, ou ce qui est plus fort, contraire à des motifs évidents. Comment sortir de toutes ces difficultés ? Nous contenterons-nous de dire comme on l'a tant dit, que l'esprit humain est un abîme de mystères impénétrables, un amas de contradictions insolubles ? Ou nous livrerons-nous, comme on l'a tant fait, à une foule de suppositions fantastiques, pour rendre raison de ce que nous ne comprenons pas ? Non, en observant les faits avec soin, et en les analysant avec scrupule, le philosophe sans imaginer ce qui n'est pas, peut répandre beaucoup de jour sur ce qui est. [3] »

Fidèle à cette méthode, de Tracy s'applique à discerner et expliquer les effets de l'habitude sur les jugements, les désirs, les souvenirs, les mouvements et les sensations. La thèse qu'il développe, c'est que, dans tous les cas, l'habitude n'affecte directement que les jugements ou

---

1 *Rapports du physique et du moral*, p. 150.

2 *Ibid.*

3 *Mémoires de l'Institut national*, p. 435.

perceptions de rapports.

En effet, lorsque nous avons eu souvent la perception d'un rapport quelconque, nous percevons ce même rapport avec une facilité inconcevable toutes les fois qu'il se présente à nous. Nous acquérons une aptitude très remarquable à percevoir des rapports analogues à celui-là, si bien que quand ces perceptions de rapport reviennent à l'esprit, elles n'ont plus ce caractère d'étrangeté qui produit en nous l'impression de surprise.

Il en est de même en ce qui concerne les désirs. Au lieu de dire avec Condillac qu'une passion est un désir véhément tourné en habitude, il serait plus correct de dire : « Une passion est un désir devenu véhément et continuel parce que le jugement qui y donne naissance est devenu habituel. »

C'est encore le jugement qui transforme les images en souvenirs, et qui nous les rend familières. De même, si après avoir été répétés souvent, les mouvements deviennent plus dépendants de notre volonté, ce n'est pas l'effet direct de cette répétition sur le mouvement lui-même, mais bien sur le jugement qui s'y applique, en démêle bien tous les détails, et donne naissance à des volontés plus circonstanciées et plus précises. Sans cette action du jugement, la répétition fréquente du même mouvement, par l'ébranlement mécanique des organes, le rendrait plutôt machinal et convulsif, c'est-à-dire plus indépendant que jamais de notre volonté [1]. C'est donc l'attention qui explique l'habitude. Les bons maîtres sont ceux qui font appel à l'intelligence de leurs élèves et qui la dirigent.

Enfin, de Tracy constate que les effets de l'habitude sur les sensations agréables et pénibles tiennent aux mêmes causes. « Les sensations pénibles, longtemps prolongées, deviennent plus difficiles à supporter, tandis que dans le même cas, les plus agréables dégénèrent en fatigue ou en douleur, suivant le degré de leur intensité. J'observe ensuite qu'elles sont plus susceptibles de nous être rappelées par la mémoire, à proportion qu'elles ont été plus fortes, ou plus longues, ou plus fréquemment répétées. Ces deux observations sont communes aux

---

1 *Ibid.*, p. 437.

sensations et à toutes nos autres perceptions, et il ne me parait pas que la fréquente répétition d'une sensation puisse produire d'autre effet en nous. Or le premier parait tenir uniquement à l'épuisement actuel des organes et *n'engendre point de dispositions constantes,* à moins que l'organisation n'ait été lésée. Quand au second, il est la conséquence des nombreuses liaisons que cette sensation répétée a contractées en nous avec d'autres liaisons, comme nous l'avons vu, à l'article de la mémoire, et *il doit être imputé au jugement, non à la sensibilité.* »

Toutes nos habitudes se ramèneraient donc si l'on en croit de Tracy, à des habitudes actives ; elles n'affecteraient directement que le jugement.

Maine de Biran connaissait l'état de la question au moment où la Section des Sciences morales et politiques de l'Institut la mit au Concours, et l'on peut dire que les solutions indiquées par deux de ses futurs juges ne le satisfaisaient pas. Il résolut de l'aborder tour à tour par les deux voies différentes qu'ils avaient suivies, c'est-à-dire par l'observation des faits de conscience, et de leurs conditions physiologiques. Il dit expressément dans le brouillon du Premier Mémoire que le système des habitudes ne peut avoir ses racines que dans le physique de l'homme, dans ses dispositions organiques, dans les déterminations de sa sensibilité qui sont en parties innées, et en partie résultantes de l'action répétée des causes externes. Ce n'est donc qu'à la condition d'unir la physiologie à la métaphysique que l'on en pourra rendre compte. Cette préoccupation est déjà beaucoup moins apparente dans le Deuxième Mémoire, et à peine était-il imprimé qu'il regrettait d'y avoir fait une si grande place aux considérations physiologiques. Les faits observés lui apparaîtront de plus en plus à l'étroit dans le cadre où il les expose. L'hypothèse les précède au lieu de les suivre et de s'y adapter. Mais du moins, elle ne les a pas déformés, car l'instrument dont il s'est servi pour les observer était d'un métal solide et pur. Il était doué à un degré extraordinaire de cette faculté d'observation, qui lui permettait non seulement d'observer ses idées aux contours nets et précis mais de surprendre, pour ainsi dire, d'une part ces états de rêverie, d'atonie ou d'exaltation, de saillie et de langueur, de l'imagination et du sentiment, d'autre part l'activité propre de la pensée, telle qu'elle se manifeste dans la conscience et la mémoire, et ce don ne le préservait pas seulement du danger, où sont tombés si souvent les métaphysiciens comme Condillac de percevoir les faits à travers des principes inexacts et par suite de les dénaturer, mais de la tentation, non moins dangereuse, à laquelle ont succombé tant de savants, de ne saisir de la pensée que son aspect extérieur et en quelque sorte physique.

L'observation interne toutefois n'était pas suffisante pour percer les ténèbres que l'habitude répand sur ses propres origines. Il lui parut impossible d'aborder directement un ordre de faits aussi obscurs. Mais une autre voie se présentait à lui : « L'analyse avait peut-être usé déjà son instrument contre l'agrégat de l'habitude, lorsqu'elle songea heureusement à l'atteindre par une voie opposée comme le chimiste forme de toutes pièces, par la puissance de son art, un mixte semblable à celui qu'il ne pouvait dissoudre, mais dont il soupçonnait les éléments ; des métaphysiciens observateurs, remontant d'abord jusqu'à des suppositions ou des faits premiers très simples et placés hors de la sphère de l'habitude, entreprirent de recomposer ou d'imiter ses produits pour les connaître [1]. » Cette méthode fut suivie par Condillac, dans le *Traité des sensations*, Bonnet dans *La psychologie* et *L'essai analytique*, de Tracy dans son *Mémoire* sur *l'Analyse de la pensée*. Mais une méthode ne vaut que par la manière dont on l'applique. Une analyse incomplète engendre une synthèse inexacte. Quand on veut composer par synthèse l'entendement humain, il faut d'abord s'assurer de la nature, du nombre et de l'espèce des matériaux qui concourent à le former. Il faut à tout instant contrôler les déductions de ses hypothèses par une observation exacte et précise des faits. C'est ce que Maine de Biran se proposa de faire dans son *Mémoire sur l'habitude*. La distinction fondamentale des éléments de la pensée qu'il pose dans son *Introduction*, se trouve justifiée, comme par une contre-épreuve, par les effets différents que l'habitude a sur chacun d'eux. De là le caractère d'élégance de son *Second Mémoire*, le plus remarquable, peut-être, à cet égard, de tous ses écrits. Avant de l'analyser, il est nécessaire de le comparer au *Mémoire de l'an IX*.

IV

Les deux mémoires sur l'habitude

Le fond de la doctrine ne diffère pas essentiellement dans les deux

---

1 P. 11.

Mémoires, mais d'une part les idées fondamentales sont plus distinctes dans le *Second Mémoire* que dans le *Premier,* et mieux ordonnées, d'autre part, les considérations physiologiques y sont moins abondantes.

Dans le *Premier Mémoire,* il divise la question en trois parties.

Première Partie. – Sensations et perceptions. Impressions diverses de nos organes, considérées sous ces deux rapports. Idées. Mémoire. Imagination.

Deuxième Partie. – Influence de l'habitude sur les sensations, les perceptions et les opérations qui résultent de leurs associations entre elles et avec les signes.

Troisième Partie. – Termes abstraits et complexes. Opérations qui en dépendent. Influence de l'habitude sur les opérations et les sentiments particuliers qui accompagnent leur exercice.

Dans le *Second Mémoire* il expose, sous forme d'*Introduction,* l'analyse de la pensée. Il commence par diviser toutes nos impressions en passives et actives, rattache aux premières l'imagination et les sentiments, aux secondes la mémoire. Le rappel des idées par leurs signes entraîne lui-même les jugements portés sur la valeur de ces derniers ou sur les rapports des idées mêmes, puis les raisonnements et les méthodes. Cette décomposition de la pensée qui fera l'objet propre de son *Mémoire sur la décomposition de la pensée* occupe à peine le quart de celui-ci. La partie positive est entièrement consacrée à l'étude de l'influence de l'habitude sur chacune des facultés élémentaires qui la composent ; elle se divise elle-même en deux parties ; dans la première Maine de Biran étudie l'influence de l'habitude sur la passivité, dans la seconde, sur l'activité. D'où leurs titres : *Habitudes passives* et *Habitudes actives.* Dans le Mémoire de 1801, on pouvait relever plus d'une confusion. Ainsi à la fin de la Seconde Partie, Maine de Biran parle de l'influence de l'habitude sur les mouvements et les sons articulés volontairement associés aux perceptions et entre eux. Il semble que la véritable place de ce paragraphe se trouve dans la Troisième Partie où il traite des termes abstraits et complexes. Inversement le § 3 de la Troisième Partie sur les sentiments qui accompagnent l'exercice de nos opérations aurait dû être, du moins pour cette classe de sentiments et de passions qui se rapportent à l'exercice de l'imagination, rattaché à la Deuxième Partie. Il ne nous parait donc pas douteux que le *Second Mémoire* marque un progrès notable sur le second, si l'on envisage la composition ou l'ordre des idées. Il nous reste à montrer que dans le fond comme dans la forme il est plus original.

Dans le *Premier Mémoire,* Maine de Biran semble avoir à cœur de justifier la pensée de Bonnet qu'il inscrit en exergue : « Que sont toutes les opérations de l'âme, sinon des mouvements et des répétitions de mouvement ? » En tête du brouillon de son Mémoire, il avait écrit cette pensée qui a la même signification : « Les facultés ne sont que les fonctions elles-mêmes ou leurs résultats généraux. Ce mot faculté de l'homme n'est assurément que l'énoncé plus ou moins général des opérations produites par le jeu de ses organes. »

Il explique physiologiquement les différences qu'il découvre, par l'observation intérieure, entre les opérations de la pensée.

« Si avant que j'aie développé ma pensée et complété l'idée que j'attache au mot *perception,* on m'arrêtait ici pour m'objecter que, *percevoir* est une *opération,* un jugement résultant d'une comparaison entre deux *termes* dont l'un est le *moi* et l'autre l'impression *quelconque* ou *l'objet* lui-même ; qu'il n'y aurait rien de distinct en nous si nous ne rapportions rien hors de nous.

« Je répondrai : 1° Que toutes les opérations, toutes les facultés de l'individu ne peuvent être que des résultats plus ou moins généraux du jeu de ses divers organes, que s'il a la faculté de distinguer, de reproduire très nettement certaines impressions tandis que d'autres demeurent toujours plus ou moins confuses dans le sens, échappent à tous les souvenirs, il faut une cause organique de cette différence, que cette cause doit résider principalement dans la structure de sens externes, celles des centres auxquels ils aboutissent et où leurs impressions s'adressent immédiatement ou sont renvoyées ;

« 2° Que la perception ou la distinction de nos manières d'être ne suppose pas peut-être essentiellement un terme ou un objet perçu au dehors, quoique dans le fait et en vertu d'une habitude première nous ne *percevions* point autrement ; que si par le mode d'action de l'objet, la nature de l'organe et toutes les circonstances intérieures l'impression doit être confuse, aucun moyen étranger ne saurait l'éclaircir [1]. » De même que la différence entre les caractères des divers ordres de sensations est expliquée par la différence dans la nature des excitations et des impressions faites sur les nerfs, de même l'imagination dépendant de l'activité propre du centre du cerveau ne suppose d'autres conditions préalables que celles qui déterminent la distinction des impressions et leur persistance dans l'organe où elles aboutissent [2]. Quant à la faculté de rappeler ou mémoire, elle est elle-même soumise ou subordonnée à celle de mouvoir ou de parler [3]. Le rappel d'une idée est lié à une réaction motrice analogue à celle qui a produit la perception ; mais comme le sentiment d'effort qui accompagnait celle-ci a disparu ou s'est atténué, on n'a pas conscience de l'action qu'il suppose.

Cette distinction de la mémoire et de l'imagination, et en particulier le fondement physiologique que M. de Biran lui attribue, parut suspecte à ses juges et les critiques, qu'ils lui adressèrent à ce sujet, lui fournirent l'occasion de s'expliquer dans une note du *Mémoire* imprimé. « Au déploiement de la *force motrice* dans le rappel volontaire, dans l'exercice de la mémoire, j'ai opposé la *force sensitive* du centre cérébral, dans la reproduction spontanée des images ou l'exercice passif de l'imagination. Cette distinction a paru trop *hypothétique,* du moins dans la *forme* ; je ne chercherai pas non plus à la justifier entièrement sous ce rapport. Lorsque j'ai emprunté des termes de physiologie pour expliquer des faits idéologiques, je n'ai point entendu établir un parallèle absolu entre deux ordres de phénomènes qui diffèrent dans plusieurs points, mais seulement indiquer des analogies qui m'ont paru propres à jeter quelque jour sur les principes de la science, et qui ont été en général, trop peu observées par les métaphysiciens. Je prie donc que l'on ne presse pas trop le parallèle. »

Cette note, postérieure de quelques mois au *Mémoire* couronné par l'Institut, montre le progrès qui s'était accompli dans son esprit,

1 B (p. 14).
2 B (p. 51).
3 *Id.*

pendant ce court intervalle. Il n'est pas douteux que les explications physiologiques ne soient très réduites dans le *Second Mémoire*, qu'il substitue volontairement les termes de la langue psychologique, moi, activité, volonté, à ceux de la physiologie (cerveau, centre cérébral, centre du cerveau). Cette différence déjà sensible, quand on compare le manuscrit du *Second Mémoire* au *Premier*, ne fait que s'accentuer dans le *Mémoire* imprimé.

Il est naturel de se demander si le désir du succès, qu'éprouvent tous ceux qui prennent part à un concours, n'avait pas entraîné Maine de Biran, à son insu, dans son *Premier Mémoire*, à emprunter à ses juges leur langage, et le cadre dans lequel ils exposaient leurs idées. Nous trouvons, il est vrai, dans le *Premier Journal*, un grand nombre de passages, où il incline visiblement vers une doctrine semblable à celle qu'ils professent. Néanmoins en plus d'un endroit, il fait des réserves en faveur de la liberté ; il s'élève avec force dans un fragment sur les *Signes,* contre le langage matérialiste de Cabanis. Il semble que sur ce point, le *Mémoire sur l'habitude* marque une éclipse partielle de sa pensée personnelle, nous disons partielle, car les faits qu'il constate, la distinction qu'il établit entre l'activité et la passivité, ou, en d'autres termes, entre la conscience et la sensation contiennent virtuellement toute sa philosophie future ; mais il n'en a pas encore dégagé par la réflexion et distingué, avec précision, le caractère spiritualiste. Les différences que l'on constate, dans le vocabulaire, quand on passe du *Premier* au *Second Mémoire,* et d'une façon plus significative encore, l'esprit nouveau qui inspire quelques-unes des notes du *Mémoire* imprimé, nous montrent pourtant que, dès la fin de l'année 1802, il avait abandonné le point de vue de Cabanis.

Telles sont les principales différences qui existent entre les deux *Mémoires sur l'habitude.*

Quant au brouillon du *Premier Mémoire*, il ne diffère du *Mémoire* de l'an IX ni dans le fond, ni dans la forme, d'une manière notable. Le brouillon est plus étendu puisqu'il contient 222 pages alors que le manuscrit n'en a que 156 ; cette disproportion se manifeste surtout dans la Première Partie, qui compte 40 pages de plus. Toute l'Introduction sur l'histoire de l'idéologie et les sources auxquelles a puisé Maine de

Biran, a disparu dans le manuscrit du *Premier* et du *Second Mémoire* ;
nous la publions à part [1].

V

Analyse du Second Mémoire

1º Introduction

Dans l'*Introduction* de son *Second Mémoire,* le seul que nous nous
proposions maintenant d'étudier, Maine de Biran procède à une
décomposition de la pensée en ses opérations fondamentales, et dans
les *Mémoires* qui suivront, comme dans ses deux grands ouvrages, l'*Essai
sur les fondements de la psychologie* et les *Nouveaux essais d'anthropologie*,
il ne fera que reprendre l'étude de ce problème qui est à ses yeux le
problème philosophique par excellence. Toute sa vie, il approfondira
les mêmes points, analysera l'idée d'existence qu'il réduira d'abord à
l'idée du moi pour l'élargir ensuite, en déterminer l'origine, la nature,
la portée. Comme Condillac, Bonnet, Cabanis, de Tracy, il remonte
jusqu'à la sensation, mais dénonce l'ambiguïté de ce mot, puisqu'il
signifie tantôt une modification affective, tantôt la conscience qu'on
en a. Sentir que l'on sent est autre chose que sentir. Il lui semble donc
préférable de nommer *impression* le fait primitif, et de ranger, sous ce
terme générique, la sensation proprement dite et la perception.

Ce qui caractérise la sensation, c'est qu'elle est passive ou subie ;
elle se produit en moi, sans moi ; au contraire je suis actif dans toute
perception ; elle est essentiellement le sentiment d'une action, c'est-
à-dire d'un effort par lequel je commence, suspends, ou continue un
mouvement. Dans la sensation, il n'y a pas jugement ou perception de
rapport ; au contraire lorsque je me meus, je m'oppose à la résistance
que j'éprouve. J'ai conscience de mon existence quand ma volonté se
heurte à un obstacle, que cet obstacle se trouve dans l'inertie de mes
muscles ou dans les objets étrangers. Il aperçoit ici une difficulté, qu'il
indique dans une note et résout en passant, mais qui fera, dans ses
prochains Mémoires, l'objet d'une étude approfondie. S'il n'y a pas
d'effort perçu sans résistance, il ne peut y avoir résistance sans volonté.
Comment sortir de ce cercle ? Quel est le fait primitif ? Maine de

---

1 Voir le premier appendice.

Biran répond avec de Tracy que l'effort volontaire est précédé par les mouvements instinctifs. A un moment-donné, ces mouvements qui ont leur origine dans l'instinct, apparaissent à l'enfant, comme étant en son pouvoir; c'est à ce moment qu'il convient de situer, dans la durée, cette révélation naturelle, qui s'identifie avec le premier éclair de réflexion, par laquelle le moi prend conscience de lui-même.

Les deux éléments de la pensée une fois distingués et déterminés exactement, il, s'agit de rechercher, ce que n'a pas fait de Tracy, comment ils concourent dans nos perceptions sensibles.

Comme Cabanis et de Tracy, il commence par l'étude du tact. Il ne le sépare pas du toucher locomoteur; il montre comment il nous donne par la perception du mouvement contraint et du mouvement libre, d'une part, la perception d'une résistance invincible, d'autre part, celle de l'espace vide, et entre ces deux points extrêmes, toutes les perceptions correspondantes aux différents degrés de consistance des corps. Mais à la faculté locomobile, qui existe à quelque degré dans tous les sens externes, se joignent dans le tact d'autres qualités qui la rendent particulièrement instructive et précise. La main par sa forme même est un admirable instrument d'analyse. « En vertu de leur mobilité, les doigts se replient, s'ajustent sur le solide, l'embrassent dans plusieurs points à la fois, parcourent successivement chacune de ses faces, glissent avec légèreté sur les arêtes et suivent leurs directions. Ainsi, la résistance unique, se sépare en plusieurs impressions distinctes, la surface s'abstrait du solide, le contour de la surface, la ligne du contour; chaque perception est complète en elle-même et leur ensemble est parfaitement déterminé.

« La sensibilité recueille à mesure les découvertes du mouvement, s'empare des nuances les plus délicates et se les approprie ; elle saisit ce filet imperceptible, ces petites éminences, ces saillies qui disparaissaient dans la résistance totale ou dans la rapidité de la course et dessine exactement ce que l'organe moteur ne pourrait pour ainsi dire qu'ébaucher, si on le supposait calleux à l'extérieur [⊠]. »

La vue doit, comme le toucher, ses données les plus précises à l'activité motrice de son appareil musculaire qui fixe, dirige, ouvre plus ou moins l'œil. Il est probable que même en l'absence de toute éducation du toucher, et réduite à elle seule, la vue serait plus qu'un instrument de sensation, et le moi se distinguerait des couleurs qu'il voit, et celles-ci les unes des autres, mais elle nous instruit surtout grâce à son association avec le sens du toucher. Ce dernier sens qui est, aux yeux de Maine de Biran, le sens philosophique, puisqu'il nous donne la perception de la résistance, et le sens scientifique puisqu'il est celui de la mesure, fait l'éducation de la vue qui devient une sorte de toucher à distance. Quand l'élément affectif des impressions visuelles vient à dominer, l'élément représentatif s'obscurcit.

Il semble que cette loi se trouve en défaut dans les sensations de l'ouïe qui, tout en étant profondément affectives, sont en même temps très claires et très persistantes. Cette exception s'explique par le rôle important, quoique inaperçu, qu'y joue l'activité motrice. La distinction des sons dépend sans doute du degré modéré de force avec lequel ils affectent les fibres de la lame spirale. Mais il semble bien qu'en écoutant, nous soyons capables de déployer une certaine action sur les muscles, destinée à communiquer divers degrés de tension à la membrane du tympan. Toutefois ces effets sont peu de chose, en comparaison de ceux qui résultent de la répétition par l'organe vocal des sons entendus. La voix est à l'ouïe ce que le toucher est à la vue. Ces deux groupes de sens fournissent la vérification expérimentale de cette thèse de Maine de Biran violemment attaquée par un de ses condisciples, Serres, professeur de grammaire au collège de Périgueux, qui avait plus de prétention que de savoir [1], que la clarté et la distinction des représentations est en raison du degré d'activité qui concourt à les produire.

L'obscurité des sensations du goût et de l'odorat tient précisément à la passivité de leurs organes. Ce n'est pas que l'organe du goût n'ait pas une certaine mobilité ; mais il n'y a aucune concordance entre les caractères de la sensation éprouvée et du mouvement effectué. Ces sens sont des sens instinctifs non intellectuels ; ce sont les sens de l'appétit; tandis que le goût est intimement lié à l'instinct de conservation, l'odorat dépend de l'instinct de reproduction. La nature se propose là d'émouvoir, non d'instruire, car elle n'admet pas l'indifférence à l'accomplissement des

---

[1] Correspondance inédite de Serres, Fonds Naville, Genève.

Introduction Pierre Tisserand (1920)

fonctions fondamentales de l'être vivant.

Enfin au plus bas degré de l'échelle des sens vient le sens organique. Ses données sont – les sensations pures, les sensations sans perceptions, c'est-à-dire dénuées de toute activité. Dans le manuscrit du *Premier Mémoire,* Maine de Biran en fait une description extrêmement vive et brillante. Ces sensations ont sur notre caractère, sur le cours de nos idées, sur l'ardeur ou l'indifférence et la froideur de notre esprit, une influence continue et souvent prépondérante. C'est elles qui fixent le destin de la plupart des hommes.

Il est bien clair que la passivité des sensations affectives est toute relative. Elles dépendent d'une activité instinctive, inhérente à l'organisme, et inséparable de la vie elle-même; mais cette activité, au lieu de se déployer au dehors, revient en quelque sorte sur elle-même. Elles ont leur source dans ce foyer de la vie qui est un centre de chaleur, non de lumière. C'est l'action qui crée la lumière, l'action motrice inséparable de la conscience de soi.

Il résulte de cette analyse des divers ordres de sensations que la théorie de la *Sensation transformée* est inexacte. La sensation proprement dite ne se transforme pas en perception. Le tort de Condillac et de ses disciples est d'avoir identifié sensation et conscience. C'est de Tracy qui eut la gloire de les avoir séparées, à Maine de Biran revient le mérite d'avoir fait la part de chacune d'elles, dans les impressions et dans les opérations de l'esprit qui en dérivent. Descartes avait nettement conçu le caractère distinctif de la pensée humaine, d'exister pour soi ; mais il en avait fait un attribut uniforme et permanent de l'âme humaine ; il avait réalisé la conscience à la manière d'une abstraction. Condillac est tombé dans la même erreur. La conscience pour de Tracy est le sentiment d'une action ; il en est de même pour Maine de Biran, qui développera dans ses écrits postérieurs, toutes les conséquences de ce fait primitif.

À cette distinction de la sensation et de la perception se rattache celle de l'imagination et de la mémoire. Si l'on nomme *détermination* tout changement qui persiste et survit plus ou moins à *l'impression,* comme il y a deux sortes d'impression il y aura deux sortes de détermination, l'une pour le sentiment, l'autre pour le mouvement. Que les premières se produisent par l'action répétée de l'objet ou spontanément, en son absence, le résultat ne sera jamais qu'une modification plus ou moins affaiblie, sans relation d'existence, ni de cause, ni de temps. La détermination sera sans souvenir comme l'impression fut sans conscience : c'est là un point que de Tracy avait bien élucidé contre Condillac et Bonnet. Au contraire, si nous reproduisons le même mouvement, si nous renouvelons l'effort, nous sentons qu'il diffère du premier par une facilité plus grande ; alors il y aura réminiscence, c'est-à-dire reconnaissance, c'est-à-dire souvenir proprement dit. Le souvenir ou l'idée diffère de l'impression en ce que la forme seule pour ainsi dire en subsiste, en dehors du fond ou du contenu affectif. L'idée d'un solide tangible enveloppe bien la représentation de la forme géométrique mais non de ces qualités qui, si je les touchais, affecteraient mes nerfs tactiles.

À la division des impressions en sensations et perceptions correspond celle des déterminations en images et souvenirs. Il y a un point obscur qui attira l'attention de ses juges. De Tracy lui reproche dans son *Rapport* de ne pas avoir fait une analyse expresse de nos facultés intellectuelles, de n'avoir pas fait dans l'imagination la part du jugement. La difficulté aux yeux de Maine de Biran est plus apparente que réelle. Il est bien vrai qu'il existe en nous deux sortes d'images : les unes passives, qu'on pourrait appeler images sensitives, telles que l'image des parfums, des sons, des couleurs, les autres actives, ou images perceptives, telles que les images de formes, de figures, de mouvements. Seulement, l'élément actif de ces dernières images se trouve subordonné à l'élément passif et tend à se confondre avec lui, de telle sorte qu'il échappe peu à peu à notre pouvoir ou que nous ne pensons plus à l'y soumettre.

Comme la répétition a rendu ces mouvements plus faciles, plus rapides, et de plus en plus inconscients, il semble que nous n'ayons aucun rôle dans leur reproduction et qu'elle se fasse spontanément. Au contraire, les souvenirs dépendent de mouvements volontaires, dont nous conservons l'initiative, après les avoir institués signes des objets. L'observation psychologique justifie cette distinction que Maine de Biran avait dans son *Premier Mémoire* essayé d'expliquer physiologiquement. Nous disposons de nos souvenirs tandis que nous sommes entraînés par notre -imagination. Les effets de ces deux facultés sur la sensibilité sont aussi très différents. Le rappel des idées laisse à l'individu tout le calme nécessaire pour les contempler ; au contraire, la production spontanée des images peut être accompagnée de sentiments plus violents que ceux qui accompagnent la présence de l'objet. Il y a des rapports étroits entre les forces sensitives et l'imagination : ce qui est une autre preuve de leur ressemblance de nature. On peut entendre l'imagination soit comme une faculté représentative, qui a pour fonction de présenter de nouveau à l'esprit, ce qui a été déjà présenté aux sens, soit comme la sensibilité propre de l'organe cérébral ; dans ce cas elle peut être excitée par des causes inhérentes au cerveau, ou par l'irradiation des modifications des organes internes.

L'activité réelle de la pensée ne commence donc qu'avec l'usage des signes volontairement associés aux impressions. De là naîtront des habitudes qui vont toutes se rallier à la mémoire : « Le rappel des idées par leurs signes entraîne les jugements portés sur la valeur de ces derniers ou sur les rapports des idées mêmes ; d'un autre côté, nos jugements se suivent dans l'ordre habituel que la mémoire donne à ces signes; de là les méthodes ou les formes de raisonnement qui deviennent pour nous des habitudes mécaniques auxquelles nous nous laissons entraîner, comme à des suites familières de mouvements [1]. »

On peut se faire une idée précise, par cette *Introduction,* de ce qu'est à cette époque le sensualisme de Maine de Biran. C'est bien un sensualisme, puisque toutes les opérations de la pensée se réfèrent selon lui aux sens qui comprennent, à des degrés différents, des éléments passifs et des éléments actifs. Il n'y a pas en nous, d'idées ou d'opérations qui ne dérivent de cette origine. Maine de Biran n'admet pas d'idées innées, d'idées pures, « filles du Ciel ». Toute impression, toute détermination résulte en nous de l'activité sensitive ou motrice. On saisit là sur le vif cette horreur des abstractions, cet esprit réaliste qui sont un des traits caractéristiques de la philosophie de Maine de Biran. Il considéra d'abord les sens comme de simples fonctions des organes ; il le dit expressément dans la note qu'il écrit en tête du brouillon de son *Premier Mémoire;* mais cette interprétation de la nature des sens ne pouvait s'accorder avec le rôle qu'il attribue à la volonté dans le sens de l'effort. Le sens musculaire actif ne lui apparaîtra bientôt que comme un instrument au service de la pensée. Si les sens passifs sont

_____

1 P. 44.

des fonctions organiques, le sens musculaire est plus qu'une fonction motrice, et cérébrale. Il suppose l'action d'une force hyperphysique. Si Maine de Biran ne dégage pas encore cette idée, dans son *Second Mémoire sur l'habitude,* on peut dire qu'elle en dérive naturellement, comme il le laissera entendre quelques mois après sa publication, dans une lettre à Degérando. Ce qu'il importe d'en retenir pour le moment, c'est que pour Maine de Biran, la pensée n'existe pas isolée du corps, et comme suspendue dans le vide, qu'elle a toujours un point d'appui et un instrument dans l'organisme, faute de quoi, elle demeure une pure virtualité, sans conscience d'elle-même, sans personnalité.

2° Les habitudes passives

Après avoir opéré la décomposition de la pensée, en ses opérations fondamentales, Maine de Biran, aborde directement la question proposée par l'Institut et recherche l'influence de l'habitude sur les éléments passifs et actifs, sensitifs et moteurs de nos impressions, et des déterminations qu'elles créent en nous.

Dans la Première Partie, il étudie *Les habitudes passives,* c'est-à-dire l'influence de l'habitude : 1° Sur les sensations ; 2° Sur les mouvements et les perceptions qui leur sont immédiatement liées, et en constituent les signes naturels ; 3° Sur l'imagination. L'influence de l'habitude sur les sensations se manifeste par deux effets : 1° Leur affaiblissement graduel ; 2° À mesure qu'elles s'affaiblissent elles nous deviennent de plus en plus nécessaires. Le premier de ces effets se vérifie sur toutes nos sensations, organiques, tactiles, olfactives, gustatives, auditives, visuelles, en tant qu'on n'envisage en elles que l'élément passif : « Mon sachet de poudre, disait Montaigne, sert d'abord à mon nez, mais après que je m'en suis servi huit jours, il ne sert plus qu'au nez des assistants. » L'ouïe devient insensible aux bruits les plus violents, s'ils sont continus ou répétés. Mais à mesure que ces impressions deviennent insensibles, elles deviennent des besoins plus exigeants. Comment expliquer ces effets ?

Maine de Biran fait appel ici à des hypothèses qu'il parait avoir empruntées à la *Nouvelle science de l'homme* de Barthez. Il y a en chaque être vivant un principe qui veille pour ainsi dire à sa conservation et s'efforce de maintenir son équilibre en face des causes externes et internes qui le menacent sans cesse. Si le ton d'un organe s'élève et ressort du ton fondamental de la vie commune, l'individu éprouve une sensation, qui se proportionne à la grandeur du changement. Aussitôt, comme si l'intégrité de l'être était menacée par ce changement, le principe vital tend à abaisser le ton de l'organe excité, ou à élever successivement celui de l'ensemble, jusqu'à ce que l'équilibre soit revenu et que la sensation nouvelle se fonde dans le sentiment uniforme de l'existence. On se trouve donc en présence, non pas d'un effet mécanique de l'impression, mais d'une sorte de dynamisme vital, de finalité inconsciente, immanente à la nature. Lorsque le ton d'un organe s'est peu à peu abaissé par l'habitude, l'organisme fait effort pour le remonter et le maintenir au niveau de celui de l'organisme lui-même. De là vient qu'il recherche des moyens d'excitation factice et que par une logique implacable de la nature, la jouissance le fuit, à mesure que sa privation devient plus pénible, et que le trouble consécutif s'accroît. C'est le châtiment de la débauche. Lorsque les sensations répondent a un besoin nécessaire de l'individu, elles ne subissent plus cette dégradation ; l'instinct rafraîchit et pour ainsi dire renouvelle la sensibilité de ces organes et les empêche de se blaser. Tout se passe comme si une intelligence prévoyante et sage présidait à ces fonctions.

L'habitude a sur les mouvements et les perceptions des effets en apparence opposés. « Si toutes les facultés de l'homme étaient réduites à la sensation, l'être sensitif demeurerait affaissé dans un état de sommeil ou d'engourdissement ; tout exercice deviendrait pour lui principe d'altération et pour ainsi dire de mort ; au sein de modifications toujours variables qui fuiraient loin de lui et disparaîtraient sans retour, où seraient, je ne dis pas, les occasions et les moyens de perfectibilité, mais même la chaîne commune qui unirait les diverses périodes, les divers instants de sa passive existence ? » L'habitude a pour effet de rendre plus faciles, plus précis, plus parfaits, nos mouvements et nos opérations volontaires.

Trois causes ou circonstances concourent à ce résultat: 1º L'affaiblissement de la sensation répétée ; 2º La facilité et la précision croissante des mouvements dans les organes ; 3º L'association des mouvements et des impressions dans un centre commun.

Maine de Biran

La première de ces causes n'est que prédisposante. Elle consiste seulement à écarter les obstacles et prépare la voie à la perception. Il ne peut y avoir de vision distincte si des couleurs trop vives ; trop éclatantes frappent, surprennent la vue et la distraient des formes et des couleurs qui dessinent leurs nuances. La seconde cause agit directement. Elle se manifeste elle-même par deux effets : 1° Tout mouvement volontaire, fréquemment répété devient de plus en plus facile, prompt et précis ; 2° L'effort ou l'impression, résultant du mouvement, s'affaiblit dans le même rapport que la rapidité, la précision et la facilité augmentent, et dans le dernier degré de cet accroissement, le mouvement, devenu tout à fait insensible en lui-même, ne se manifeste plus à la conscience que par les produits auxquels il concourt, ou les impressions auxquelles il est associe.

Comment expliquer ces faits ? On est surpris que Maine de Biran se borne à les constater et à en indiquer les diverses applications, alors que dans le chapitre précédent, il s'était si heureusement efforcé de trouver une hypothèse satisfaisante. Pourtant il nous a donné dans une longue note les éléments essentiels de cette explication. Elle a trait à l'affaiblissement de l'impression d'effort qui établit une analogie entre la perception et la sensation. Cette note est extrêmement importante, et Ravaisson s'en est inspiré, lorsqu'il dit : « Ainsi dans la sensibilité, dans l'activité se développent également par la continuité ou la répétition une sorte d'activité obscure qui prévient de plus en plus ici le vouloir et par là l'impression des objets extérieurs [1]. »

D'où vient, se demande Maine de Biran, que les mouvements du cœur, des intestins, etc., s'exécutent sans effort, et par conséquent sans réaction volontaire ; sinon parce qu'ils sont, jusqu'à un certain point, indépendants de l'ensemble, qu'ils ont leur sensibilité et leur mobilité propres ? On a constaté d'autre part que les animaux à sang froid dont le cerveau est nul, ou n'exerce que peu d'influence, dont la vie est moins *une,* moins *solidaire,* ont dans chacune de leurs parties, une portion de force motrice, isolée de celle du tout et qui s'y conserve avec ténacité, plus ou moins longtemps après l'extinction de la vie générale (tel, ce tronçon de vipère qui rampait encore vers le trou où elle avait coutume

---

1 F. RAVAISSON, De l'habitude, *Revue de métaphysique et de morale,* 1894, p. 18.

de se retirer). Ne pourrait-on pas dès lors conjecturer que l'exercice répété des mêmes mouvements rend les parties mêmes plus mobiles, *plus irritables,* en les convertissant en foyers artificiels de forces, comme les organes vitaux, ou ceux des animaux à sang froid en sont les foyers naturels ? En admettant cette hypothèse, on expliquerait en même temps la précision et la facilité croissante de mouvements répétés qui repasseraient, dans un ordre inverse, du domaine de la volonté, sous celui de l'instinct... et ce serait là qu'on trouverait une analogie entre la dégradation sensitive et l'effacement de l'effort : car on sait que les parties constamment irritées peuvent, dans certains cas, isoler leur sensibilité propre de la sensibilité générale, et alors l'animal ne sent plus. C'est l'idée que Ravaisson reprendra et exprimera avec une précision supérieure, dans la formule suivante. « Ainsi, la continuité ou la répétition abaisse la sensibilité, elle exalte la motilité, mais elle exalte l'une et abaisse l'autre de la même manière par une seule et même cause : le développement d'une spontanéité irréfléchie qui pénètre et s'établit de plus en plus dans la passivité de l'organisation, en dehors, au-dessous de la région de la volonté, de la personnalité, de la conscience. » La théorie de Maine de Biran sur *l'habitude* se trouve donc nettement en désaccord avec celle de De Tracy, qui l'explique par le jugement.

Par ces effets de l'habitude sur la motilité et la perception, Maine de Biran explique comment l'être moteur qui connaît d'abord les parties de son corps par la résistance qu'elles lui offrent, lorsque cette connaissance lui est devenue familière, porte son attention sur l'objet auquel s'applique son effort. L'individu méconnaissant sa force propre, la transportera tout entière à l'objet, au terme résistant, lui attribuera les qualités absolues d'inertie, de solidité, de pesanteur, et sera d'autant plus porté à considérer la résistance comme subsistante hors de lui par elle-même qu'il la retrouve toujours invariable au sein de toutes les autres modifications fugitives qu'il lui attribue. À mesure qu'elle nous devient familière par sa continuité, l'attention peut toujours lui rendre sa clarté. C'est ainsi que, chez les aveugles nés, quelque temps après qu'ils ont subi l'opération de la cataracte, l'œil dont les muscles ont acquis par l'habitude la mobilité nécessaire, prévenu par les leçons du tact, perçoit la *figure* colorée dans *la forme* tactile. Ainsi la facilité et la rapidité croissante des mouvements a pour effet de nous faire attribuer aux objets des propriétés d'abord relatives à notre action.

Mais pour expliquer complètement la perception que nous avons des objets, il ne suffit pas d'envisager les produits séparés de l'activité de chaque sens, il faut étudier comment ils s'associent et se combinent dans le centre commun. En un mot, les habitudes de l'imagination concourent avec celles des sens dans la perception. Un aveugle ne saurait embrasser simultanément plus de parties que sa main n'en recouvre, il faut donc que, pendant qu'il touche successivement chacune des faces du solide, son imagination maintienne la présence de celles qu'il a parcourues, et que toutes se développent et s'arrangent dans son esprit sous une sorte de *perspective tangible*. On ne s'expliquerait pas autrement que le géomètre aveugle Saunderson eût pu démontrer synthétiquement les différentes propriétés des corps géométriques. Chez les clairvoyants, la vue a d'abord été éduquée par le toucher ; ses données actuelles se précisent et s'éclairent grâce à leur association antérieure avec les données du tact et avec l'exercice de la faculté locomobile. C'est grâce à leurs témoignages qu'elle arrive à mesurer la distance, à déterminer la forme et la grandeur des objets. Nous ne percevons pas ce que nous voyons, mais ce que nous imaginons à propos de ce que nous voyons. Qu'un homme s'avance ou s'éloigne, je le vois toujours de la même taille. Les habitudes de l'imagination l'emportent sur celles des sens. Le même phénomène se produit pour l'ouïe. Nous saisissons d'autant plus facilement une série de sons que l'instrument vocal les exécute à mesure que nous les entendons ; l'habitude les rapproche ; peu à peu, elle nous permet de les prévenir, de les suppléer, ou de les accompagner ; « l'ouïe est-elle frappée du *dessus*, la voix peut lui répondre par la seconde partie ou la basse. Le son *direct* se sépare intérieurement du son harmonique *réfléchi*, et tous les deux perçus ensemble, se distingueront ensuite au dehors bien plus aisément ». Nous apprenons aussi, par l'habitude, à juger de la distance d'où part tel bruit, tel son connu qui nous a frappé. L'odorat et les sens affectifs, grâce à l'éducation qu'ils en ont reçue, peuvent de même suppléer les autres sens.

Dans le chapitre qui suit sur « les perceptions associées et les divers jugements qui en résultent », Maine de Biran achève son étude du rôle de l'imagination et par suite de l'habitude dans la perception extérieure. La perception n'est pas un reflet des choses : notre esprit est bien plutôt semblable à un prisme qui dévie les rayons et les réfracte selon sa nature : c'est ce que Bacon exprime admirablement dans la pensée suivante : « Omnes perceptiones, tam sensus, quam mentis, sunt ex analogia hominis, non ex analogia universi, estque intellectus humanus instar speculi, ad radios rerum inæqualis, qui suam *naturam* naturæ rerum immiscet, eamque distorquet et inficit. »

La résistance constitue le noyau solide sur lequel viendront s'appliquer les couleurs et les autres qualités sensibles. Chacune de ces qualités peut servir de signe à celles qui lui sont associées, en vertu des habitudes contractées par le cerveau. Mais les signes les plus habituels sont tirés des formes, des figures, des couleurs, le tact fournit toujours les plus fixes, l'œil donne les plus superficiels, les plus légers ; de là toutes les illusions auxquelles il nous expose. L'imagination tantôt redresse, tantôt déforme les objets. Grâce à elle le marin, avec une vue ordinaire distingue un vaisseau dans le point obscur qui s'avance des bornes de l'horizon. Mais que d'erreurs nous commettons, lorsque nous jugeons de l'identité des objets par les plus faibles ressemblances, par exemple, des propriétés de l'or, par la couleur jaune, ou de la douceur du sucre par la blancheur !

« L'habitude nous crée des *causes* dans l'ordre des *succes*sifs comme des essences dans celui des *coexistants,* et ces relations de priorité et de postériorité, que nous nommons idées de cause et d'effet ont tout leur fondement dans les déterminations de l'organe de la pensée, assujetti par l'habitude à retracer nos impressions successives dans le même ordre selon lequel elles se sont constamment reproduites. » Cette phrase est pleine d'enseignements. Elle nous apprend qu'au moment où il écrit son *Second Mémoire sur l'habitude,* et bien qu'il eût déjà reconnu l'importance du sens musculaire, puisqu'il lui attribue l'origine de la conscience, Maine de Biran partage sur les idées de cause les opinions de Locke et de Hume. La note qu'il écrit au bas de la page, et dans laquelle il déclare que l'idée de cause nous vient, dans l'origine, de l'exercice de nos mouvements, de notre propre action, lui apparaîtra plus tard en contradiction formelle avec le texte cité, dans lequel il confond causalité et succession.

La force de l'habitude explique la sécurité avec laquelle nous attendons les phénomènes qui se sont toujours suivis, notre trouble, notre surprise, lorsque des faits imprévus se réalisent, l'émotion dans le changement, l'indifférence dans l'uniformité. De là cette multitude de jugements qui sont devenus si faciles et si rapides que nous ne les remarquons même pas, et les confondons avec les sensations, par lesquels nous affirmons qu'un objet est le même, ou qu'il a changé.

Tels sont les effets de l'imagination sur la perception extérieure, quand elle opère avec des matériaux fournis par les expériences antérieures. Maine de Biran étudie dans un dernier chapitre les habitudes sensitives et propres de l'imagination qui paraissent échapper aux lois précédemment formulées. Comment se fait-il que certains sentiments acquièrent une vivacité, une énergie singulière pendant que les idées propres à les exciter sont plus fréquemment reproduites ? Cela tient à la nature des idées et des sentiments d'une part, et d'autre part aux dispositions organiques qui les alimentent et parfois les produisent.

L'imagination semble tendre par une sorte d'instinct, à la production d'idées superstitieuses de tout genre, aussi bien dans le domaine politique que dans le domaine religieux. Par cela seul que l'objet de nos craintes et de nos espérances est invisible et échappe à l'expérience, rien ne peut en diminuer la vivacité. « Les fantômes inhérents à la pensée, dont ils deviennent les idoles, semblent être pour son organe ce que les irritants artificiels accoutumés sont pour les organes des sensations. La passion est elle-même une sorte de superstition, puisqu'elle prête à son objet des qualités ou des défauts imaginaires, et se place en dehors du domaine de l'expérience dont elle ne peut recevoir les leçons. Aussi dès que l'objet est atteint, le prisme séducteur se brise, le charme est détruit, l'habitude reprend ses droits. »

À ces habitudes de l'imagination, Maine de Biran en ajoute d'autres qui ne se rallient à aucune espèce de modèle donné par les habitudes des sens et qui ont leur origine dans des saillies de la sensibilité cérébrale. Telles sont les visions des maniaques. Parfois ces produits se mêlent à ceux de la perception et les transforment ; tel, ce fou qui considérait comme sa propriété tous les vaisseaux du Pirée. Enfin en vertu de la sympathie qui unit le cerveau aux divers foyers de la sensibilité, l'imagination peut prévenir l'action organique qui la met d'ordinaire en jeu, et produire la dépravation, tous les soucis et les agitations d'une vie artificielle. La persistance des images tient à la disposition fixe des organes intérieurs. Ainsi s'expliquent les changements dans le sentiment de notre existence et l'allure de nos facultés, à différentes époques, différentes saisons de l'année, souvent à chaque heure du jour. Tous ces faits rentrent dans ceux qu'a si bien analysés Cabanis.

Tel est le rôle de l'habitude dans la vie inférieure de l'esprit qu'on pourrait nommer la vie représentative, son influence sur nos sensations, nos perceptions, nos images. Le cerveau qui est le centre de l'imagination, est une sorte d'appareil enregistreur qui fixe les impressions que les objets font sur nos sens, et les reproduit en leur absence ; mais il peut être excité à les reproduire, soit par le retour d'une impression extérieure, soit par un stimulus interne. La perception est l'œuvre des sens et de l'imagination, dont la loi fondamentale est l'habitude. Il arrive aussi que sous l'influence de causes intérieures, soit organiques, soit cérébrales, l'esprit se meuve dans un monde imaginaire, qu'il crée avec les débris de ses impressions antérieures, et se rende plus esclave encore de ses fictions qu'il ne l'était de ses sensations. Dans les deux cas, l'esprit est passif.

3° Les habitudes actives

Dans la Seconde Partie de son *Mémoire*, Maine de Biran aborde l'étude des habitudes actives. Ces habitudes sont liées à l'usage de la réflexion. Dans la section précédente Maine de Biran avait distingué deux espèces de signes naturels. Toute impression, même purement sensitive, associée par l'habitude à d'autres impressions, en devient le signe, et réciproquement par exemple, une odeur peut devenir le signe naturel d'une saveur. De tels signes mettent en jeu l'imagination, leur effet est machinal et forcé : ils ne dépendent pas de la volonté. L'autre espèce de signes naturels est constituée par les mouvements volontaires que la nature a associés dès l'origine aux impressions sensibles ; ils constituent la perception, c'est-à-dire une sorte de connaissance, car ils sont accompagnés de l'impression d'effort qui est elle-même le produit du sentiment du moi, de celui de résistance, et d'un jugement ; aussi dépendent-ils de l'individu. Telles sont les perceptions tactiles par rapport aux sensations visuelles ; elles enveloppent à l'origine un commencement de réflexion, que l'habitude ne tarde pas à supprimer.

En effet, elle fait disparaître graduellement la conscience de l'impression de l'effort ; elle rend de plus en plus faciles et par suite insensibles ces signes volontaires qui servent de fondement à la mémoire, de telle sorte qu'elle les rapproche des signes passifs de l'imagination. Quand la faculté motrice est arrivée à ce degré de perfection d'une part, et d'aveuglement dans son exercice de l'autre, l'individu demeure passivement livré à l'impression des sens externes, des dispositions organiques, des saillies involontaires, et des retours périodiques de la sensibilité. Il vit dans une sorte de somnambulisme, n'a plus la force de réagir sur ce qui le meut, n'a plus de pouvoir de réflexion. Il est retombé sous l'empire absolu de son imagination. Ainsi échoue son premier effort de libération.

Elle ne peut être que son œuvre personnelle, le fruit d'une réflexion continuellement tendue et éveillée. Les signes secondaires du langage viennent heureusement enrayer cette mobilité d'une pensée soumise à l'habitude, révéler à l'individu l'espèce d'empire qu'il peut exercer sur plusieurs de ses modifications et lui créer une seconde mémoire. Il faut, en d'autres termes, qu'il refasse avec réflexion ce qu'il a fait par habitude, qu'il remonte à l'origine de ces signes, démêle leurs fonctions, les institue de nouveau par un acte de volonté, les associe fixement et par une suite de répétitions réfléchies à toutes les impressions de ses sens, à tous les produits de sa pensée. Or parmi les mouvements volontaires, qui peuvent également servir de signes de rappel, ceux de la voix, outre la disponibilité et la commodité parfaite de leur exercice, ont l'avantage unique et infiniment précieux de rendre l'individu doublement présent à lui-même ; par l'effort qu'ils déterminent et l'effet qu'ils produisent, ils justifient la préférence qui leur est accordée dans les communications mentales et sociales. Et Maine de Biran, reprenant sur ce point et perfectionnant les analyses de Condillac et de Tracy, montre tous les avantages du langage articulé sur les gestes, non seulement pour la communication de la pensée une fois formée, mais pour sa formation. Seulement, l'attention continue qu'exige l'institution volontaire des signes, est si contraire à notre tendance au moindre effort, que l'habitude a bientôt fait de les dénaturer et de les rapprocher de l'état automatique, favorisée en cela par la nature des impressions, auxquelles sont associés les mouvements vocaux ; ces impressions sont en effet variables : l'élément passif et l'élément actif y prédominent tour à tour. L'esprit commence par donner des noms aux objets particuliers qui l'intéressent, puis aux ressemblances de ces objets entre eux et à leurs rapports. Comme il commande au langage, il a pu espérer par leur moyen commander à ses idées même et par suite aux choses. Cette illusion fut celle de Condillac qui considérait les sciences comme des langues bien faites. Maine de Biran avait déjà critiqué cette opinion dans son étude sur l'*Influence des signes*. Il reprend et utilise ses analyses anciennes ; montre que le pouvoir de l'esprit sur les mots ne s'étend aux idées qu'ils expriment, qu'à la condition que ces idées soient elles-mêmes des déterminations actives de la pensée, non des modes passifs. Il est ainsi amené à distinguer selon la nature des impressions liées aux signes, et leur espèce d'association, trois sortes de mémoire, qu'il étudie successivement.

Il arrive que toute l'attention de l'individu se porte sur l'articulation des mots et se détourne des représentations qui leur sont associées. L'habitude triomphera peu à peu des difficultés ; elle sera facilitée par l'analogie des sons, le retour périodique des mêmes syllabes, le rythme, la mesure. L'esprit se laissera séduire par cette facilité qui lui épargne le travail pénible de la pensée, et toute son activité se consumera dans ce jeu stérile d'où la réflexion est absente. Après Cabanis, Maine de Biran note le plaisir que nous procure la perception du rythme ; et il en recherche la cause non dans l'intelligence, mais dans le mouvement même de la vie. « Comme plusieurs mouvements organiques, tels que ceux du pouls, de la respiration sont assujettis à une certaine régularité rythmique, peut-être n'aimons-nous tant au dehors la mesure et la périodicité, que parce que nous en portons pour ainsi dire le type constant en nous-mêmes ; et ne serait-ce pas en vertu d'une loi particulière de notre vitalité, que les organes sensibles et moteurs (et celui de la pensée qui les représente tous et en est l'abrégé) admettent si aisément des habitudes périodiques [a] ? » Peut-être faudrait-il dire que le plaisir du rythme vient de ce qu'il place sous notre dépendance tout un ordre d'impressions, en nous permettant de les prévoir, de les devancer, de les prévenir par l'imagination, d'éviter le, choc de la surprise. La mémoire mécanique favorise donc, selon Maine de Biran, la paresse de la pensée ; il faudrait la combattre dès l'enfance, alors qu'au contraire on fait tout pour la développer. « La plupart des mots que nous avons appris dans notre enfance n'ont été d'abord que de simples habitudes de l'oreille et de la voix. »

Maine de Biran

La mémoire est sensitive quand le signe sert à réveiller les sentiments, les modifications variables ou fugitives, les idées archétypes qui ne se rattachent à rien de réel et ne sont que les produits illusoires d'un cerveau exalté. Ses effets sont analogues à ceux de la mémoire mécanique ; car il ne dépend pas de nous d'évoquer des modes passifs. Ce sont bien moins de vrais signes que des moyens d'excitation tumultueuse et presque fortuite, qui devient facilement fantastique. Nous nous servons des mêmes mots aux différents âges de notre vie, pour désigner des sensations qui ont profondément varié, comme les sensations d'odeur ou de saveur. Il en est de même des mots qui désignent des idées archétypes. L'enfant imite les gestes, l'accent, le ton, des personnes avec lesquelles il vit. Ces signes extérieurs sont liés chez les autres à certains sentiments, ces sentiments à certaines idées, les uns et les autres à des mots. L'enfant éprouvera en même temps qu'il reproduira les mêmes mots et les mêmes mouvements, les sentiments, mais les idées resteront toujours plus ou moins indéterminées. L'enfant arrivera ainsi à se passionner sur les mots les plus insignifiants et les plus vides. Les passions seront d'autant plus vives que les idées ne se rallieront à rien de réel ; l'imagination s'en emparera, les revêtira de formes et de couleurs, en fera des êtres véritables. Lorsque des associations de cette nature, où l'imagination et le sentiment entraînent le jugement ou la foi, ont été cimentées par une longue habitude, c'est alors que les mots qui les ont fixés semblent doués d'une puissance magique, surnaturelle ; leur articulation, leur rappel ébranlent le système entier comme une secousse électrique. L'usage des métaphores, des allusions, des tropes, des figures, favorise aussi ce genre de mémoire qui ne diffère guère de l'imagination, précisément à cause de l'indépendance où sont ces représentations de la volonté. Si la mémoire mécanique peut être comparée à la constitution où les forces musculaires prédominent, la mémoire sensitive est comparable à ce tempérament où la force sensitive est trop exaltée. C'est de l'équilibre et de la juste combinaison de ces deux forces que se forme un bon tempérament et une mémoire vraiment représentative.

Le son articulé est une perception, puisque c'est le sentiment d'une contraction musculaire active ; il ne pourra contracter de liaison étroite et fixe qu'avec les impressions d'une nature homogène à la sienne propre.

Maine de Biran examine à la lumière de ce principe les relations des signes avec les idées dans les différentes espèces d'idées composées. Les idées morales ont une double propriété, représentative et sensitive. Elles sont représentatives en tant qu'elles enveloppent la représentation des différentes actions ou circonstances d'où elles ont été abstraites, mais en même temps, elles évoquent un sentiment, ou plus exactement un rapport senti, tel que le rapport d'obligé à bienfaiteur. Nous ne sommes jamais sûrs que les mêmes mots évoquent les mêmes sentiments chez autrui. Sous ce dernier rapport, la mémoire *représentative* tend à se fondre dans la mémoire sensitive. La mémoire *représentative* intervient encore dans la formation régulière comme dans le rappel des termes de nos diverses idées abstraites, générales, et complexes mixtes de tout ordre ; mais ses fonctions sont rendues souvent difficiles et incertaines par l'hétérogénéité de leurs éléments ; car parmi ces éléments, il en est qui correspondent à des modifications purement affectives. Les termes ne seront jamais si clairs, et si distincts que lorsqu'ils évoqueront des idées de modes simples ayant leur source commune dans la motilité ou la résistance. Les idées géométriques ont un grand avantage sur les idées de nombre. C'est que celles-ci, si elles sont jointes à l'origine et quand il s'agit de l'unité et des petits nombres, à des représentations, deviennent très vite de pures abstractions, sur lesquelles l'esprit raisonne sans se référer à l'objet qu'elles représentent et le calculateur, uniquement préoccupé des résultats, perd de vue le rapport des nombres à la réalité ; la mémoire tend alors à se confondre avec le rappel mécanique des chiffres et des formules. Au contraire, en géométrie, le signe est toujours lié à la figure représentée ; l'esprit opère toujours sur les perceptions ou les idées ; et rien n'est plus propre à développer la véritable intelligence que l'étude de cette science. De là découlent des conséquences importantes, en pédagogie. Maine de Biran voudrait que les premières notions de géométrie précédassent la connaissance et la pratique du calcul ; il faudrait aussi habituer les enfants à raisonner sur les souvenirs et non sur la perception des figures, ou dans un autre ordre d'exercices dont les effets sont analogues, à dessiner de tête, et non d'après un modèle qu'ils auraient sous les yeux ; en un mot, à ne jamais séparer les signes des idées.

Maine de Biran

Mais l'habitude, si l'on n'y prend garde, ne tardera pas à se glisser dans ces associations réfléchies des idées et des signes, et à les transformer en un pur mécanisme. Elle nous entraîne à donner sans nous en apercevoir une espèce de vertu occulte aux signes de nos idées et une existence réelle hors de nous à tout ce qui se trouve revêtu d'un signe dans notre mémoire. Nos premiers signes ayant été attachés à des objets sensibles et réels, quand nous les unissons à des objets intellectuels, nous sommes portés à regarder ces objets comme aussi réels que les premiers. Ces objets sensibles et réels, nous sommes habitués à les sentir et à les voir existant hors de nous ; bientôt nous rapportons aussi hors de nous ces objets intellectuels que nous jugeons aussi réels (de là le pouvoir magique des termes de substance et d'essence). Enfin nous y sommes portés par les formes mêmes du langage. Quand nous les avons personnifiés par des signes, ils deviennent les sujets de nos propositions, les soutiens de beaucoup de qualités ; ils parlent, ils agissent, ils sont modifiés. Tout ce que nous disons d'eux est autant de prosopopées qui ne peuvent manquer de les réaliser pour nous, dès que la mémoire que nous en avons cesse d'être pleinement représentative et qu'elle incline à devenir ou purement sensitive ou purement mécanique.

Les habitudes du langage ont pour effet de substituer des jugements mécaniques aux jugements réfléchis. Le souvenir d'avoir toujours cru ou articulé les mêmes paroles tiendra lieu de toute autre preuve et cette confiance routinière, cette foi machinale s'accroît précisément comme le nombre des répétitions augmente. Les jugements réfléchis eux-mêmes, c'est-à-dire fondés sur la perception immédiate de l'évidence acquièrent un nouveau poids par le seul fait de leur répétition ; bien plus, l'habitude s'oppose avec une force croissante à de nouvelles vérifications et remplace le doute de la sagesse par une aveugle présomption. Elle facilite sans doute par ce moyen la rapidité de la pensée mais au prix de quels risques d'erreur !

Si l'empire des mots est tel sur nos jugements, combien ne doit-il pas être plus grand encore, sur ces suites de jugements, que nous nommons raisonnements. Au début, notre effort se déployant successivement sur les signes et les idées, nous ne pouvons envelopper des termes différents et séparés dans un acte commun. En répétant plusieurs fois les mêmes opérations, les termes se rapprochent ; ils vont se pénétrer ;

nous n'aurons bientôt plus qu'un seul tout dont les éléments seront réfractaires à l'analyse. L'habitude transforme donc les suites de jugements réfléchis, soit en facilitant les opérations intermédiaires, soit même en les annulant et en n'en laissant subsister que le résultat. Une fois que l'on a pris de telles habitudes, on en devient vite esclave. Ce que la pensée gagne en vitesse et en surface, elle le perd en force et en profondeur. C'est l'habitude qui retient tant d'hommes dans les mêmes pratiques, les mêmes maximes, les mêmes classifications, les mêmes méthodes.

Mais n'y a-t-il pas des méthodes générales de raisonnement où l'habitude serait précieuse ? Dans tout raisonnement, remarque Maine de Biran, la mémoire remplit deux fonctions essentielles : 1° Elle rappelle ou représente avec chaque signe l'idée qu'il exprime ; 2° Elle rappelle les séries de signes dans un ordre déterminé. Si l'on raisonne sur les signes sans raisonner sur les idées, la mémoire est mécanique ; elle est représentative et le raisonnement est réfléchi dans l'autre cas. L'ordre des termes constitue la forme du raisonnement ; la représentation des idées liées au signe en est le fond. Or le fond peut varier d'une infinité de manières, en conservant la même forme : de là l'importance extrême attachée à la forme. Mais il n'y a que le calcul où nous puissions employer sans danger cette méthode, car là les idées sont toujours de la même espèce et l'ordre des idées est lié exactement à l'ordre des signes ; il s'en faut de beaucoup qu'il en soit de même dans tous les cas. Rien ne peut nous dispenser, dans les autres sciences, de ramener le signe à sa fonction représentative et de porter le double fardeau des signes et des idées. Le projet d'une langue universelle calquée sur l'algèbre et d'une sorte de *spécieuse générale* est donc une chimère ; et nous n'avons pas à le regretter : « Si la langue universelle pouvait un jour convertir le raisonnement en calcul, substituer un mécanisme facile et assuré à la représentation lente et souvent incertaine des idées, sans doute l'art de raisonner éprouverait une révolution aussi heureuse que celle que les sciences exactes doivent à l'application de l'algèbre à la géométrie. Mais autant le perfectionnement des connaissances humaines s'étendrait tout d'un coup, autant le génie acquerrait de puissance, en joignant sa force propre à celle d'un nouvel instrument, autant peut-être la perfectibilité se resserrerait par la suite ; autant les facultés du commun des hommes perdraient leur activité par l'extrême facilité de leur exercice. Ce serait le triomphe de l'habitude !... alors, sans doute, il s'élèverait des philosophes qui chercheraient à enrayer ce mécanisme, reviendraient à l'ancienne méthode, en recommanderaient la pratique, y traduiraient leurs résultats, après les avoir trop aisément obtenus dans la nouvelle (ut *lumen publicum sustinere valerent,* comme dit Newton lui-même, en parlant de la traduction synthétique). » « Les leviers de l'esprit sont comme les leviers physiques; ils nous aident, mais quelquefois trop, en empêchant le développement de nos forces naturelles. »

Maine de Biran termine son *Mémoire* par la considération des méthodes qui sont à l'esprit qui recherche la vérité ce que les principes moraux sont à la conduite. Cette partie est beaucoup plus développée dans le *Premier Mémoire* que dans le *Second.* Dans la synthèse l'individu se rend compte, à chaque pas qu'il fait, de l'espace parcouru, il sait d'où il vient, où il en est. Il avance, peut s'arrêter, ou continuer, à volonté. À la pratique de cette méthode, correspondent des habitudes de réserve, de circonspection, de lenteur et aussi de sévérité, de froideur. Dans l'analyse au contraire, l'esprit est entraîné sur une pente rapide où il n'est pas libre de s'arrêter; l'opération une fois commencée, il faut qu'elle s'achève ; on est dans l'ombre jusqu'à la fin, mais l'éclat de la vérité perce alors tout à coup. La synthèse est la méthode la plus utile, à condition qu'elle parte des éléments véritables, et les combine successivement en se conformant à l'ordre direct de la génération des idées, et ne fasse les signes qu'en faisant les idées. C'est la méthode que M. de Biran lui-même a suivie après Condillac et Bonnet, mais avec une circonspection, un souci de l'exactitude qui ont manqué à ses maîtres.

Malgré l'effort sans cesse renouvelé que fait l'esprit pour diriger ses opérations et en conserver la conscience, il échappe rarement au danger de devenir l'esclave des habitudes qu'il se donne, comme de celles qu'il subit, de telle sorte que dans le *Mémoire sur l'habitude* comme dans le *Premier Journal,* le thème de la passivité, recouvre et domine presque toujours celui de la liberté. Nos perceptions et les images qui en dérivent, images de formes, de figures, de mouvements, de résistances, ont leur origine dans la motilité. Du sein même de la nature surgit une activité qui s'efforce de se soumettre les choses, d'étendre sur elles son empire. Au lieu de subir passivement leur impression, l'enfant se porte au-devant d'elles, les parcourt du regard et de la main, en mesure d'abord la distance, puis la grandeur, acquiert ainsi le pouvoir de se les représenter en leur absence, d'en prévoir l'apparition, et d'adapter sa conduite à ses prévisions. Mais en se répétant, l'action motrice devient habituelle, et par suite automatique et inconsciente, elle passe du domaine de la volonté sous celui du sentiment et de l'imagination, et Maine de Biran est tellement frappé de cette transformation qu'il range les perceptions habituelles dans la classe des habitudes passives. Quant aux habitudes actives, c'est-à-dire à celles que nous avons formées, par un acte exprès de réflexion, comme l'institution des signes, mille causes différentes, dérivant soit de la nature des signes eux-mêmes, soit des représentations qui leur sont jointes, tendent à en faire des instruments de servitude. Même dans les sciences qui portent la marque la plus évidente de l'activité de l'esprit comme l'algèbre, Maine de Biran voit le danger des formules toutes faites, et d'un mécanisme verbal qui tue peu à peu l'initiative de la pensée. L'équilibre des forces sensitives et motrices qui constitue le tempérament normal est sans cesse rompu, au profit des premières. Les conquêtes de la réflexion sur la nature sont toujours menacées par ses retours offensifs, car elle ne désarme jamais. La pensée est une flamme légère et vacillante, toujours prête à s'éteindre, dans un abîme de ténèbres. Toutefois, elle existe. Maine de Biran lui assigne une origine précise ; si humble qu'elle soit, elle est plus noble cependant que la sensibilité physique, elle lui apparaîtra bientôt, dans le *Mémoire sur la recomposition de la pensée* comme le principe de toute certitude et de toute moralité.

VI

Le mémoire imprimé. Le jugement des contemporains et de Maine de Biran lui-même

Maine de Biran publia son *Mémoire* avec quelques modifications, que M. Picavet a relevées dans une communication, à l'Institut. Il est probable que l'influence de Stapfer et de Degéando, qu'il rencontra dans son voyage à Paris, n'y fut pas étrangère. Non seulement, il remplaça en plusieurs endroits, dans le Mémoire imprimé, les termes de la langue physiologique par ceux de la psychologie, mais il déclare expressément dans une note que nous avons signalée, qu'il n'a pas entendu établir un parallélisme rigoureux entre les phénomènes physiologiques et les opérations de la pensée. Il commençait à se rendre compte qu'on ne peut expliquer les éléments actifs de la pensée par de simples habitudes du centre cérébral. En ce sens, M. Picavet a raison de dire « que si, en l'an IX, Maine de Biran est un disciple enthousiaste de de Tracy, et surtout de Cabanis, si, en l'an X, il est encore quoique avec plus d'indépendance, disciple de l'un et de l'autre, en l'an XI, il se défend d'être un adversaire du spiritualisme » [1]. Mais nous ne pensons pas avec lui (et nous sommes d'accord sur ce point avec M. Delbos)[2], qu'il tendait à revenir à Condillac et à Bonnet. Le texte sur lequel s'appuie M. Picavet, nous semblerait plutôt apporter la preuve contraire. Ce texte se termine en effet, par la citation suivante, empruntée à la préface de l'*Essai analytique* de Bonnet : « Là vertu perdrait-elle de son prix aux yeux du philosophe, dès qu'il serait prouvé qu'elle tient à quelques fibres du cerveau ? » Elle est donc inspirée du même esprit que la pensée du même auteur, que Maine de Biran aime à citer : « Que sont toutes les opérations de l'âme, sinon des mouvements et des répétitions de mouvements ? » En l'an XI, Maine de Biran n'est plus dans ces dispositions d'esprit. Il ne jure à cette époque sur les paroles d'aucun maître ; il commence à comprendre la véritable signification des faits sur lesquels de Tracy a attiré l'attention ; et au lieu d'établir entre la faculté de mouvoir et celle de sentir la différence, qui distingue un rameau principal du tronc de l'arbre, ou même deux arbres jumeaux qui se tiennent et se confondent dans la même souche, il y voit la marque de deux natures, ou de deux forces irréductibles, l'une physique, l'autre spirituelle.

C'est précisément parce qu'il avait déjà, à cette époque, un sentiment très vif de l'espèce de contradiction, qui existe dans son *Mémoire* entre les faits exposés et l'hypothèse par laquelle il les explique, qu'il ne se décida pas, « sans une sorte d'effroi », à le faire imprimer ; et son embarras se manifeste visiblement dans les notes qu'il y joint, où il lui arrive plus d'une fois, au lieu de commenter le texte, de le corriger. Il finit par céder aux instances de ses juges, Cabanis et Destutt de Tracy ;

---

1 La philosophie de Maine de Biran de l'an IX à l'an XI d'après les deux Mémoires sur l'habitude découverts aux archives de l'Institut (*Comptes rendus de l'Académie des Sciences morales et politiques* (CXXXII, 1889), p. 727).

2 *Année philosophique*, 1910. Les deux mémoires de Maine de Biran sur l'habitude, p. 122.

mais « si j'avais été le maître, dit-il, j'aurais suivi le précepte d'Horace : *novum prematur in annum* » [1].

Contrairement à son attente, son ouvrage fut bien accueilli par le public. Van Hulthem lui écrit (14 frimaire, an XI). « Tous les journaux ont annoncé votre ouvrage, mais je n'en ai vu encore, dans aucun, une analyse critique. Chabot-la-Tour m'a demandé depuis longtemps l'extrait que Serre vous avait promis de faire pour l'insérer dans le journal des *Débats*. Si vous n'aviez pas oublié de me donner son adresse, il y a longtemps que je serais allé le lui demander. Le Breton m'a dit que le sien est tout prêt depuis plusieurs semaines, j'ignore pourquoi il ne l'a pas encore inséré dans la *Décade*. J'ignore si celui de Degérando est prêt, j'irai le voir avant mon départ. » Le 1er ventôse an XI, Cabanis, après s'être excusé de lui envoyer si tard l'extrait qui a été fait de son ouvrage dans le *Citoyen français,* ajoute : « Je dois vous dire que nous voyons avec plaisir la manière dont l'ouvrage prend dans le public. On n'en a pas parlé beaucoup d'abord ; mais peu à peu tous les hommes qui s'occupent de philosophie le lisent et leur jugement est unanime. Vous avez le succès qui doit flatter le plus, car c'est le plus durable. Combien d'écrits qui font grand bruit pendant six mois et qu'on oublie ensuite pour toujours. C'est tout le contraire pour le vôtre. Jouissez de ce succès fondé sur la découverte de vérités utiles, et qu'il vous serve à rendre meilleure votre situation. Il est en effet impossible qu'on oublie un homme tel que vous.

« Le bon Tracy vous salue tendrement et cordialement. Ma femme se joint à lui. Tous nos amis pensent bien à vous et s'intéressent bien vivement à vos travaux. Conservez-moi, je vous prie, votre amitié et comptez entièrement sur la mienne [2]. »

C'est la même impression que de Gérando exprimait dans un article de la *Décade,* du 20 nivôse an XI. « L'auteur, dit-il en terminant, paraît doué d'une grande faculté de méditation ; il s'est créé une méthode excellente. Lorsqu'il emprunte les idées des autres, il se les approprie et les féconde. Sa modestie, cependant, lui fait toujours avouer ses emprunts, souvent les exagérer. Cette modestie extrême paraît toucher

1 Correspondance inédite avec le comte de Féletz.

2 *Ibid.*

presque à une sorte de timidité qui intéresse. Nous nous hâterions de le rassurer cependant, si de grands avantages, un succès reconnu n'avaient dû lui rendre déjà le sentiment de ses forces. Les amis de la science sont les siens ; leur estime, leur admiration même lui est acquise. Il en multipliera lui-même le nombre par la grâce et le charme qu'il a su répandre sur les notions les plus abstraites : il intéressera aux vérités qu'il a dites, il facilitera l'étude par la clarté et la précision de son langage. Le goût de cette science est d'ailleurs aujourd'hui beaucoup plus répandu qu'on ne le suppose, chaque jour il s'accroît, et des ouvrages tels que celui du Ch. Maine de Biran, lui assureront encore de nouvelles conquêtes en lui faisant faire de nouveaux progrès. »

Quoique cette appréciation lui fût extrêmement favorable, Maine de Biran se plaignit dans une lettre qu'il écrivait peu de temps après, à son ancien camarade de collège, Serres, professeur de grammaire générale à *l'École centrale de la Dordogne,* que l'article publié par Degérando dans la *Décade,* ne contint qu'une *analyse superficielle* de son ouvrage, insuffisante pour que sa pensée fût clairement entendue. La réponse de Serres n'était pas faite pour dissiper ses craintes. Une assez longue correspondance fut échangée entre eux, au sujet du *Traité sur l'influence de l'habitude.* M. Naville possède 4 lettres de Serres, formant un ensemble de 18 pages d'une écriture fine et serrée, qui ne méritent pas, selon nous, qu'on en fasse une analyse minutieuse. Serres, qui devait mourir fou, quelques années plus tard, à Paris, n'arrive pas à dissimuler sous ses protestations de sincérité et d'amical dévouement, l'amour-propre passionné d'un auteur, qui se croit un génie méconnu, et qui souffre visiblement de la faveur dont jouit son ancien camarade auprès des Membres de l'Institut et des critiques les plus influents de l'époque. Nous ne pensons pas qu'on puisse expliquer autrement, les critiques, aussi fausses qu'injustes qu'il adresse à de Tracy, Degérando, à Cabanis ; quant aux objections qu'il fait à Maine de Biran, si elles contiennent quelques arguments solides, elles sont faites sur le ton de l'invective, et non de la discussion sérieuse.

Il les résume ainsi au début de l'une de ses lettres : « Je vais discuter maintenant, mon cher ami, ce que vous appelez une découverte ou ce que vous regardez dans votre ouvrage comme neuf et vous appartenant exclusivement. Je vais essayer de prouver : 1º Que la distinction de la sensation et de la perception pouvait être solidement établie sans avoir recours à l'organisation humaine ; 2° Qu'il est faux que les organes les plus mobiles soient toujours les plus propres à nous donner des perceptions ; 3° Que quand même il serait vrai que la perceptivité de nos sens est toujours en raison de la mobilité de leurs organes, ce serait un fait entièrement nul pour l'idéologie, et qui ne peut servir en aucune manière à établir une distinction entre la sensation et la perception. » La première de ces objections paraît juste ; elle s'accorde avec celle que Stapfer adressait lui-même à Maine de Biran : nous avons montré que Maine de Biran se l'était faite à lui-même, après son *Premier Mémoire*, que les considérations physiologiques tiennent moins de place, dans le *Second,* et que dans les notes additionnelles du *Mémoire Imprimé, il* s'explique nettement à ce sujet. Quant à la deuxième et à la troisième objection, elles prouvent seulement que Serres a méconnu le rôle de la motilité dans la perception, c'est-à-dire une des idées les plus heureuses et les plus fécondes de la philosophie de Maine de Biran. Au fond, c'est l'auteur lui-même, qui s'est montré le critique, le plus judicieux et le plus sévère de son œuvre, et il semble que loin de s'atténuer avec le temps, son mécontentement se soit au contraire accentué et fortifié.

Le 26 vendémiaire, an XI, il écrit à de Gérando.

« Je forme des regrets bien sincères de vous avoir connu trop tard, mon cher de Gérando et de n'avoir pas été à portée de profiter plus tôt de vos conseils, de votre exemple et de vos sages leçons. J'ai senti en conversant avec vous que mes idées auraient eu besoin d'un commerce intime des vôtres pour s'agrandir, se rectifier et s'épurer. Je suis vivement inquiet, je vous l'avoue, sur la première impression qu'aura pu vous laisser la lecture de mon mémoire. Je vous ai dit avec franchise que j'étais loin d'être satisfait, et plus j'y réfléchis maintenant, dans le calme de la retraite, plus mon mécontentement augmente, plus je sens le regret d'avoir cédé aux conseils qui ont déterminé la trop prompte impression d'un mémoire aussi imparfait.

« J'ai à me reprocher surtout des vices de langage, vices qui proviennent dans plusieurs cas du mélange, peut-être déplacé, de la physiologie avec la métaphysique. Si je n'avais à faire qu'à des lecteurs tels que vous, ils sauraient bien discerner le fond de la doctrine d'avec les formes ou les expressions qui semblent là trop matérialistes. Ils trouveraient sans doute dans le fond même de mes principes des armes assez fortes contre un système dangereux et désolant, ils verraient que là où l'on admet, où l'on démontre une faculté de *percevoir*, distincte de celle de *sentir*, une volonté qui intervient nécessairement dans les premières opérations et dans le simple jugement de personnalité, qui constitue l'être sensible *individu*, là, dis-je, il est impossible de tout expliquer par le jeu des organes (comme on pourrait le tenter dans une doctrine où l'on ne reconnaît qu'une faculté ou propriété sensitive unique et des sensations transformées) ; ils verraient que les principes de moralité singulièrement compromis dans le dernier système, sont à l'abri de toute attaque et trouvent un fondement véritable dans celui où l'on reconnaît un *moi* qui est doué d'une force, d'une puissance de réaction pour se modifier lui-même. Ils suivraient dans tout le cours de l'ouvrage, la distinction fondamentale des deux vies dont l'une peut être appelée la vie *organique*, l'autre la vie *intellectuelle*, la première *passive*, à laquelle se rattachent les opérations de l'instinct, les sensations purement affectives, les passions, l'imagination en tant qu'elle est mise en jeu par ces mêmes passions, etc. ; la seconde toute *active* d'où dépend la perception, le jugement, la volonté et tous les mouvements, signes naturels ou institués, qu'elle détermine, la mémoire enfin ou le rappel et toutes les opérations qui en dérivent. Ces deux vies ou facultés organiques et intellectuelles, pouvant prédominer l'une sur l'autre ou se maintenir en équilibre, de bonnes habitudes ou un bon régime physique et moral pourrait assurer cet équilibre, ou rendre la vie organique, subordonnée à la vie intellectuelle.

« Voilà ce que verraient dans mon ouvrage des hommes éclairés et sans prévention ; mais j'ai fort à craindre de trouver peu de lecteurs de cette espèce, et je m'attends à des oppositions de plusieurs genres. Je suis consolé d'avance de toutes celles qui n'intéresseraient que mon amour-propre mais je ne me consolerais point de voir mes principes attaqués ou méconnus par des personnes dont l'estime et la bienveillance sont pour moi le premier des biens. Je réclame, mon cher de Gérando, votre appui, votre jugement impartial, et vos consolations. Aurais-je trop présumé de votre bon cœur et de l'amitié que vos avez bien voulu me témoigner, en attendant de vous ces bienfaits inestimables ? Ne dédaignez pas de m'accorder quelques-uns de ces moments qui ne seront pas consacrés aux progrès de la science, et comptez sur ma vive reconnaissance, comme sur l'estime profonde et les sentiments affectueux que vous m'avez inspirés. »

Cette lettre contient le désaveu explicite de l'hypothèse de Bonnet et de Cabanis à laquelle Maine de Biran s'était rallié dans son *Premier Mémoire*, et dont il subsistait, malgré quelques corrections et quelques retouches de détail, des traces visibles dans le *Second*. Il est juste, comme il le fait observer, que l'observation et l'analyse des faits qu'il expose ne cadrent pas avec la théorie, par laquelle il les explique ; la distinction de la sensibilité et de l'activité, lui apparaîtra, quelques mois plus tard, comme le fondement de la distinction de la vie organique, et de la vie intellectuelle, dont l'origine est hyperorganique. On peut supposer que l'influence de Stapfer et de Degérando contribua à lui faire prendre conscience de la vraie signification et de la portée de cette distinction.

Dans l'*Introduction générale aux fondements de la psychologie*, c'est-à-dire vingt années plus tard, il avoue sans tenter de se justifier, l'erreur de doctrine qu'il commit dans son *Mémoire sur l'habitude*. « Conduit par la nature de mon sujet à considérer les facultés de la sensibilité et de la motilité sous des rapports physiologiques, je glissai trop légèrement sur ce qu'il y avait vraiment d'hyperorganique dans les effets mêmes de l'habitude, qui sont bien loin d'appartenir tous aux organes, et qui surtout sont loin de comprendre et d'expliquer les faits primitifs de l'intelligence humaine. J'étais encore dans l'âge où l'imagination, prédominant sur la réflexion, veut tout attirer à elle. Prévenu en faveur de doctrines, qui mettent l'entendement humain en images, je croyais pouvoir étudier la pensée dans les mouvements du cerveau et marcher sur les traces de Bonnet, de Hartley et d'autres physiologistes physiciens. Mais ayant eu dès lors sujet de reconnaître tout le vide de ces explications physiques, quand il s'agit des faits du sens intime, j'abordai la question de l'Institut relative à l'analyse des facultés intellectuelles, dans des dispositions d'esprit et avec des données toutes différentes de celles qui m'avaient dirigé dans mon *Mémoire sur l'habitude*. »

Nous verrons dans le prochain volume, quelles étaient ces dispositions et ces données nouvelles ; ce qu'il importe pourtant de remarquer, c'est que le *Mémoire sur l'habitude,* contenait un fond solide d'observations et d'analyses, qui s'accroîtra, s'enrichira, d'année en année, de faits nouveaux, mais sans subir d'altération. Nous en avons la preuve dans les *Notes* qu'écrivit Maine de Biran en marge de l'exemplaire du *Traité de l'habitude* que possède la Bibliothèque de l'Institut. On n'en sait pas exactement la date. La note du début, où Maine de Biran se plaint du discrédit presque général où sont tombées les sciences de réflexion nous permet de conjecturer qu'elles sont de l'époque napoléonienne. Une allusion au livre de Dutrochet sur *L'habitude*, qui parut en 1812, prouve que ces notes sont postérieures à cette date, probablement de 1813. Ce qui les caractérise, ce sont d'une part un grand nombre d'observations relatives à la vie morale, aux beaux-arts, particulièrement à la musique, d'autre part des citations abondantes, des discussions brèves, mais précises de l'opinion des philosophes et des savants, notamment de Bacon, Descartes, Locke, Berkeley, Condillac, Maupertuis, Bichat, Buisson, Meister, Grétry. Ces notes qui présentent le plus haut intérêt, illustrent, complètent, bien plus qu'elles ne corrigent le texte du *Mémoire*; elles en constituent le commentaire le plus pénétrant, où se manifestent, avec la finesse qui lui était propre, l'étendue et la variété des connaissances de l'auteur.

VII
Conclusion

Revenons en arrière, et tâchons de saisir dans sa continuité le développement de la pensée philosophique de Maine de Biran, que les nécessités de l'analyse nous ont obligé à décomposer en ses moments successifs. Le *Premier Journal* nous a montré dans quelles dispositions d'esprit, il abordait le problème mis au Concours par l'Institut. Il croit en Dieu et dans la liberté humaine tout en se rendant compte que la démonstration de ces grandes vérités est impossible, car ce sont des données du sens intime, Mais en même temps, il éprouve, avec une vivacité extraordinaire, l'influence du tempérament sur ses sentiments et ses idées; cette influence devient, à certains moments, irrésistible, et fait naître le doute dans son esprit. Les vérités, en effet, qui ne reposent que sur l'expérience risquent toujours d'être ébranlées par des expériences contraires. Tandis que le sens intime n'est encore, aux yeux de Maine de Biran, qu'une notion vague et mal définie, le sens organique se manifeste par un ensemble de faits précis et irrécusables. Et si, selon la conviction des philosophes et des savants de cette époque, l'esprit humain doit renoncer à la recherche des causes et se borner à la considération des effets, il n'est pas douteux que les faits physiologiques ont une apparence de réalité et de positivité que n'ont pas les faits psychologiques, et qui devait peu à peu attirer et retenir l'attention d'un jeune esprit, naturellement prévenu en faveur des théories à la mode. Il était donc tout disposé à subir l'influence de Cabanis, dont les communications à l'Institut venaient d'avoir un succès retentissant. Il adopte le cadre de sa doctrine, qui lui parut d'abord parfaitement convenir à l'exposition de ses idées. La distinction physiologique des forces sensitives et des forces motrices, des mouvements centripètes, venus des objets extérieurs et des organes, et des mouvements centrifuges, irradiés du cerveau, lui parut suffire à expliquer la distinction qu'il emprunte à de Tracy de la passivité et de l'activité. Il se crut dès lors en droit de penser que les facultés de l'homme ne sont que l'énoncé plus ou moins général des opérations produites par le jeu de ses organes. Le *Premier Mémoire sur l'habitude* est un traité de psychologie physiologique, inspiré par des tendances matérialistes. Maine de Biran ne se borne pas à constater le parallélisme des deux ordres de faits, il considère les faits psychologiques comme les effets de causes physiologiques. Cette tendance est encore visible dans le *Second Mémoire,* bien que des pages entières consacrées à la description des nerfs et du cerveau aient disparu, et que les termes de la langue psychologique soient souvent substitués à ceux de la physiologie. Mais, pendant les mois qui s'écoulent entre la remise de son manuscrit et l'impression du *Mémoire* couronné, des changements caractéristiques se produisent dans ses idées. La note qu'il ajoute p. 60, est moins un éclaircissement qu'une correction. Dans sa lettre à Degérando, il exprime la crainte d'être soupçonne de matérialisme. Il demande qu'on le juge d'après le fond de son ouvrage et non sur des mots et sur des métaphores. Il sentait que les faits qu'il expose et qui en constituent la substance, dépassent les théories de Cabanis, qu'il est impossible notamment d'expliquer la conscience, inséparable de l'activité volontaire, par l'action du cerveau. Il n'y a pas de pensée sans mouvements; mais la pensée n'est pas un mouvement ni une répétition de mouvements ; bien loin d'en être la cause, le cerveau n'en est que l'instrument. Cette interprétation des faits lui apparaît de plus en plus, comme la seule légitime, Comment s'est opérée cette évolution de sa pensée ? Nous ne le savons pas, au juste. On peut supposer que les conversations qu'il eût avec Degérando, au cours du voyage qu'il fit à Paris pour rendre visite à ses juges, la favorisèrent; mais elle était trop conforme aux dispositions naturelles de son esprit, pour qu'elle ne se fît pas d'elle-même, spontanément. Est-ce que sa croyance à la liberté ne trouvait pas dans le sentiment de l'effort volontaire un fondement inébranlable ? Et le sens intime, en s'identifiant au sens musculaire, n'acquérait-il pas un caractère de réalité, et un degré de certitude, au moins égaux à ceux du sens organique ? Le fait surprenant, ce n'est pas que Maine de Biran soit revenu au spiritualisme, mais bien qu'il s'en soit écarté. L'influence de Cabanis l'explique en partie. Maine de Biran fut séduit non seulement par l'étendue et la précision de ses connaissances, ses dons merveilleux d'observateur et d'écrivain, mais par la douceur et l'attrait de sa sensibilité expansive.

Peut-être aussi est-il permis de supposer qu'ayant le plus vif désir de plaire au plus influent de ses juges [1], il fut pris d'une sorte de vertige en face de sa doctrine, qu'il avait si violemment attaquée autrefois. Le charme dura près de deux années. Cabanis demeura son ami, mais il cessa d'être son maître. Peut-être néanmoins faut-il attribuer à son influence le goût que Maine de Biran eut jusqu'à la fin de sa vie pour l'étude de la physiologie et de la médecine!

Quoi qu'il en soit, on trouve dans le développement de la pensée philosophique de Maine de Biran l'exemple, qui n'est pas isolé dans l'histoire de la philosophie moderne, d'un philosophe, qui parti de la physiologie où il croyait trouver l'explication de la pensée, s'est rendu compte, après une courte période d'illusion, que les causes des opérations intellectuelles et volontaires ne peuvent se trouver que dans la pensée elle-même. N'est-ce pas à la même découverte que fut conduit par une voie analogue, le philosophe William James ? C'est après avoir constaté et éprouvé l'impuissance des physiologistes à expliquer la conscience et toutes les facultés qui s'y rattachent, que Maine de Biran, libéré du préjugé matérialiste, entreprit de construire une philosophie nouvelle, que l'on peut désigner sous le nom de *réalisme spiritualiste*. Elle est en effet spiritualiste, puisqu'elle attribue la conscience à l'action sur le cerveau et le système musculaire d'une force hyperorganique ;

---

1 Cabanis ne fit pas partie du jury qui examina les mémoires présentés au premier concours.

mais elle est en même temps réaliste, par sa préoccupation constante de réduire la pensée, envisagée sous ses diverses formes et à ses différents degrés de perfection, à un ensemble de faits précis et indiscutables. Maine de Biran critiquant l'idée de fait, arrivera à se convaincre avec Descartes, que le véritable fait primitif est le fait de conscience, mais par un effort extrêmement original, il essaiera de compléter l'œuvre entreprise par l'auteur des *Méditations,* en saisissant le fait primitif dans sa pureté originelle. Tel sera l'objet de son prochain *Mémoire* sur la *Décomposition de la pensée.*

Le 20 février 1920.

Pierre TISSERAND.

Influence de l'habitude sur la faculté de penser

Ouvrage qui a remporté le prix sur cette question proposée par la classe des sciences morales et politiques de l'institut national :

Déterminer quelle est l'influence de l'habitude sur la faculté de penser ; ou, en d'autres termes, faire voir l'effet que produit sur chacune de nos facultés intellectuelles la fréquente répétition des mêmes opérations.

Que sont toutes les opérations de l'âme, sinon des mouvements et des *répétitions* de mouvements ?

« Que sont, dit Bonnet, les opérations de l'âme, sinon des mouvements et des répétitions de mouvements ? »

J'avais d'abord choisi cette épigraphe à laquelle j'ai renoncé :

« Consuetudo (dit Leibniz dans ses *Observations sur Stahl*) non minus corpus quam *animam* ad agendam aptat. »

« Motus, quanquam sine animae vi non nascerentur, in corpore sunt tanquam in subjecto... Animae actio propria a motu diversa est ».
(E.)

Introduction Pierre Tisserand (1920)

Préface de l'auteur

Quelque encourageants et honorables que soient les suffrages de la classe qui a décerné la couronne à ce Mémoire, j'avoue cependant que je ne me détermine à le publier qu'avec ce sentiment de méfiance et de crainte si naturel à un auteur qui, sans avoir éprouvé ses forces, se soumet, pour la première fois, au jugement sévère et toujours redoutable du public.

Lorsque je commençai ce Mémoire, je ne pensais pas qu'il fût destiné à voir le jour : sans viser à la gloire littéraire, je voulais seulement occuper les loisirs de ma retraite, et employer, à étudier mon intérieur, le temps que les circonstances particulières où je me trouvais, jointes à une santé débile, ne me permettaient pas d'utiliser d'une autre manière.

En notant les observations que je faisais sur moi-même, je cherchais alors surtout à m'entendre avec ma propre pensée ; il me semblait n'écrire que pour moi seul. Lorsque je me déterminai ensuite à offrir le tribut de mes méditations à la société savante qui m'en avait fourni le sujet, je crus encore qu'il suffisait de me bien entendre pour être parfaitement compris ; je négligeai des développements inutiles pour des juges éclairés, des ornements superflus pour des juges sévères ; je parlais de principes convenus entre eux; je parlais une langue qui leur était familière; j'avais donc plus rarement le besoin de démontrer ou de définir.

En adressant mon ouvrage au public, je me trouve aujourd'hui dans une situation bien moins favorable. Je ne me dissimule point tout ce que j'ai à craindre, et du dégoût presque général qu'inspirent les ouvrages de ce genre, lorsque la sévérité du sujet n'y est pas tempérée par les formes agréables du style, et de la rigueur avec laquelle on les juge, sans vouloir souvent se donner la peine nécessaire pour les entendre, et des préventions à la mode contre ce qu'on appelle la métaphysique, et des préjugés de quelques savants, qui considèrent ces sortes de recherches comme inutiles, et de l'opposition des ennemis de la philosophie, qui veulent les faire considérer comme <u>*dangereuses ; enfin des critiques frivoles*</u>[1] *ou amères des ans, comme des*

---

1 Je ne taxerai point pourtant en général de frivolité la plupart de ceux qui dédaignent ou condamnent les recherches de ce genre ; je sais qu'il y en a parmi eux, qui honorent notre espèce et l'éclairent tous les jours par d'importantes vérités ; mais peut-être s'exposent-ils du moins au reproche de légèreté dans ce seul point, de condamner trop précipitamment des choses sur lesquelles ils n'ont pu acquérir assez de données. (E.)

Maine de Biran

accusations graves des autres.

Sans doute lorsqu'on a cherché la vérité de bonne foi, avec pureté d'intention, et qu'on a pour soi, outre le témoignage de sa conscience, le suffrage d'un petit nombre d'hommes sages et éclairés, on peut se consoler de toutes les oppositions ; mais peut-être valait-il mieux encore ne pas s'y exposer.

Je devais au moins me donner le temps de faire à ce Mémoire *les changements et les corrections dont il pouvait avoir besoin ; ajouter en certains endroits*

Malgré le discrédit presque général où sont tombées de nos jours les sciences que j'appelle de réflexion et qui sont connues sous le nom de sciences métaphysiques et morales, j'ai peine à croire que cette espèce de proscription soit durable. Il est impossible que ce mouvement continuel qui entraîne l'esprit humain dans toutes les directions ne le remmène pas à lui-même et aux recherches qui lui sont propres, après qu'il sera lassé de ses excursions au dehors ; il est impossible que d'autres circonstances politiques, d'autres hommes à la tète de l'instruction publique, d'autres dispositions dans les esprits n'encouragent pas tôt ou tard ces sciences de réflexion, dont on semble vouloir aujourd'hui extirper jusqu'aux racines et qui sont pourtant bien plus près qu'on ne pense de la morale publique et particulière.

Il est impossible qu'on s'obstine longtemps à traiter de billevesée et de chimères des sujets qui ont tant et si profondément exercé la sagacité des plus grands génies des deux siècles précédents, des Descartes, des Malebranche, des Pascal, des Locke, etc., et encore de nos jours, d'une école célèbre qui a donné des hommes de génie dans les diverses branches des connaissances humaines, je veux parler de l'école d'Édimbourg. Il faut que l'on prouve ou que ces grands hommes ont tout dit sur ces matières, qu'il ne reste plus rien à découvrir après eux, ce qui ne s'accorde pas avec leurs prétentions plus modestes, les doutes nombreux qu'ils ont élevés sans les résoudre, les oppositions qui subsistent entre eux, etc., ou, si l'on pense que ces problèmes sont à jamais insolubles, il faut démontrer pourquoi et comment ils le sont, ce qui serait en donner une solution très utile pour tout le monde, et surtout très profitable aux vues des ennemis de la métaphysique, puisqu'elle fermerait pour toujours une carrière où l'esprit humain consume selon eux un temps et des soins qui pourraient être utilement employés. Il en est ici comme des problèmes du mouvement perpétuel, de la quadrature du cercle ; démontrer qu'ils sont insolubles, c'est les avoir résolus. Mais si ceux qui s'élèvent avec le plus de force contre ce genre de recherches métaphysiques ignorent complètement ce qu'est pour nous la métaphysique, quel est l'état de nos connaissances sur ces matières, ce qu'on a fait, ce qui reste à faire, et qu'ils se bornent à des déclamations vagues, et a ce sourire présomptueux de l'ignorance, ils font preuve d'une légèreté bien condamnable. Qu'ils songent qu'en affectant de ravaler ainsi ce qu'ils n'entendent pas et ne veulent pas entendre, ils fournissent au vulgaire, dans le rang duquel ils se mettent, des armes contre la science quelconque dont ils peuvent s'occuper eux-mêmes. Les principes des mathématiques, de la physique, peuvent aussi être tournés en ridicule par les ignorants et bientôt on finira par dire de toutes les connaissances : A quoi bon ? Nous avons assez d'hommes disposés maintenant à raisonner et à agir comme le calife Omar. (E.)

des développements ou éclaircissements nécessaires pour prévenir le danger des fausses interprétations, lui donner enfin une forme qui le mît à portée d'un plus grand nombre de lecteurs.

Sachant d'ailleurs qu'un ouvrage de ce genre est bien moins recommandable par l'exactitude de sa théorie, que par l'utilité pratique de ses applications, et convaincu d'un autre côté, que tout l'art de l'éducation consiste à former de bonnes habitudes physiques, intellectuelles et morales (c'est-à-dire, à modifier persévéramment l'organisation, l'esprit et le cœur de l'homme, de telle manière, qu'il se dirige ensuite vers tout ce qui est bon et vrai, avec celle nécessité, cette sorte d'instinct d'une heureuse habitude), j'avais songé à faire converger vers ce grand but l'application de plusieurs principes répandus dans le cours de ce Mémoire, et à lui donner ainsi tout le degré d'utilité dont la nature du sujet le rendait susceptible.

Mais en suivant ce plan, « j'allais faire un autre ouvrage à la place de celui que les suffrages de l'Institut venaient d'honorer ; je m'interdisais la faculté de le reproduire ensuite sous d'aussi heureux auspices. D'ailleurs, le Mémoire jugé par la classe, déposé en original dans ses archives, lui appartenait en quelque sorte, et en le présentant comme ouvrage couronné, il ne dépendait pas de moi d'en altérer la forme ». Ces représentations, qui m'ont été faites par des personnes dont l'amitié m'est bien chère, et à l'ascendant desquelles je ne sais pas résister, jointes à l'intérêt qu'elles ont bien voulu prendre à la prompte impression de ce Mémoire, ont vaincu ma répugnance et fait taire toutes mes objections [x].

Si je pouvais me flatter de trouver auprès du public la même indulgence que j'ai obtenue de mes premiers juges, je pourrais alors effectuer, avec plus d'assurance, le plan que j'ai conçu ; un second travail, peut-être moins imparfait, occuperait ou charmerait encore les loisirs de ma retraite ; heureux, après l'avoir complété, de jouir de l'idée pure et consolante d'avoir été utile, d'avoir acquis peut-être quelques droits à l'estime de mes semblables, sinon par mes succès, du moins par mes efforts.

Maine de Biran

Introduction

Nul ne réfléchit l'habitude, a dit un homme célèbre (Mirabeau, *Conseils à un jeune prince,* etc.) ; rien de plus vrai ni de mieux exprimé que cette courte sentence. La *réflexion,* au physique comme au moral, demande un point d'appui, une résistance : or l'effet le plus général de l'habitude est d'enlever toute résistance, de détruire tout frottement ; c'est comme une pente où l'on glisse sans s'en apercevoir, sans y songer.

Réfléchir l'habitude !... et qu'est-ce qui peut ou veut faire cette première réflexion ? Comment soupçonner quelque mystère dans ce que l'on a toujours vu, fait ou senti ? De quoi s'enquérir, douter, s'étonner ? Les graves tombent, le mouvement se communique ; les astres roulent sur nos têtes ; la nature étale à nos yeux ses plus grands phénomènes : quel sujet d'admiration, quel objet de connaissance peut-il y avoir dans des choses aussi familières ? Et notre existence ? Les phénomènes de la sensibilité, de la pensée ? Cette foule de modifications qui se succèdent, d'opérations qui se répètent et se cumulent depuis l'origine ? Ce *moi,* qui s'échappe à lui-même dans la *prétendue* simplicité, et la facilité extrême de ses propres actes, qui se fuit sans cesse et se porte partout ?... Comment *réfléchir* ses habitudes, les plus intimes et les plus profondes de toutes ?

La première *réflexion* est en tout le pas le plus difficile : il n'appartient qu'au génie de le franchir. Dès que le grand homme qui sait *s'étonner* le premier, porte ses regards hors de lui, le voile de l'habitude tombe, il se trouve en présence de la nature, l'interroge librement, et recueille ses réponses ; mais s'il veut concentrer sa vue sur lui-même, il demeure toujours en présence de l'habitude, qui continue à voiler la composition et le nombre de ses produits, comme elle dérobait auparavant jusqu'à leur existence.

Le premier coup d'œil que nous jetons sur notre intérieur ne nous découvre en effet, pour ainsi dire, que des masses : c'est l'image du chaos ; tous les éléments sont confondus ; impressions, mouvements, opérations, ce qui vient du dehors, ce qui est propre à l'individu, tout se mêle, se combine en un seul produit résultant, infiniment complexe, et que l'habitude nous fait juger ou sentir comme s'il était simple. Point d'origine, de génération ni de succession ; c'est un cercle qui roule sur lui-même avec une extrême rapidité; on n'en distingue pas les points, on sait à peine s'il roule.

Lorsqu'une première réflexion a découvert un composé, et qu'un commencement d'analyse en a détaché les parties les plus grossières, cette analyse s'arrête encore à des masses, comme aux derniers termes de décomposition possible ; veut-elle avancer, elle trouve toujours dans l'habitude même plus de résistance, plus de prestiges et d'erreurs.

Ce fut donc la même cause qui, dans l'ordre des connaissances humaines, assigna le dernier rang à la science de nos idées, et dans cette science même à la découverte de ses premiers et véritables éléments. Ainsi l'artifice du raisonnement était connu, ses diverses formes analysées, ses méthodes pratiquées avec succès dans plusieurs genres, tandis que les produits immédiats de la sensibilité, les plus simples résultats de l'exercice des sens, l'origine évidente de toute faculté demeuraient oubliés, inaperçus, et voilés par leur simplicité, leur familiarité même ; tant il est vrai que la lenteur et la difficulté de nos connaissances, se proportionnent presque toujours à la proximité, à l'intimité de leurs objets, à la fréquence où à la continuité des impressions qu'ils nous occasionnent.

L'analyse avait peut-être *usé* déjà son instrument propre contre l'agrégat de l'habitude, lorsqu'elle songea heureusement à l'atteindre par une voie opposée, comme le chimiste forme de toutes pièces, par la puissance de son art, un mixte semblable à celui qu'il ne pouvait dissoudre, mais dont il *soupçonnait* les éléments ; des métaphysiciens observateurs, remontant d'abord jusqu'à des suppositions ou des faits premiers très simples, et placés hors de la sphère de l'habitude, entreprirent de recomposer ou d'imiter ses produits pour les connaître. À mesure qu'ils combinaient les éléments de leur création, ils comparaient les propriétés de leurs résultats hypothétiques avec les produits complexes réels, et mesuraient exactement sur leur propre ouvrage des proportions qu'ils n'auraient jamais pu reconnaître dans l'œuvre de l'habitude [1] c'est

1 *La psychologie*, l'*Essai analytique*, de BONNET, le *Traité des sensations* (a) de CONDILLAC, ne procèdent guère autrement ; nous examinerons mieux dans les cours du mémoire, pourquoi cette marche était la seule que l'on pût adopter. (C.)
[a]   Le grand mérite de ces ouvrages est de faire penser ou de fournir un texte

ainsi que l'on parvint vraiment à *réfléchir* cette *habitude* c'est ainsi que les facultés et les opérations de l'entendement se démêlèrent peu à peu, et sortirent du chaos : mais la manière détournée dont le génie fut obligé de s'y prendre prouve quelles étaient la difficulté du travail et la puissance de la cause qu'il fallait combattre.

Ils sentirent donc bien cette puissance, les premiers maîtres, qui, remontant contre la pente de l'habitude, trouvèrent l'origine de nos facultés, l'ordre de leur génération, qu'elle avait obscurcis ou confondus : ils l'ont encore mieux appréciée, ces philosophes, qui ont agrandi le champ de la science, et pénétré plus avant dans les secrets de la pensée : toutes leurs découvertes ne sont-elles pas autant de conquêtes arrachées à l'habitude, autant de preuves de ce qu'elle peut, tant pour étendre nos facultés, perfectionner et compliquer nos opérations, que pour en voiler l'exercice ? Que manque-t-il donc maintenant à la détermination précise de cette cause générale de nos progrès d'un côté, de notre aveuglement, de l'autre ? Qu'y a-t-il encore à découvrir sur un sujet qui a donné lieu à tant de recherches, à tant de travaux imposants ? Que reste-t-il à dire enfin après les maîtres ? La manière dont leur ouvrage a été commencé et continué peut nous fournir à cet égard quelques indications.

En étudiant et composant de nouveau l'entendement humain, il fallut d'abord s'assurer de la nature, du nombre et de l'espèce des matériaux qui concourent à le former : cette recherche importante et laborieuse ne permettait pas sans doute d'observer en même temps, comment, dans quel ordre et par quelle suite d'actes ces divers éléments avaient pu se réunir, quelle était, pour ainsi dire, la force d'agrégation, le degré de persistance dont chacun d'eux jouissait, soit par sa nature propre, soit par la fréquence de ses répétitions.

En s'occupant de la génération de nos facultés, les analystes se sont attachés à connaître d'abord comment elles naissaient toutes d'une première qui se *transformait* pour les produire ; mais, préoccupés de leur ordre de filiation, ils n'ont pu examiner avec assez de détail quel était le <u>mode du développement individuel de chacune d'elles ; quels étaient</u>

à nos méditations sur nous-mêmes ; car, à mesure qu'on fait des progrès, on y trouve plus de lacunes et même de contradictions cela s'applique surtout au Traité des sensations. (B.)

les effets de la répétition de leur exercice, si ces effets étaient constants ou variables ; comment la *sensation* (faculté *unique* par l'hypothèse) pouvait en se répétant, tantôt s'obscurcir, s'affaiblir ou s'exalter, tantôt s'éclaircir, se distinguer ou rester dans le même état ; comment l'habitude pouvait être ainsi tantôt mobile de perfectionnement, tantôt principe d'altération ; comment enfin l'analogie ou la contrariété de résultats, dans l'action d'une même cause, pouvait jeter un nouveau jour sur l'origine des facultés mêmes, et montrer les liens qui les unissent comme les différences qui les séparent.

L'influence que l'habitude exerce sur la faculté de penser est donc encore une question importante, susceptible d'être envisagée sous plusieurs nouveaux points de vue : pour la traiter avec toute l'exactitude désirable, peut-être faudrait-il se transporter au point d'où partirent les créateurs de la science, les suivre dans leur marche, refaire avec eux toutes ces habitudes dont se compose notre entendement, en insistant sur les diverses considérations qu'ils ont été forcés d'omettre ; ce plan serait trop vaste pour ma faiblesse.

Les philosophes qui ont proposé le problème en ont mesuré l'étendue ; ce sont eux-mêmes qui l'ont conduit, en quelque sorte, à son point de maturité ; ils en ont fourni les *données* et préparé la solution ; si celle que j'essaie d'en donner est bonne, c'est à eux qu'elle appartient ; les erreurs seules, s'il y en a, viendront exclusivement de mon propre fonds.

L'énoncé de la question suppose comme connues les *facultés* et les *opérations* de l'entendement ; et en effet il faut bien connaître la nature, le nombre, la dépendance ou la subordination réciproque, soit des facultés entre elles, soit des opérations considérées par rapport aux facultés, pour déterminer comment la répétition de l'exercice des unes peut influer sur les autres, ou les modifier. La solution est même contenue implicitement dans ces données réelles ou supposées : elle devra donc ressortir de leur discussion, et servir ensuite à leur plus grand éclaircissement ; les fortifier comme principes, les confirmer ou les redresser comme hypothèses.

C'est dans cet objet que j'ai cru devoir rappeler, d'abord séparément, et réunir dans cette Introduction, tout ce que j'ai puisé, soit dans les ouvrages de mes maîtres, soit dans mes propres réflexions, sur l'analyse de nos facultés intellectuelles ; et comme il est bien reconnu qu'elles dérivent toutes de celle de *sentir* ou de recevoir des impressions, je vais m'attacher d'abord à démêler scrupuleusement les caractères spécifiques de ces impressions diverses, ou à étudier les différentes manières dont nous *sentons* ; je déduirai de là, la distinction des facultés et l'ordre de distribution de mes recherches ultérieures. Je demande grâce pour les détails dans lesquels je vais entrer. Ils paraîtront sans doute d'abord bien minutieux, mais on jugera peut-être à la fin qu'ils n'étaient pas tout à fait inutiles.

N. B. – Avant que d'aller plus avant, j'ai encore une grâce à demander au lecteur, c'est de se bien pénétrer que, dans tout ce qui va suivre, je n'ai d'autre vue que de rechercher et d'analyser des *effets*, tels qu'il nous est donné de les connaître, en réfléchissant d'un côté sur ce que nous éprouvons dans l'exercice de nos sens et de nos facultés diverses, et en étudiant de l'autre les conditions ou le jeu des organes d'où paraît dépendre cet exercice. J'ai voulu essayer d'unir, par certains côtés du moins, l'idéologie à la physiologie ; j'étais conduit là par la nature de la question, qui appartient en même temps aux deux sciences ; j'ai pensé même que l'idéologie en général ne pouvait que gagner à cette alliance ; et qu'il appartenait surtout à la physique de répandre un peu de jour sur quelques obscurités de l'être pensant ; mais, dès qu'on adopte la marche du physicien, on doit, à son exemple, ne s'occuper que du rapport et de la succession des phénomènes, en laissant derrière soi et sous le voile qui les couvre, les causes premières qui ne sauraient jamais devenir pour l'homme objets de *connaissances*.

Nous ne savons rien sur la nature des *forces* [1]. Elles ne se manifestent à nous que par leurs effets ; l'esprit humain observe ces effets, suit le fil de leurs diverses analogies ; calcule leurs rapports quand ils sont susceptibles de mesure : là sont les bornes de sa puissance.

---

1 Comment les forces peuvent-elles agir les unes sur les autres ? Que sont-elles en elles-mêmes, hors de leur application, hors des sujets où elles résident et des termes de leur application ? Voilà les questions qu'on s'engage à résoudre, lorsque, abandonnant la voie de l'observation, on cherche ce qu'est l'âme comment elle peut être unie au corps ? etc. En physique on ne s'occupe pas des essences, pourquoi s'en occuperait-on en métaphysique ? Le sens intime doit nous conduire et non point les fausses lueurs de l'imagination ou les méthodes abstraites. (E.)

Étudier seulement dans la réflexion intime et dans les résultats (connus ou supposés) du jeu des organes, ce que la métaphysique a longtemps recherché dans la nature de l'âme même, c'est donc abandonner une *cause* dont nous ne connaissons que le nom, pour nous en tenir aux faits d'expérience et d'observation qui sont de notre domaine propre ; c'est appliquer directement à l'idéologie l'excellente méthode de philosopher, pratiquée avec tant de succès, dans tous les genres, par les bons esprits et les génies qui honorent notre siècle.

Les exemples de Condillac, de Bonnet surtout [1], que j'aime à citer, et qui m'a souvent servi de modèle, prouvent que l'on peut transporter la physique dans la métaphysique, sans vouloir porter atteinte à rien de ce qui est respecté et vraiment respectable ; sans ébranler aucune espérance, ni attaquer aucune de ces opinions consolantes qui servent de supplément au fragile bonheur de la vie, souvent de préservatif contre le vice et d'encouragement à la vertu. Mais, comme le dit si énergiquement Bonnet lui-même dans sa préface de *l'Essai analytique* : « La vertu perdrait-elle de son prix aux yeux du philosophe, dès qu'il serait prouvé qu'elle tient à quelques fibres du cerveau ? »

I. – La faculté de recevoir des impressions est la première et la plus générale de toutes celles qui se manifestent dans l'être organisé vivant.

Elle les embrasse toutes : nous n'en saurions concevoir aucune avant elle ou sans elle, et qui n'en soit plus ou moins étroitement dépendante. L'exercice de cette faculté se modifie différemment dans chaque organe, en raison, soit de sa construction particulière, soit de la nature et de la manière d'agir des objets auxquels il est approprié. Il y a donc autant de classes d'impressions, qu'il y a de sens ou d'organes capables d'en recevoir.

On pourrait rapporter chacune de ces classes à des facultés particulières (comme on dit quelquefois, en effet, la faculté de toucher, de voir, d'entendre, etc.), et l'on serait peut-être d'autant mieux fondé dans cette distinction des facultés, qu'il y a plusieurs opérations qui ne

---

1 Voyez ce que dit CONDILLAC, particulièrement dans sa *Logique,* chap. IX, 1re Part., sur la physique de la mémoire, de la conservation des idées et des habitudes; BONNET, dans la *Psychologie* et l'Essai *analytique de l'âme.* (D.)

dépendent quelquefois que de l'exercice d'un sens isolé, ou de deux réunis, sans avoir rien de commun avec les autres qui ont aussi leurs opérations particulières, essentiellement distinctes (les opérations de *l'instinct,* par exemple, ne se rapportent point aux mêmes organes que celles de la connaissance), mais les métaphysiciens n'examinant dans les organes que la propriété commune de recevoir des impressions, et dans l'individu celle d'en être affecté ou modifié, comprirent tous les résultats quelconques de l'exercice des sens, sous le nom générique de *sensations* ; et la faculté de recevoir ou d'éprouver des sensations fut appelée faculté de sentir, *ou sensibilité physique.*

Ce mot *sentir* a été étendu, par la suite, à tout ce que nous pouvons éprouver, apercevoir ou connaître, en nous ou hors de nous, par l'action des objets externes, comme indépendamment de cette action, en sorte qu'il est devenu synonyme de cet autre mot *conscience,* employé par les premiers métaphysiciens, pour désigner cette sorte de vue intérieure par laquelle l'individu aperçoit ce qui se passe en lui-même.

Observons que l'expression *sentir,* en prenant cette généralité d'acception, n'en a pas moins conservé sa valeur propre et vulgaire qui s'applique spécialement aux modifications affectives, et de là résultent souvent des doubles emplois du même mot, et peut-être un certain louche qui se répand sur les premiers principes de la science.

Si l'on se sert, en effet, du même terme *sensation,* pour exprimer tantôt une simple modification affective, tantôt un produit composé d'une impression, d'un mouvement, d'une opération, etc., n'est-il pas à craindre que l'identité d'expression ne détermine souvent à confondre des choses tout à fait différentes, et ne serve à confirmer des illusions auxquelles nous sommes déjà assez enclins.

Si l'on réunit sous un terme unique les divers produits de l'action de nos organes, avant d'avoir bien déterminé les caractères spécifiques de chacun d'eux, comment distinguera-t-on ensuite les opérations ultérieures de la pensée qui ne peuvent se fonder que sur la différence de ces produits ? C'est ce dernier motif surtout qui m'a engagé à entreprendre une analyse un peu détaillée des impressions de nos sens, et à les ranger dans deux classes séparées.

II. – Je distingue toutes nos impressions en *actives* et *passives*. Pour prévenir toutes les difficultés auxquelles ces vieilles dénominations pourraient donner lieu, voici d'abord sur quoi je fonde ma distinction : Que j'éprouve une douleur ou un chatouillement dans quelque partie interne du corps, et en général un sentiment de bien ou mal-être, que je sois dans une température chaude ou froide, qu'une odeur agréable ou fâcheuse me poursuive, je dis que je *sens,* que je suis modifié d'une certaine manière ; il m'est évident que je n'exerce aucun pouvoir sur ma modification, que je n'ai aucun moyen disponible de l'interrompre ou de la changer ; je dis donc encore que je suis ou que je me sens dans un état *passif.* Je puis bien savoir par le raisonnement, que ce que j'éprouve n'est point un résultat mécanique de l'action exercée sur mes organes, ou d'une simple communication de mouvements soumise à des lois nécessaires, fixes, invariables, comme le choc de corps à corps ; qu'il y a une action réelle et propre à l'organe sensitif qui se dirige lui-même suivant des lois particulières, et donne le *ton* plutôt qu'il ne le reçoit... Mais ce jeu purement interne s'exécute en moi sans moi, et en n'envisageant le phénomène que dans la conscience que j'en ai, il me paraît que je ne serais pas autrement modifié, quand même mes organes seraient passivement soumis à l'impulsion qui les remue. S'il y a donc, comme on n'en saurait douter, une activité *sensitive,* je la distinguerai de l'activité *motrice* à laquelle je donnerai exclusivement ce nom, parce qu'elle se manifeste à mon sens intime avec la plus grande clarté [1].

Que je meuve en effet un de mes membres, ou que je me transporte d'un lieu à un autre, en faisant abstraction de toute autre impression que celle qui résulte de mon propre mouvement, je suis modifié d'une manière bien différente que dans le cas précédent : d'abord, c'est bien

---

1 On pourrait dire dans le même sens à peu près qu'un globe élastique est actif sous l'impulsion qu'il reçoit parce qu'il réagit et change le mouvement du corps choquant par le débandement de son ressort... mais si nous voyions de plus le même corps se donner à lui-même le mouvement spontané, ne devrions-nous pas distinguer cette activité de celle qu'il déploie forcément dans le choc ? Les phénomènes qui dépendent de l'activité sensitive ou impressionnable doivent de même être distingués de ceux qui dépendent de la volonté. Ces deux sortes de produits, qui appartiennent à deux forces distinctes, se réunissent dans toutes nos impressions internes et externes, mais d'une manière accidentelle dans certains cas, et essentielle dans d'autres ; tellement que s'il n'y avait que des impressions sensitives, la volonté ne saurait naître et il n'y aurait pas de *moi* tandis que la volonté une fois formée par les impressions actives s'unit aux sensations et y joint le sentiment ou le jugement de *personnalité.* (E.)

moi qui crée ma modification, je puis la commencer, la suspendre, la varier de toutes les manières, et la conscience, que j'ai de mon activité, est pour moi d'une évidence égale à la modification même.

Lorsque je suis borné aux sensations purement *affectives*, si l'une devient assez vive pour occuper toute ma faculté de sentir, je m'identifie avec elle ; je n'en sépare pas mon existence, il me semble que mon moi est concentré dans un point, le temps et l'espace ont disparu, je ne distingue, je ne compare rien.

Lorsque je me meus, mon être s'étend au dehors ; mais toujours présent à lui-même, il se retrouve, se saisit successivement ou à la fois dans plusieurs points ; chaque mouvement, chaque pas fait est une modification très distincte qui m'affecte doublement, et par elle-même, et par l'acte qui la détermine ; c'est moi qui meus, ou qui *veux* mouvoir, et c'est encore moi qui suis mu. Voilà bien les deux termes du rapport nécessaires pour fonder ce premier jugement simple de personnalité *je suis*. Je ne crois pas qu'on pût retrouver le même fondement dans les impressions absolument passives, mais ce point délicat pourra s'éclaircir ailleurs, autant du moins qu'il en est susceptible.

Nous pouvons déjà commencer à apercevoir que l'activité, comme la distinction du moi et de ses manières d'être, se rattache immédiatement à la faculté de *mouvoir* [1], qui doit être distinguée de celle *de sentir,* comme on distingue un rameau principal du tronc de l'arbre, ou plutôt deux arbres jumeaux qui se tiennent et se confondent dans la même souche [2].

---

1 Le citoyen DESTUTT-TRACY est le premier qui ait clairement rattaché l'origine de la connaissance, de la distinction de nos manières d'être entre elles, et du moi qui les éprouve, du jugement enfin *d'existence réelle* et de tous les autres jugements qui en dérivent, à la faculté de mouvoir, ou à la *motilité* volontaire (voyez les *Mémoires de la classe des sciences morales et politiques,* 1er vol., an IV, et surtout les *Éléments d'idéologie* que je regrette d'avoir connus trop tard et lorsque mon mémoire était presque entièrement terminé). Je n'ai guère fait que développer les premières idées de ce philosophe estimable, en cherchant dans les impressions et le jeu de chaque organe en particulier, les effets de cette cause ou faculté motrice, dont il avait déjà apprécié l'influence générale dans la formation de nos idées et la génération de nos connaissances. (D.)

2 Quoique les physiologistes reconnaissent bien aujourd'hui l'identité d'origine ou *l'unité* primordiale des deux forces sensitive et motrice, ils n'en distinguent pas moins soigneusement les produits de ces deux forces, dans les phénomènes de l'organisation

Mais telle est la nature de notre organisation; telle est la correspondance immédiate, la connexion intime qui existe entre les deux facultés de sentir et de mouvoir, qu'il n'y a presque aucune impression qui ne résulte de leur concours mutuel, et qui ne soit par conséquent active sous un rapport et passive sous un autre.

Ôtez la modification particulière qui résulte de l'exercice de notre loco-mobilité, et celle que nous éprouvons dans les affections insolites des organes internes, nous trouverons que toutes les autres impressions de nos sens, ont un caractère mixte, et que l'action sensitive et motrice, le sentiment et le mouvement, s'y trouvent combinés, dans des proportions très différentes, il est vrai, puisque tantôt l'un prédomine sur l'autre, tantôt il lui est subordonné à son tour, tantôt enfin ils paraissent conserver entre eux le plus parfait équilibre.

Lorsque le sentiment prédomine jusqu'à un certain point, le mouvement qui concourt avec lui est comme nul, puisque l'individu n'en a point conscience, et l'impression demeure passive. Je conserverai à toutes celles de ce genre le nom de *sensations*. Si le mouvement prend le dessus et en quelque sorte l'initiative, ou même s'il est avec la sensibilité dans un degré d'équilibre tel qu'il n'en soit point éclipsé, l'individu est actif dans son impression, il aperçoit la part qu'il y prend, la distingue de lui-même, peut la comparer avec d'autres, etc. J'appellerai *perception* toute impression qui aura ces caractères.

Examinons maintenant dans l'exercice de chacun de nos sens, quelle est pour ainsi dire la part du sentiment et celle du mouvement.

1° L'organe du tact nous offre d'abord les deux facultés parfaitement réunies, mais faciles à reconnaître, à distinguer.

Que l'on applique sur ma main un corps dont la surface soit hérissée d'aspérités, ou polie, d'une chaleur douce ou d'un froid piquant, etc., tant que le contact dure, j'éprouve dans cet organe une impression agréable ou douloureuse, qu'il n'est point en mon pouvoir d'augmenter,

---

auxquels elles concourent. Il m'a semblé qu'en introduisant la même distinction dans l'analyse philosophique, on pouvait dissiper beaucoup de vague et présenter les phénomènes de la pensée sous un point de vue plus lumineux ; la suite de ce mémoire fera voir si je me suis trompé. (C.)

de diminuer ni de suspendre en aucune manière : voilà la part du sentiment ; et quand même la faculté motrice serait paralysée, il s'exercerait de la même manière. C'est à des sensations de ce genre que le tact serait borné, s'il n'était pas doué de mobilité, et dans ce cas il serait bien inférieur à plusieurs autres parties du corps recouvertes par la peau, mais dont la sensibilité est bien plus délicate, plus exquise.

Dans ces impressions passives, toujours assez confuses et dont il m'est très difficile de démêler les degrés, les nuances fugitives (même dans mon état actuel et avec toute mon expérience acquise), je ne vois rien qui pût faire distinguer le moi de ses modifications, ni ses modifications entre elles, si elles étaient seules.

Si le corps est abandonné sur ma 'main, en lui supposant un certain poids, il m'occasionne une modification d'un genre bien différent ; je sens ma main poussée en bas et entraînée par une force opposée à la mienne ; assurément ce qui pousse ma main, ou qui contraint le mouvement qui tend à élever ou à retenir mon bras, ce n'est pas le moi qui agit pour le retenir ou l'élever ; quand je serais réduit à cette seule impression, je saurais qu'il y a quelque chose hors de moi que je distingue, que je compare, et tous les sophismes de l'idéaliste ne sauraient ébranler cette conviction.

Le corps étant toujours sur ma main, si je veux la fermer, pendant que mes doigts tendent à se replier sur eux-mêmes, leur mouvement est brusquement arrêté par un obstacle qu'ils pressent et qui les écarte : nouveau jugement nécessaire ; *ce n'est pas moi*. Impression très distincte de solidité, de résistance qui se compose d'un mouvement contraint, d'un *effort* que je fais, dans lequel je suis *actif,* et de plus des modifications plus ou moins affectives, correspondantes à ce que l'on appelle les qualités tactiles (de poli, de rude, de froid ou de chaud) sur lesquelles je ne puis rien.

Arrêtons-nous un instant sur cette impression *d'effort* qui naît de tout mouvement contraint : nous avons besoin de la bien connaître.

L'effort emporte nécessairement avec lui la perception d'un rapport entre l'être qui meut ou qui veut mouvoir, et un obstacle quelconque qui s'oppose à son mouvement; sans un *sujet* ou une volonté qui déterminé le mouvement, sans un terme qui résiste, il n'y a point *d'effort*, et sans effort point de connaissance, point de perception d'aucune espèce.

Si l'individu ne voulait pas ou n'était pas déterminé à commencer de se mouvoir, il ne connaîtrait rien. Si rien ne lui résistait, il ne connaîtrait rien non plus, il ne soupçonnerait aucune existence, il n'aurait pas même *d'idée* de la sienne propre.

Le mouvement commencé, s'il s'arrêtait à la première résistance (par exemple, si, lorsqu'un corps est posé sur sa main, ses doigts, en se fermant, s'arrêtaient au plus léger contact), l'individu saurait simplement qu'il existe un obstacle ; mais non point si cet obstacle est absolument impénétrable, solide, dur ou mou, etc. Ces propriétés de la matière ne peuvent se manifester à lui qu'autant qu'il *veut* continuer le mouvement et c'est l'intensité de son effort qui en est la mesure ; presse-t-il l'obstacle de toutes ses forces, sans pouvoir fermer la main, il a un terme fixe qui lui fait connaître l'impénétrabilité, la dureté ; si l'obstacle cède plus ou moins facilement, il a la mesure de ses divers degrés de mollesse, de mobilité, etc.

L'individu ne perçoit donc le premier rapport d'existence qu'autant qu'il commence à mouvoir, et les autres rapports successifs, qu'autant qu'il veut continuer le mouvement. Mais, si nous supposons que la résistance diminue progressivement au point de devenir insensible, le dernier terme de l'effort décroissant sera la limite, et pour ainsi dire l'évanouissement de toute perception, de toute connaissance.

Ce que nous venons de dire du *mouvement contraint,* s'applique de même au mouvement *libre* ; la perception de ce dernier est également dans l'effort, qui se proportionné lui-même aux divers degrés de résistance que les muscles opposent à la volonté ; à mesure que l'inertie musculaire diminue, l'effort ou l'impression même du mouvement s'affaiblit et finit par disparaître, le mouvement s'exécute alors sans conscience, sans volonté.

On voit donc que l'impression d'effort est susceptible d'une multitude de nuances, depuis son *maximum* qui correspond à un obstacle invincible, impénétrable, jusqu'au dernier degré de la résistance d'un muscle ; en second lieu, que tant que cette impression subsiste, il y a toujours un rapport perçu entre le moi qui veut, et l'obstacle qui résiste ; telle est l'origine et le fondement premier de tout rapport ; 3° Que l'obstacle étant fixe, l'effort dépend de la volonté, mais que la résistance diminuant jusqu'à s'évanouir, l'effort et la volonté s'évanouissent avec elle [1].

Les réflexions, que nous venons de faire, s'appliquent en général à tous nos organes moteurs, comme au tact considéré sous ce rapport particulier. Revenant maintenant aux impressions propres de ce sens, examinons comment les deux facultés de sentir et de mouvoir concourent à les produire.

---

1 Sans résistance il n'y a pas d'effort ni de volonté ; d'un autre côté, la résistance suppose le mouvement volontaire..., il semble donc que l'on tourne ici dans un cercle vicieux. Cette difficulté disparaîtra, ce me semble, si l'on fait attention que les mouvements premiers de l'être sensible sont déterminés par l'*instinct*, force interne très réelle, très indépendante de toute connaissance acquise, et de la *volonté* proprement dite; mais les mouvements, dont l'exécution doit être dans la suite spécialement affectée à cette volonté, ne peuvent avoir lieu par l'acte instinctif, sans que l'individu n'en soit averti par cette impression particulière que nous nommons *effort*), qui doit être même plus vive dans l'origine : or, tel est le caractère de cette impression, que l'individu ne peut l'éprouver et la distinguer, sans sentir qu'il a en lui le pouvoir de la reproduire; c'est de la *conscience* ou du *souvenir* de ce pouvoir que naît la volonté...

Les parties, qui se sont mues sans *effort* dans le principe, demeurent toujours subordonnées à l'instinct, il n'y a point de souvenirs, ni de déterminations volontaires correspondantes à leurs propres mouvements; ces déterminations ne peuvent en effet se former et persister que dans le centre cérébral, qui est le siège propre de la volonté, comme les organes internes le sont de l'instinct. L'appétit ou les *désirs* vagues qui donnent à l'animal la première impulsion (et qui continuent à la lui donner dans une foule de cas), sont inséparables du sentiment; la volonté, qui tend à un but, est inséparable de la perception, de l'expérience; ce n'est qu'après plusieurs actes de l'instinct, que le cerveau contracte les déterminations nécessaires pour effectuer les mouvements qui sont sous sa dépendance ; et ce n'est qu'après plusieurs actes de l'instinct, que le cerveau contracte les déterminations nécessaires pour effectuer les mouvements qui sont sous sa dépendance; et ce n'est qu'alors aussi que l'être sensible et moteur les *veut*, les dirige avec assurance ; il ne *veut* point de même les mouvements *vitaux*, quoiqu'il les sente quelquefois, et qu'il *désire* en conséquence (*a*). (C)
(*a*)   On reconnaît les impressions indépendantes de l'instinct à leur invariabilité, leur persistance. Quelle différence à cet égard entre les perceptions du tact actif et celles du *toucher* passif ou de l'odorat, du goût ! Cabanis n'a pas été assez frappé de ces distinctions. (E.)

Par le mouvement seul nous ne connaîtrions guère que des masses diversement résistantes; la main décompose en quelque sorte ces masses, met à nu leurs éléments, distingue leurs propriétés, démêle leurs nuances ; c'est le premier des instruments d'analyse, et tous ses avantages dépendent évidemment de sa construction, de la mobilité supérieure de ses parties et de la nature même de leur sensibilité.

En vertu de leur mobilité, les doigts se replient, s'ajustent sur le solide, l'embrassent dans plusieurs points à la fois, parcourent successivement chacune de ses faces, glissent avec légèreté sur les arêtes, et suivent leurs directions. Ainsi la résistance unique se sépare en plusieurs impressions distinctes, la surface s'abstrait du solide, le contour de la surface, la ligne du contour; chaque perception est complète en elle-même, et leur ensemble est parfaitement déterminé.

La sensibilité recueille à mesure les découvertes du mouvement, s'empare des nuances les plus délicates et se les approprie ; elle saisit ce filet imperceptible, ces petites éminences, ces saillies, qui disparaissaient dans la résistance totale ou dans la rapidité de la course, et dessine exactement ce que l'organe moteur ne pourrait pour ainsi dire qu'ébaucher, si on le supposait calleux à l'extérieur. C'est ainsi, en effet, que l'aveugle géomètre doit la netteté et le nombre des perceptions qu'il se forme des modes de l'étendue figurée, autant à la délicatesse du sentiment des houppes nerveuses, qu'à l'agilité et à la flexibilité de ses doigts [1].

---

1 Ce n'est point par la délicatesse des houppes nerveuses que les modes de l'étendue figurée sont perçus ; mais seulement par la résistance et le mouvement.
Il faut bien distinguer les sensations tactiles du jugement ou de la perception des formes et des figures, et je commettrais ici une erreur semblable à celle de Reid, qui assimile les sensations tactiles à toutes les autres, parce qu'il ne tient pas compte de la résistance et de l'effort. Les erreurs ou l'inexactitude de ses analyses viennent de n'avoir pas songé aux conditions constitutives du *moi*, avant de chercher celles qui rendent les impressions perceptibles, d'avoir considéré l'acte d'aperception comme inhérent à ces impressions. Assurément, on ne saurait supposer avec Condillac qu'un être sentant et pensant, dénué de toutes les conditions de l'existence et réduit à un seul sens, commence à percevoir les impressions relatives à ce sens; mais je crois qu'en supposant tout l'appareil organique intérieur qui est nécessaire pour constituer un être tel que l'homme physique, on pourrait examiner ce qu'il serait avec tel sens ou tel autre, et selon qu'on le réduirait à l'odorat, ou au goût par exemple, ou bien à l'ouïe ou à la vue, on verrait sa perceptibilité réfléchie se resserrer ou s'étendre avant même qu'il eût acquis aucune idée relative au monde extérieur. Un *Traité des sensations*

L'extrême division et le nombre prodigieux de filets nerveux qui animent les muscles de l'organe tactile, n'ont-ils pas d'ailleurs également pour fin, la distinction, la précision des mouvements, et la variété, la délicatesse des sensations ? Tous ces caractères ne se rallient-ils pas à la même condition organique, fondamentale ? Des nerfs très divisés doivent admettre des ébranlements moins confus, transmettre à l'organe cérébral des *avertissements plus détaillés* ; si ces nerfs sont recouverts d'une enveloppe propre à modérer leur sensibilité, sans l'obscurcir, le contact approprié à ce mode de sensibilité ne l'excitera point assez vivement pour distraire les produits de l'action motrice qui concourt aux mêmes opérations ; ainsi, les deux fonctions de l'organe seront entre elles dans ce degré d'équilibre qui favorise et détermine toute perception distincte.

Observons, à l'appui de ce qui précède, que si la sensibilité devient prédominante, si les qualités tactiles chatouillent, irritent ou repoussent trop vivement les extrémités nerveuses, l'action volontaire, l'effort s'obscurcit, la modification affective reste seule et la perception des formes, confuse dans le sens, est irrévocable ensuite dans le souvenir.

Ce n'est donc que comme organe mobile que le tact contribue essentiellement à mettre l'individu en communication avec la nature extérieure ; c'est parce qu'il réunit les deux facultés dans la proportion la plus exacte, qu'il est susceptible d'impressions si nettes, si détaillées, si persistantes ; c'est à ce titre enfin qu'il ouvre la carrière à l'intelligence, et lui fournit ses plus solides matériaux [1].

où l'on apprécierait la motilité dont Condillac n'a tenu aucun compte fournirait des vues nouvelles sur l'origine et le développement de l'aperception personnelle interne, séparée de la perception extérieure dont les métaphysiciens se sont jusqu'ici exclusivement occupés. (E)

1 La trompe de l'éléphant remplit à peu près les mêmes fonctions que la main de l'homme ; la mobilité et la sensibilité s'y trouvent également réunies dans un degré parfait; aussi n'est-il point douteux, comme l'a remarqué Buffon, que ce ne soit à cet organe que l'éléphant doive les caractères d'intelligence qui le distinguent. En comparant les facultés des diverses espèces d'animaux, il ne serait peut-être pas difficile de prouver qu'elles se proportionnent bien moins au nombre et à la finesse des sens qu'à l'activité et à la perfection des organes moteurs : à moins à l'énergie et à la délicatesse propres de la sensibilité, qu'à la correspondance prompte, à l'équilibre constant qu'elle entretient avec la motilité, soit dans quelques organes particuliers, soit dans l'ensemble de l'organisation ; ce qui suppose toujours un centre commun, qui sert de point d'appui aux deux forces, ou qui réunit, combine leurs produits, et les

On a coutume de comparer les diverses impressions de nos sens à celles du tact proprement dit. Toutes nos *sensations*, dit-on, ne sont qu'une espèce de *toucher*, et cela est très vrai, si l'on n'a égard qu'à la fonction sensitive ou passive ; mais sous le rapport de l'activité, du mouvement, aucun autre organe ne supporte le parallèle; seulement, en proportion de leur mobilité, ils sont plus ou moins capables de correspondre ou de s'entendre avec le tact, de profiter de ses avertissements, et d'y associer leurs impressions. C'est ce que nous allons voir dans une analyse rapide de ces sens.

2° L'organe de la vue est celui qui est doué de la sensibilité la plus délicate ; il est exposé presque à nu au contact de la lumière. Les fibrilles de la rétine, dans un état de division que la pensée, sans doute, ne saurait atteindre, sont appropriées à la ténuité du fluide qui les frappe. Les couleurs et toutes leurs nuances semblent se dessiner sur la toile sensible, comme avec le pinceau le plus fin, le plus léger : tout paraît disposé pour transmettre immédiatement au centre cérébral des impressions distinctes, qui semblent même, par leur nature, être les mobiles propres de son activité.

échange, pour ainsi dire, les uns dans les autres (*a*).

La force musculaire est exclusivement propre à l'animal ; la force tonique on sensitive peut appartenir aux plantes comme aux zoophytes. (E.)

En suivant ainsi tous les degrés de l'échelle, depuis l'homme jusqu'au polype, on trouverait que les facultés des êtres organisés se balancent d'une manière prodigieusement variée entre le sentiment et le mouvement, sans qu'aucune espèce les réunisse dans ce degré proportionnel, qui est si favorable au développement de l'intelligence. Les uns nous offrent en effet l'image d'un mouvement perpétuel, qui fait la base de leur existence; d'autres, éminemment sensibles, s'irritent au plus léger contact, mais sont privée de tout mouvement progressif; ailleurs, le sentiment est aussi obtus que le mouvement est inerte. Partout des mouvements brusques sont subordonnés à des appétits véhéments, dont la satisfaction entraîne après elle l'engourdissement et l'inertie. Nous observons dans l'organisation des variétés parallèles et correspondantes. Ici c'est une pulpe sentante, uniformément répandue ; tout est sens: là, des enveloppes dures, écailleuses, recouvrent les parties sensibles ; les os sont par-dessus la chair ; le cerveau, quelquefois nul et imperceptible, est toujours plus ou moins disproportionné à la masse du corps ; plusieurs ganglions égaux, ou des troncs de nerfs très volumineux, en tiennent lieu, ou en remplissent les fonctions. L'extrême subdivision des nerfs dans l'homme, la proportion et la répartition admirable des organes sensibles et moteurs, la perfection des derniers (surtout de la main et de l'instrument vocal), la correspondance qu'ils ont dans un centre unique, qui se trouve construit sur un plan si particulier ; voilà sans doute le fondement ou les conditions de la prééminence humaine. (C.)

Maine de Biran

Cependant il est difficile de dire dans quelles bornes étroites les fonctions de la vue se trouveraient circonscrites, si nous faisions abstraction de la mobilité particulière de cet organe, et surtout de son association, de sa correspondance intime avec le tact.

L'impression visuelle, ou du moins son complément, dépend de l'activité motrice qui y concourt, qui la prépare ; c'est par une action proprement musculaire, et avec un effort très perceptible, sans doute, dans l'origine, que l'œil se fixe, se dirige, s'ouvre plus ou moins, raccourcit ou allonge son diamètre pour faire converger les rayons au point convenable, tempérer leur vivacité ou suppléer à leur faiblesse, qu'il exécute enfin cette multitude de mouvements nécessaires pour saisir les objets, en démêler les nuances, s'approprier ces figures, que le tact premier en exercice, supérieur en mobilité, analyse pour lui, et avec lui.

Mais les produits de cette activité propre, et très marquée dans l'organe de la vue, seraient-ils nuls s'ils étaient isolés ? Quand l'individu ouvre ou ferme ses yeux, il crée ou anéantit ses modifications, et peut les varier de plusieurs manières.

Nous ne savons point jusqu'où pourraient être poussées ces expériences, ni quels en seraient les résultats ; mais n'y aurait-il pas au moins des couleurs distinguées les unes des autres ? Un moi agissant, distinct des modifications qu'il concourt à se donner, un effort perçu dont le sujet et le terme ne peuvent se confondre ? Cela suffit, ce me semble, pour détruire le parallèle que l'on a fait quelquefois entre les impressions propres de la vue et celles des sens passifs : si l'on pouvait supposer un individu borné à ces premières impressions, il ferait plus que *sentir*, il percevrait, parce qu'il mouvrait [1].

C'est uniquement à cause de sa mobilité que l'œil soutient des rapports aussi intimes avec le tact [2] et lui associe si étroitement ses opérations :

1 Parce qu'il y aurait dans cet organe même les conditions constitutives de l'aperception personnelle. (E.)

2 Comment les mains pourraient-elles dire aux yeux : *Faites comme nous*, si les yeux étaient immobiles ? (Voyez le *Traité des sensations* de CONDILLAC) (*a*) (D.)
Necesse est consimili causa tactum visumque moveri (Lucrèce, liv. *IV*) et plus bas. Nam seorsum *cuique potestas divisa est, sua vis cuique est. (E.)*

or, il est incontestable, dans toutes les hypothèses, que cette alliance doit changer le caractère propre des impressions visuelles, accroître leur activité, leur persistance, rendre le jugement bien plus fixe, l'effort bien plus distinct, puisque la résistance extérieure s'y trouve substituée à la simple résistance musculaire, ou coïncide avec elle, dans le principe.

Ceci nous engage à faire une remarque essentielle qui va bientôt trouver son application : c'est qu'un organe peu mobile, qui, s'il était isolé, ne comporterait que des impressions plus ou moins passives et confuses, peut acquérir l'activité qui lui manque par son association ou sa correspondance avec un organe supérieur en mobilité.

Du reste, nous pouvons appliquer à la vue presque tout ce que nous avons dit du tact. Dans l'état naturel et dans l'exercice ordinaire de l'organe, les deux fonctions sensitive et motrice se correspondent et s'équilibrent sans se troubler ; mais si, par la manière d'agir de l'objet ou les dispositions du sens, l'impression devenait trop vive, l'effet affectif serait seul ou dominant, et l'individu ne percevrait plus.

3º Les ondulations communiquées par le corps sonore, soit à l'air, soit peut-être à un fluide plus subtil, se transmettent d'abord à l'organe auditif, et par lui (ou même quelquefois sans cet intermédiaire) [x], ébranlent plus ou moins le système nerveux ; plus celui-ci est délicat et mobile, plus les impressions ont de force affective ; plus l'individu est passif en les recevant, moins elles sont distinctes.

On voit des personnes très sensibles qui ne sont affectées par les suites de sons, que comme par un bruit incommode. Il est aussi des timbres d'instruments, tels que l'*harmonica,* qui sont éminemment excitatifs de la *sensation,* et plus on en *sent* vivement les effets, moins on les *perçoit.*

Pour que les sons puissent être distingués, il faut d'abord, sans doute, que les vibrations soient communiquées avec un degré modéré de force dans un certain ordre, suivant certaines proportions déterminées, aux fibres de la lame spirale, dont la structure paraît bien éminemment appropriée à la distinction des suites harmoniques ou mélodieuses.

Mais cette distinction se rapporte-t-elle uniquement à la sensibilité de l'organe ou à ses fonctions passives ? Les remarques précédentes nous prouvent le contraire : d'ailleurs, pour bien entendre, il faut *écouter* : or, qu'est-ce qu'écouter, sinon déployer une action sur les muscles destinés à communiquer divers degrés de tension à la membrane du tympan, etc. ? Il est vrai qu'ici l'effort est devenu imperceptible, que le jeu et l'appareil du mouvement, étant tout à fait internes, ne se manifestent point comme termes de la volonté ; que l'oreille étant dans l'homme extérieurement immobile, ouverte à toutes les impressions, sans, moyen direct de s'y soustraire ou de les modérer, paraît être un organe d'autant plus passif, que sa sensibilité est plus prédominante. Mais la nature même a pris soin de suppléer à ces défauts; elle a ramené l'équilibre, en associant, de la manière la plus intime, ses impressions passives au jeu d'un organe essentiellement moteur.

Les sons transmis à l'ouïe, et par elle au centre cérébral, ne déterminent pas seulement l'action de ses muscles propres, mais encore (et par l'effet d'une sympathie qui ne nous frappe point, tant elle est intime et habituelle) les mouvements de l'organe vocal qui les répète, les imite, les réfléchit, pour ainsi dire, vers leur source, et fait ensuite rentrer ces modifications fugitives dans la sphère d'activité de l'individu, les y fixe, les y incorpore.

Lorsque nous percevons des sons (et nous les percevons toujours d'autant plus distinctement, qu'ils ont plus de rapport avec ceux que nous pouvons rendre, imiter ou articuler nous-mêmes), l'instrument vocal contracte donc des déterminations parallèles à celles de l'ouïe, et se monte, pour ainsi dire, au même ton : en entendant chanter ou parler, nous chantons, nous parlons tout bas ; c'est un instinct d'imitation encore plus marqué ici que dans aucun autre mouvement, il nous entraîne le plus souvent, sans que nous nous en apercevions.

Ainsi, l'individu, qui écoute, est lui-même son propre écho, l'oreille se trouve comme frappée instantanément, et du son direct externe, et du son réfléchi intérieur : ces deux empreintes s'ajoutent l'une à l'autre dans l'organe cérébral, qui s'électrise doublement, et par l'action qu'il communique, et par celle qu'il reçoit : telle est la cause de l'activité particulière des têtes *sonores* ; c'est là que vont se rattacher tous les caractères de distinction, de persistance et de révocabilité, dont jouissent éminemment les impressions auditives... Nous pourrions peut-être aussi bien les appeler *vocales* ; car si nous parlons, parce que nous entendons, il est vrai de dire que nous n'entendons bien qu'autant que nous parlons ; les deux organes agissent et réagissent sans cesse l'un sur l'autre. La nature même semble avoir préordonné les modes de leur action mutuelle dans les diverses espèces (*voyez Buffon, Discours sur la nature des oiseaux*), en proportionnant presque toujours la finesse et la délicatesse de l'un à la force et à la flexibilité de l'autre.

L'association de la voix avec l'ouïe est analogue, dans ses effets premiers, à celle qui existe entre le tact et la vue ; dans les deux cas, c'est un organe supérieurement mobile qui communique son activité à celui dont la sensibilité prédomine.

4° Le sens du goût est celui qui paraît d'abord avoir le plus de rapport avec le toucher ; les saveurs ne sont en effet que le tact propre de la langue et du palais ; les molécules sapides s'appliquent sur leurs houppes nerveuses, d'une manière intime, immédiate, comme des parties plus matérielles à la surface de la main et au bout des doigts. Différentes saveurs peuvent très bien se comparer aux sensations tactiles de froid, de chaud, de doux, de rude, de piquant ; aussi ces deux genres de modifications ont-ils plusieurs noms communs dans nos langues.

Les saveurs, aussi confuses en général dans les nuances qui les séparent, et plus variables, plus fugitives que les qualités tactiles séparées de la résistance, ont une force active bien supérieure. Dans l'exercice du tact passif, l'individu n'est modifié, pour ainsi dire, que d'une manière locale; mais dans l'exercice du goût, lorsqu'il est surtout déterminé par le besoin, la sensation devient presque générale et très complexe : un organe interne, qui a l'influence la plus étendue sur le système sensitif, y prend la part la plus directe : or, on sait combien sont tumultueuses, confuses et passives, toutes les affections où ces organes intérieurs se trouvent directement intéressés.

On voit que, si la fonction sensitive prend un ascendant supérieur dans les impressions du goût, l'action motrice devra s'obscurcir dans le même rapport. L'organe du goût (qui est en même temps celui de la parole), est doué d'une très grande mobilité ; l'effort, qui a lieu dans la mastication ou la pression des lèvres, des dents, du palais contre les corps solides, suffirait sans doute pour nous donner des idées plus ou moins confuses de la résistance, et de quelques-uns de ses modes ; plusieurs espèces d'animaux ont, comme on sait, leur tact dans la bouche et le museau.

Mais dans les opérations propres du tact, la perception de solidité, de forme, est le terme, le but du mouvement fait. L'impression d'effort est seule, ou dominante ; c'est à elle que tout se rapporte ; elle ne se confond avec aucun autre : dans les opérations du goût, au contraire, la résistance n'est qu'accessoire, le mouvement n'est que moyen ; la sensation est le but, et dès qu'elle existe, elle absorbe tout ce qui n'est pas elle ; dans le tact, la résistance est fixe, l'individu peut, à volonté, en prolonger l'impression ; dans le goût, cette impression n'est que d'un instant, et la sensation qui la suit, qui en efface jusqu'au souvenir, ne conserve elle-même aucune fixité ; ou elle est faible, et disparaît, dans l'effort même qui tend à la saisir ; ou elle est vive, et annule ou cache cet effort.

L'individu qui savoure avec le plus d'attention est donc toujours plus ou moins passif dans ce qu'il éprouve ; il n'est point, comme dans la perception proprement dite, *agent* et observateur réfléchi, désintéressé. Au reste, les sensations de saveurs se rapprochent toujours davantage des caractères de la perception (sans jamais parvenir cependant au même degré de distinction et de persistance), à mesure qu'elles sont moins affectives, plus séparées de l'action des organes internes, et plus subordonnées aux mouvements volontaires, lents et prolongés de leur organe propre. Remarquons aussi que les saveurs des corps solides sont plus distinctes dans le sens, et un peu moins confuses dans le souvenir, que celles des liquides ; ce qui s'accorde assez bien avec nos principes.

5° Ce que nous venons de dire du goût s'applique encore plus directement à l'odorat; ces deux sens sont intimement unis entre eux, comme aux organes internes, et leurs impressions n'en deviennent que plus affectives et plus confuses ; celles de l'odorat surtout sont éminemment appropriées à la sensibilité générale du système. Ce sens, mis en jeu d'abord par l'instinct, demeure presque entièrement sous sa dépendance ; son immobilité absolue annonce combien il est passif, et on pourrait dire qu'il tient, parmi nos sens externes, le même rang que le polype ou l'huître, dans l'échelle de l'animalité ; ses fonctions, il est vrai, se rallient au mouvement de la respiration, mais ce mouvement premier est nécessaire, forcé, continu par sa nature, et par là-même presque insensible ; aussi les odeurs sont les sensations par excellence comme l'indique le langage même ; ce sont celles qui se distinguent le moins : lorsque plusieurs se trouvent unies ensemble, elles se fondent dans une sensation unique, dont l'analyse nous est impossible, malgré *l'attention volontaire* que nous donnons au mélange ; remarquons que cette attention ne consiste que dans un mouvement d'inspiration uniforme, lente et prolongée. Ce sont là les bornes de notre pouvoir sur ces modifications.

6º Viennent enfin les impressions que nous éprouvons dans les parties intérieures du corps, et qu'on pourrait appeler *sensations pures*. Ici la fonction sensitive est en effet absolument isolée : point d'effort perçu, point d'activité, point de distinction, nulle trace de souvenir, toute lumière s'éclipse avec la faculté de mouvement.

Puisqu'en rapportant chaque classe d'impressions à son organe propre, nous voyons constamment la distinction et la perceptibilité décroître dans la même proportion que la capacité sensitive de ces organes augmente ou s'isole d'un côté, et que leur mobilité diminue de l'autre, je crois pouvoir conclure avec assez d'assurance, des analyses qui précèdent, que la faculté de percevoir ou de distinguer nos impressions entre elles (après qu'elles sont séparées en quelque sorte du moi qui les éprouve) [1], n'est point un attribut de l'être purement *sensitif*, mais

---

1 Ces conditions me paraissent étroitement liées, malgré l'autorité respectable de Condillac et de Bonnet, qui pensent que le *moi*, *identifié* avec chacune de ces modifications, pourrait cependant en percevoir, en distinguer les différents degrés, les comparer, exécuter enfin toutes les opérations qui dérivent de la forme composée et mixte de notre organisation actuelle. Ces métaphysiciens présupposent toujours le jugement de personnalité, mais il fallait avant tout en assigner le fondement (*a*). (C.) Tous les philosophes physiologistes on métaphysiciens ont également confondu ce jugement de personnalité avec la sensation ou modification affective même. Préoccupés de la difficulté du passage de ces modifications aux objets qui les causent, et cherchant avec curiosité le fondement sur lequel nous rapportons nos propres sensations aux objets, ils n'ont pas vu que la difficulté était la même dans le rapport de ces sensations aux parties déterminées de notre corps, car ce corps lui-même est un objet extérieur au moi. Pour n'avoir pas poussé l'analyse jusque-là et être partis

dépend absolument de la motilité volontaire qu'elle suit dans toutes ses phases ; par conséquent, que la perception n'est point une *opération* générale que l'individu puisse librement exercer sur toutes les espèces de modifications qu'il éprouve ou reçoit, mais que chaque classe d'impressions a son caractère spécifique qui la rend propre à être ou *perçue* ou *sentie* ; que ce caractère dépend d'abord de la forme de l'organe, de la proportion selon laquelle le sentiment et le mouvement peuvent s'y combiner ; en second lieu (et ces conditions supposées), du mode de l'action externe, de son degré de force excitative, d'où il suit encore qu'une impression peut être sentie sans être perçue et qu'on ne peut pais dire qu'on *perçoit une sensation* : par exemple, si je touche un corps chaud, je perçois bien la solidité en même temps que je sens la chaleur, mais je ne puis dire que je perçoive cette dernière modification. Enfin, quoique l'on ait fait du mot *sensations* un terme générique, il ne s'ensuit point du tout que l'on soit fondé à attribuer aux unes ce que l'on dit des autres. Ce principe, par exemple, *que la sensation se transforme pour devenir telle opération de l'entendement* [1], ne sera point généralement vrai ; car il est des sensations (et ce sont toutes les impressions que nous avons nommées ainsi), qui ne se *transforment* en aucune manière, comme nous le verrons tout à l'heure, en déduisant d'autres conséquences de non principes.

---

d'une question qui ne devait être que secondaire, ils ont laissé échapper le vrai principe fondamental d'où dérivent en même temps la personnalité, la distinction du moi d'avec ses manières d'être, comme d'avec les corps qui les occasionnent. Ce principe est l'impression *d'effort* qui accompagne l'action volontaire exercée d'abord sur les organes, et puis sur les objets extérieurs, car le moi ne connaît ses organes que parce qu'il agit sur eux, et il n'agit sur eux qu'autant qu'ils sont capables de résistance. Supposez un individu borné aux organes intérieurs et aux modifications affectives, il n'y aurait en lui aucune connaissance, aucun jugement.

Dans un être borné aux impressions intérieures, il ne saurait y avoir de *moi*, de personnalité, de sentiment continu de l'existence, car les organes d'où naissant ou impressions varient continuellement dans les rapports de leur action sympathique et de là naissant les variations que nous éprouvons dans le sentiment de notre existence, quoique l'action volontaire constamment exercée sur le corps et l'impression continue d'effort, qui en résulte, nous rende le témoignage de notre identité au sein de toutes les variations. (E.)

1 Si on entend par là, que nous sentons tout ce qui se passe en nous-mêmes, ou que nous avons conscience de toutes nos opérations, comme des impressions qui nous affectent, il me semble encore qu'on ne peut voir dans cet acte, toujours semblable à lui-même, dans cette lumière intérieure qui éclaire tout, qu'on ne peut y voir, dis-je, la sensation transformée. C'est peut-être ma faute, mais cette expression m'a toujours paru trop vague. (C.)

III. – L'action première exercée par les objets sur les organes sentants, ou par les organes moteurs sur les objets, n'est pas bornée à l'effet du moment. Une modification quelconque ne peut être que le résultat d'un *changement* opéré dans le sens ou dans quelque centre du système : or, ce changement lui-même qui persiste et survit plus ou moins à l'impression, nous l'appelons en général *détermination* ; et comme il y a deux classes d'impressions, il y aura deux sortes de déterminations, l'une pour le sentiment, l'autre pour le mouvement. Ces déterminations peuvent également *s'effectuer* ou par l'action renouvelée des mêmes causes qui les formèrent, ou spontané-ment ; et, en l'absence de ces causes, en vertu d'une force *vive*, inhérente aux organes, lorsqu'ils ont une fois été montés par les objets. Examinons ce qui arrive dans ces deux cas différents.

1° Si la détermination *sensitive* s'effectue par l'impulsion répétée de la même cause externe, il ne peut en résulter qu'une modification semblable à la première, et différente seulement par le degré : la différence étant proportionnée à l'intensité et à la persistance du changement premier opéré dans l'organe, la sensation renouvelée sera en général plus faible, moins affective.

L'individu ne peut percevoir cette différence sans reconnaître la sensation comme étant la même qui l'a déjà affecté, et réciproquement il ne peut la reconnaître sans percevoir quelque différence. Or, que l'on fasse abstraction de tout signe extérieur, de toute circonstance associée à une modification affective, que l'on suppose un individu borné aux degrés de cette modification, ou à plusieurs autres du même genre, pense-t-on d'abord qu'il lui fût possible d'apprécier des nuances qui tendent toujours à se confondre, même pour nous dont les moyens de reconnaissance sont si multipliés, dont les sensations et les jugements sont si indivisiblement unis ? Est-ce bien en effet par les caractères intrinsèques de nos sensations *pures,* et par les changements, les altérations qui y surviennent, que nous parvenons à les distinguer, à les reconnaître, quand elles se renouvellent ? Saurions-nous jamais dire, si telle douleur interne, tel degré de froid ou de chaud, est le même que celui que nous avons déjà éprouvé, ou s'il en diffère ?

Observons que plus nos sensations sont *unes,* ou dégagées de tout accessoire, plus elles occupent exclusivement notre faculté de sentir, et moins nous pouvons ensuite les reconnaître si elles viennent à se renouveler [1]. Que serait-ce donc d'un être qui serait absolument identifié avec chacune de ses modifications ? Pour comparer deux manières d'être, ou percevoir leur différence, il faut nécessairement que le *moi* se mette, pour ainsi dire, en dehors de l'une et de l'autre ; il faut un premier jugement de *personnalité* : or, comment y aurait-il un jugement là où il n'y a qu'un terme ? Supposer que le moi est identifié avec toutes ses modifications, et cependant qu'il les compare, qu'il les distingue, c'est faire une supposition contradictoire. Reconnaissons donc qu'il n'y a dans la sensation renouvelée et affaiblie, considérée en elle-même, aucun fondement à la *réminiscence*.

Que la détermination sensitive s'effectue par l'action répétée de l'objet, ou spontanément en son absence, le résultat ne sera jamais qu'une modification plus ou moins affaiblie, mais sans relation d'existence, de cause ni de temps ; car on ne saurait évidemment admettre ces rapports sans une personnalité distincte, antérieure ; pour que l'être sentant pût distinguer le souvenir de la sensation, ou pour qu'il y eût en lui l'équivalent de ce que nous appelons souvenir, il faudrait que le moi modifié actuellement, se comparât au même moi modifié dans un autre instant ; il faudrait, comme l'a dit Condillac, « qu'il sentît faiblement ce qu'il a été, en même temps qu'il sent vivement ce qu'il est »; mais est-ce donc la même chose que de sentir *faiblement,* et de sentir qu'on a été ? Comment trouver une relation de temps dans cette seule circonstance d'*affaiblissement* ? Est-ce que la sensation faible n'est pas *présente*, comme la sensation vive ?

---

1 Il y a une réminiscence personnelle et une réminiscence objective que les métaphysiciens ont confondues. La première s'applique aux modifications affectives, c'est un jugement de personnalité... qui est surajouté à ces impressions, mais qui est hors d'elles, puisqu'elles n'emportent point essentiellement la personnalité première. La réminiscence est inhérente à l'effort ; lorsqu'il a eu pour objet la résistance extérieure, elle devient objective. La réminiscence objective présuppose bien la personnelle, mais elle la prédomine dans les perceptions extérieures renouvelées, comme le sentiment réfléchi du moi se confond dans les impressions rapportées à la résistance. Se reconnaître pour la même individualité qui a déjà été modifiée d'une certaine manière et dans le même organe, ou reconnaître le même objet pour avoir été déjà perçu, sont deux actes qui diffèrent comme le sentiment intime du moi diffère d'une perception ou modification première. Il n'y a donc de réminiscence d'aucune espèce qu'autant qu'il y a eu antérieurement séparation du sujet et de l'objet. Cet objet peut être une idée ou mode quelconque. (E.)

Mêmes difficultés ici que pour la réminiscence.

2° La détermination motrice est une *tendance conservée* par l'organe ou le centre moteur, pour répéter l'action ou le mouvement qui ont lieu une première fois. Lorsque cette tendance passe du *virtuel à l'effectif,* par suite de la provocation extérieure renouvelée, l'individu *veut* et exécute le même mouvement ; il a conscience d'un *effort renouvelé...* Cet effort renouvelé diffère du premier par un plus grand degré de facilité : or, ici cette facilité peut être reconnue, distinguée, parce qu'il y a les éléments d'un rapport, un sujet qui *veut,* toujours identique à lui-même, et un terme variable, la *résistance* ; comme ce sujet et le terme n'ont pu s'identifier dans la première action, ils se sépareront encore dans la seconde, la troisième, etc., tant qu'il subsistera la moindre résistance.

L'être moteur qui a agi, et qui agit maintenant avec plus de facilité, ne peut percevoir cette différence sans reconnaître sa propre identité, comme *sujet voulant* : or cette reconnaissance entraîne nécessairement celle du terme de l'action ; ils se supposent l'un l'autre, et s'unissent intimement dans la même impression *d'effort.* On voit avec quelle facilité la réminiscence peut s'expliquer de cette manière ; nous verrons ailleurs comment ce jugement, en partant de l'origine qui vient de lui être assignée, s'éclaircit et s'étend par l'addition de nouvelles circonstances.

Si la détermination motrice s'effectue spontanément en l'absence de la cause première, l'individu veut la même action ; il se remet, autant qu'il est en lui, dans le même état où il était en l'exerçant au dehors ; il a conscience de l'effort qu'il fait encore ; mais comme il distingue avec la plus grande clarté le mouvement *libre* du mouvement *contraint* par un obstacle, il lui sera impossible de confondre le *souvenir* avec l'impression, la représentation qui se fait dans son cerveau, par exemple, de la forme d'un solide qu'il a touché, avec la résistance que lui opposait ce solide présent.

Lorsqu'en vertu de la détermination contractée par le centre moteur et sensible, la main reprend ou *tend* à reprendre la même, disposition qu'elle avait en touchant ou en embrassant un globe, l'individu se retrouve donc à peu près dans le même état *actif* où il a été, il *perçoit* ; il touche encore, pour ainsi dire, par la pensée, un globe absent.

Cette seconde perception, très distincte de la première, se réfère à elle, et la suppose, comme une copie reconnue pour telle se réfère à l'original; c'est cette copie, ainsi conçue, que j'appelle *idée.*

Remarquons bien que l'individu *agit* dans la représentation, ou l'idée du solide tangible, comme il agissait dans l'impression directe ; tout ce qu'il avait mis pour ainsi dire du sien dans, celle-ci, il le remet, l'effectue dans l'autre ; il se créerait donc une seconde perception presque égale à la première, et uniquement différente par le degré, s'il disposait de la sensation comme il dispose du mouvement ; mais pendant que la main agit pour reprendre la forme du globe, les extrémités sentantes restent inactives, engourdies, et ne se montent point au gré de la volonté ; il en est de même dans les *idées* des sons : lorsque l'organe vocal répète ou tend à répéter les mouvements qui correspondent aux impressions auditives, l'individu est aussi actif dans l'idée qu'il l'a été dans la perception, et la différence serait insensible, si l'ouïe pouvait renouveler les sons *directs,* comme la voix reproduit les sons réfléchis.

Nous voyons clairement dans ces deux exemples, que la production des idées n'est qu'un résultat ou une suite de l'activité des impressions mêmes. Sans cette activité inhérente au caractère des impressions, à la mobilité des organes qu'elles intéressent, ou avec lesquels elles sont en rapport, en un mot, sans détermination motrice (originaire), il n'y a ni réminiscence ni idées.

Et cela peut nous être confirmé en partie par notre expérience journalière même ; car la, facilité que nous avons à reconnaître un objet, ou à nous rappeler nettement son idée, dépend bien moins de la force affective dont il nous a frappé, que de l'attention volontaire que nous lui avons donnée, attention qui se lie toujours dans son principe à quelques-uns des mouvements dont nous disposons.

L'impression d'effort, qui est l'origine commune de nos perceptions et de nos idées, est susceptible d'une infinité de nuances ; elle s'affaiblit singulièrement par sa répétition (comme nous aurons dans la suite assez d'occasions de nous en convaincre); or, quoique l'activité de conscience s'affaiblisse dans les mêmes rapports, ses résultats premiers ne suivent point la même loi de dégradation ; les impressions et les idées, auxquelles cette activité a concouru clans l'origine, demeurent distinctes, et lui survivent ; ceci s'applique principalement aux fonctions représentatives de l'organe de la vue ; ces fonctions s'exécutent actuellement avec une promptitude et une facilité telles, que nous ne nous apercevons plus de l'action volontaire qui les dirige, et que nous méconnaissons absolument la source qu'elles ont dans la résistance ; de même, donc, que l'effort est nul ou insensible dans les perceptions visuelles, il le sera également dans la production des idées ou *images* correspondantes ; ces images naîtront spontanément dans l'organe de la pensée, s'y succéderont avec la plus grande rapidité, y brilleront de l'éclat le plus vif, s'éclipseront pour reparaître encore, et cela sans que la volonté de l'individu semble y participer en aucune manière. Les *déterminations visuelles* se rapprochent donc, par cette dernière circonstance, de celles que nous avons distinguées sous le nom de *sensitives* ; et l'on serait peut-être d'autant plus fondé à les ranger dans la même classe (si d'ailleurs d'autres caractères ne s'y opposaient), que les couleurs identifiées par une habitude première avec les perceptions de formes et de figures, paraissent être en quelque sorte les excitants naturels de la sensibilité propre du centre cérébral, comme leurs images sont les produits les plus immédiats de son activité. Dans toute exacerbation de cette sensibilité, occasionnée par quelque irritation extraordinaire dans la substance même du cerveau, ce sont ordinairement des *visions* qui frappent l'individu avec autant de force que la réalité même [1] ; et dans l'état naturel, combien de fois n'arrive-t-il pas que ces mêmes images, prenant l'ascendant des perceptions directes, excluent tout retour vers le modèle, le remplacent, et se confondent avec lui, comme les produits des déterminations sensitives se confondent avec ceux des causes qui les formèrent. Remarquons que ces illusions n'ont point également lieu dans les idées correspondantes aux impressions actives du tact et de l'ouïe.

---

1 BONNET rapporte un exemple singulier de ces visions (voyez le § 676 de l'*Essai anal.*). Dans les commotions électriques, un peu violentes, dans les coups donnés sur la tête, dans les opérations du trépan, comme aussi dans les contentions excessives de la pensée, dans les divers cas de manie, dans les songes, etc., ce sont toujours des fantômes, des couleurs, des flammes, des *suffusions scintillantes,* qui s'offrent à la vue : ces sortes de représentations peuvent donc être considérées comme les produits propres et spontanés de la sensibilité particulière du cerveau : car on sait que chaque organe a sa manière de sentir, et ses fonctions particulières. (C.)

Maine de Biran

Ces observations nous conduisent à distinguer deux modes différents de reproduction : l'un, qui se rapporte aux diverses idées tirées du mouvement, de la résistance et de ses formes, des sons vocaux, s'exécute toujours avec un effort volontaire plus ou moins sensible ; il est essentiellement accompagné du jugement de *réminiscence.*

L'autre qui se rapporte spécialement à la production des *images,* ne se joint à la réminiscence que dans un degré modéré de vivacité, et cette vivacité même dépend de la nature et de l'intensité des causes organiques qui déterminent l'apparition spontanée des images.

Le premier mode de reproduction est actif ; je l'appellerai *rappel* ; le second est plus ou moins passif et parce qu'il s'applique principalement aux images de la vue, je l'appellerai *imagination* ; la faculté de rappeler en mouvant, en faisant un effort, sera nommée *mémoire.* Ajoutons encore quelques traits aux caractères distinctifs de ces deux facultés.

1º Les mouvements volontaires qui ont formé les impressions actives, ou concouru essentiellement à les rendre distinctes, sont encore les moyens ou les sujets uniques du rappel ; on peut donc dire qu'ils sont les *signes* des impressions qu'ils distinguent, et des idées qu'ils rappellent ; et cette qualification de *signes* est d'autant mieux fondée dans cette circonstance, que les mouvements, en même temps qu'ils servent à l'individu à se remettre dans un état où il a déjà été, et fournissent ainsi une prise à sa volonté, un point d'appui pour se modifier lui-même, sont encore les seules *marques* par lesquelles il puisse manifester, au dehors, cette volonté, ces modifications les plus intimes.

Je dirai donc que le mouvement ou l'effort reproduit dans la main, lorsqu'elle figure ou *tend* à figurer le solide, est le *signe* de l'idée de forme, de résistance extérieure.

Les mouvements vocaux seront aussi les signes des impressions auditives ou de leurs idées. Ceux de la mastication ou de l'inspiration pourraient également être considérés comme les signes des saveurs et des odeurs, si la prédominance de la sensibilité, dans ces deux genres d'impressions, en obscurcissant les mouvements, ne mettait obstacle à leur conversion en signes de rappel, ou ne la rendait toujours plus ou moins imparfaite.

Lorsque les mouvements servent à rappeler ou à manifester les impressions auxquelles ils ont essentiellement concouru, on peut les appeler proprement *signes naturels*, ou *premiers* ; mais, dès que l'individu a été déterminé à remarquer ces fonctions premières, il les étend, par un acte réfléchi et fondé sur la grande loi de la liaison des idées, à plusieurs autres manières d'être qui n'ont avec ces mouvements que des rapports plus ou moins indirects, et souvent même de pure convention. Il transforme ainsi les signes premiers en artificiels ou secondaires, et multiplie ses moyens de correspondance, soit au dehors, soit avec sa propre pensée. Il fait plus, il communique aux modifications les plus fugitives une partie de la disponibilité de ses mouvements, les force à rentrer dans la sphère de sa mémoire, et crée en quelque sorte des termes ou des motifs à sa volonté, là où il n'en existait d'aucune espèce [1].

Remarquons pourtant que ces fonctions secondaires ont leurs bornes fixées par la nature même de l'organisation ; ce qui n'est pas représentable d'après ces lois, ne saurait guère le devenir par aucun artifice, et demeure toujours au nombre des souvenirs plus ou moins vagues et confus. Les signes artificiels ne sont donc, pour ainsi dire, qu'*entés* sur les signes naturels.

En envisageant les signes sous ce rapport, on voit combien il est vrai de dire qu'ils sont nécessaires à là formation de nos *premières idées* ; on voit encore bien évidemment qu'ils sont l'unique soutien de la mémoire, considérée soit dans son origine, soit dans ses développements ultérieurs ; on voit enfin que pour l'être borné à la *sensation*, il ne peut y avoir ni signes, ni idées, ni mémoire.

---

1 Comme nos modifications purement affectives n'ont point de *signes* naturels (j'entends de mouvements volontaires qui entrent dans leur formation), nous n'avons aucun pouvoir de les rappeler. Or, dans l'ordre de la nature, les limites de la volonté sont les mêmes que celles du pouvoir; il n'y aurait donc point, hors de l'action organique, de motif pour vouloir (je ne dis pas désirer) rappeler ces modifications. C'est ainsi que nous ne songeons point à reproduire cette multitude de sensations intérieures qui se succèdent et qui nous affectent souvent avec beaucoup de vivacité parce qu'elles n'ont guère plus de noms qui les expriment que de mouvements qui les distinguent. Mais dès qu'un signe artificiel s'est associé avec une sensation, le pouvoir de rappeler l'un semble se réfléchir sur l'autre, et les soumettre également à la même volonté : c'est ainsi que nous croyons avoir idée de tout ce que nous pouvons nommer, quoique les mots soient souvent vides de sens. Cette illusion si forte, si générale se rattache à nos plus intimes habitudes, comme nous le verrons ailleurs. (C.)

2º L'imagination, avons-nous dit, pourrait être considérée comme ayant des rapports plus immédiats avec la *sensibilité* propre de l'organe cérébral, et la mémoire avec sa force motrice [1] ; les produits ou les

[1] Des savants que j'honore, et dont les opinions sont en quelque sorte des arrêts à mes yeux, n'ont pas été pleinement satisfaits de la distinction que j'établis entre la mémoire et l'imagination. Leurs difficultés portent principalement sur la manière dont j'exprime cette distinction et sur le fondement physiologique que je lui suppose. Comme c'est là un point capital dans mon ouvrage, je dois ajouter quelques explications.

1º Les analyses précédentes des sens ont fait voir, je pense, que nos impressions diverses peuvent et doivent réellement être distinguées en *passives* et *actives*, *sensitives* et *perceptives* : celles-ci dépendent davantage de la faculté de mouvoir ; celles-là intéressent plus exclusivement la faculté de sentir : la *volonté* détermine et dirige les unes ; elle est subordonnée et comme nulle dans les autres.

Mais ce que l'on dit des impressions doit nécessairement s'appliquer ou s'étendre aux idées; car la production de l'idée (considérée comme copie) n'est, pour ainsi dire, que la réplique de l'opération antécédente du sens. Pour imaginer ou rappeler, l'organe de la pensée doit reprendre une forme, une modification semblables à celles qu'il avait dans la perception même. Lorsque, par exemple, je me représente la figure ou la forme d'un corps, que je rappelle en moi-même une suite de sons, mon cerveau est disposé, sans doute, de la même manière (au degré près) que si l'œil et la main parcouraient actuellement les dimensions du solide ou si l'ouïe était frappée des vibrations sonores : or, les perceptions de formes et de sons n'ont pu avoir lieu sans mouvements réels et sensibles, volontairement exécutés dans les organes, dans les muscles de la main et de l'œil, de l'ouïe et de la voix ; donc la production des *idées* correspondantes doit dépendre aussi de déterminations semblables, ou d'une réaction motrice analogue.

Mais, m'a-t-on dit, « le simple rappel de nos idées, l'exercice secret de notre faculté pensante, ne sont accompagnés d'aucuns mouvements sensibles : le centre cérébral est seul alors proprement en action ; tout se passe dans son sein. L'organe musculaire est dans un repos partait ; la supposition que vous faites de mouvements exécutés dans le rappel est donc gratuite, ou du moins votre langage est inexact, et présente un contresens physiologique » ?

Je réponds d'abord (et pour faire cesser toute difficulté sur les mots) que je me sers du terme *mouvement* pour exprimer en général tout acte de la volonté, tout déploiement de la force motrice du centre ; soit que ce déploiement se manifeste au dehors par l'exécution de mouvements musculaires, soit qu'il se borne à cette simple détermination, qui, n'ayant aucun signe extérieur, se manifeste seulement à l'individu, par la conscience de ce que j'ai appelé *effort*. Ainsi, dans la méditation solitaire, au sein du repos et du silence le plus apparent, je n'en reconnais, je n'en sens pas moins les mouvements d'articulation qui accompagnent ou déterminent le rappel régulier de mes idées : la parole, pour être intérieure, en est-elle moins un mouvement vocal ?... Et lorsque l'aveugle se représente et combine dans son cerveau des idées de formes tactiles, ne faut-il pas que sa main réponde et consente, pour ainsi dire, à ces représentations ? « La mémoire (comme l'a dit Condillac (*a*) (voir *La Logique*, chap., IX) mais dans un sens différent du mien) n'a pas seulement son siège dans le cerveau ;

elle doit l'avoir encore partout où est la cause occasionnelle des idées que nous rappelons ; or, si pour nous donner la première fois une idée (une perception) il a fallu que les sens aient agi sur le cerveau (*j'ajoute, et que le cerveau ait agi pour mouvoir les sens d'une certaine manière*) ; il paraît que le souvenir de cette idée ne sera jamais plus clair que lorsqu'à son tour le cerveau agira sur les sens. » (Je dis lorsque le cerveau réagira sur les organes, pour leur *imprimer des mouvements semblables à ceux qui ont eu lieu dans la perception.*) Il me semble que la difficulté sur ce point est assez éclairée. L'opinion de Condillac au reste sur l'origine de la perception diffère bien de la mienne, car il considère la direction des organes qui traduit l'attention comme la seule part que prend le corps dans cet acte, et la sensation comme la part exclusive de l'*âme,* ainsi la volonté est bien là comptée pour rien (voyez encore *La Logique,* article « Attention »). (E.)

2° Au déploiement de la *force motrice* dans le rappel volontaire, dans l'exercice de la *mémoire,* j'ai opposé la *force sensitive* du centre cérébral, dans la reproduction spontanée des images, ou l'exercice passif de l'*imagination.* Cette distinction a paru trop *hypothétique,* du moins dans la *forme* : je ne chercherai pas non plus à la justifier entièrement sous ce rapport. Lorsque j'ai emprunté des termes de la physiologie pour expliquer des faits *idéologiques,* je n'ai point entendu établir un parallèle absolu entre deux ordres de phénomènes qui diffèrent dans plusieurs points, mais seulement indiquer des analogies qui m'ont paru propres à jeter quelque jour sur les principes de la science, et qui ont été en général trop eu observées par les métaphysiciens. Je prie donc que l'on ne presse pas trop le parallèle. Un maître sur l'autorité duquel j'aime à m'appuyer (*b*), distingue deux sortes de réaction du centre qui concourent (inégalement selon moi) dans nos impressions diverses, les forment et les complètent : à ces deux modes de réaction (l'un pour le *sentiment,* l'autre pour le *mouvement* qui s'exercent ensemble, et tantôt s'équilibrent, tantôt se prédominent, lorsque l'individu perçoit ou sent l'action des objets) doivent correspondre deux déterminations du même ordre, motrice et sensitive. La première prévaut dans l'exercice de cette faculté de *rappel,* que j'ai nommée mémoire ; et la seconde dans cette faculté passive que j'appelle *imagination.* Voilà le fond de l'hypothèse (*c*).

Voyez l'*Histoire physiologique des sensations* (mémoire du citoyen CABANIS). (G.)

L'imagination ne réveille le sentiment avec tant d'énergie qu'on nous replaçant dans le même état, les mêmes circonstances où nous étions quand nous l'éprouvâmes pour la première fois. Ainsi elle nous fait encore craindre ou espérer lorsque les motifs de nos craintes ou de nos espérances ne subsistent plus, parce qu'elle ôte à la réflexion la puissance de reconnaître cette absence de motif et qu'elle nous fait concevoir encore les maux et les biens, non comme passés, mais comme à venir.

L'imagination n'est pas asservie à la représentation des objets dans l'ordre où ils se sont présentés aux sens externes; les matériaux seulement sont donnée nécessairement par les impressions antérieures, mais leur combinaison dépend de causes sensitives internes. Les phénomènes du délire, des songes et des passions nous fournissent assez d'exemples de cet exercice. La mémoire suit au contraire l'ordre des représentations du dehors, et cette représentation fidèle dépend d'une action volontaire.

La différence entre l'imagination et la mémoire doit se tirer d'abord d'une diversité

Maine de Biran

opérations qui dépendent de ces deux facultés, semblent différer en effet comme la sensation diffère de la perception.

---

dam le siège organique de ces deux facultés, en second lieu et par suite, de la diversité des impressions et images ou idée ou signes appropriée à ces différents sièges, comme dans le sens externe (E.)

Maintenant abandonnant toute explication tirée de la physiologie, ne prenons, si l'on veut, ces termes de force *sensitive* et *motrice,* que pour deux *noms génériques* (tels que ceux de toutes les causes) sous lesquels il s'agit de ranger deux classes de *faits,* qu'il importe de ne pas confondre. Ces faits nous restent du moins : ils sont certains, palpables, et toute distinction qui s'appuiera sur eux, sera suffisamment *justifiée :* or, nous reconnaissons, par l'expérience et l'observation de nous-mêmes, qu'il y a certaines idées que nous rappelons volontairement avec un *effort* senti, et des images qui naissent souvent malgré nous dans l'organe pensant, le remplissent, l'assiègent, en quelque sorte, sans que nous ayons plus de pouvoir pour les distraire que pour les évoquer ; que ces images correspondent aux perceptions dans lesquelles la volonté, la force motrice est moins sensiblement intervenue ; que leur reproduction, leur persistance, leur ténacité coïncident toujours avec certaines dispositions organiques, avec une exaltation de sensibilité, des affections nerveuses, quelquefois des altérations, soit dans la substance même du cerveau, soit dans d'autres foyers de sensibilité, dans des organes internes, dont les dispositions, transformées en tempérament, impriment toujours *à* l'imagination une direction, une couleur, une teinte particulière.

Il est enfin bien reconnu que l'homme dispose de sa *mémoire,* tandis qu'il est entraîné par son *imagination* ; et qui est-ce qui n'a pas éprouvé ces deux états, souvent dans le même instant, lorsqu'étant occupé à rappeler une suite ordonnée de signes et d'idées, une autre suite simultanée de fantômes importuns vient troubler et distraire l'action régulière de la pensée, etc. ? il était donc utile, nécessaire même, que le langage consacrât cette distinction réelle entre deux modifications principales de l'être pensant, et que la théorie en assignât le sujet (*a*).

Nous sentons bien souvent en nous-même la contact des deux vies dont l'une qui se manifeste par la volonté, a son siège dans le cerveau, l'autre toute sensitive a son siège dans l'épigastre. Les idées et les mouvements qui naissent de celle-ci se succèdent avec une rapidité tout à fait entraînante. Les produits de l'autre s'exécutent toujours avec effort et lentement. En attribuant cet entraînement à des jugements d'habitude et l'effort à l'absence de tes habitudes, Tracy me parait avoir trop étendu l'influence de cette cause particulière et trop limité celle de l'organisme. Bichat a bien vu les phénomènes pour ce qui a rapport aux mouvements et aux panions. Il ne faut qu'étendre sa théorie à la reproduction des idées pour confirmer la distinction que j'ai établie entre l'imagination et la mémoire. Il faut reconnaître dans le cerveau une force *sympathique* et une force *propre.* (E.)

Au surplus, comme ces principes n'ont été établis qu'en vue de la question proposée, c'est par elle qu'ils recevront le développement et le degré de confirmation dont ils sont susceptibles. Je prie donc que l'on suspende tout jugement sur leur réalité et leur utilité, jusqu'à ce qu'on en ait vu l'application dans la suite de cet ouvrage. (D.) (*b*)

Cette longue note a remplacé la note suivante qui se trouvait dans le manuscrit de l'Académie des sciences Morales et Politiques (p. 23 du manuscrit). Cf. page 205.

Le rappel des idées, par leurs signes naturels ou artificiels, laisse à l'individu tout le calme nécessaire pour les contempler, en visiter les détails et y appliquer en quelque sorte son tact intérieur, comme il applique lentement sa main ait solide dont il veut connaître les formes; l'effort qui accompagne le rappel a toujours quelque chose de réfléchi, de concentré, incompatible avec les émotions trop fortes et les illusions de la sensibilité exaltée.

Au contraire, la production spontanée des images, quand elle a un certain degré de vivacité, est toujours accompagnée de sentiments affectifs semblables et souvent supérieurs à ceux que la présence même de l'objet pourrait exciter; aussi l'exercice habituel de l'imagination exalte-t-il les forces sensitives, et réciproquement tout ce qui exalte ces forces tourne au profit de l'imagination.

Mais le jeu de cette faculté peut être déterminé par différentes causes, qui, sans changer son caractère passif, donnent à ses produits tant de degrés divers, d'énergie et de persistance, mettent tant de différences dans le mode d'apparition des images, qu'on serait tenté de les rapporter à des facultés réellement différentes : nous avons besoin d'indiquer en peu de mots les principales d'entre ces causes.

1° Dès que la vue a intimement associé toutes ses opérations à l'exercice de la motilité, elle s'étend au loin, embrasse simultanément de vastes perspectives, et groupe toujours, malgré la volonté même qui la dirige, autour de l'objet principal sur lequel elle se fixe, plusieurs des accessoires dont il se trouve entouré ; cette liaison s'établit et persiste dans l'organe de la pensée ; et la copie s'y trouve disposée comme le tableau premier, original, l'était au dehors ; si donc l'un des accessoires vient ensuite à se reproduire isolément à la vue, il déterminera l'apparition imaginaire plus ou moins vive du tableau entier; de même si l'objet principal se reproduit seul ou entouré de nouveaux accessoires, il réveillera l'image des premiers, etc.

Tout cela se passe dans le cerveau de l'individu sans qu'il y prenne aucune part active ; le jeu de son imagination se mêle, se confond avec celui du sens externe, sans qu'il puisse le plus souvent distinguer leur produits ; il croit simplement voir, *sentir,* et il imagine, il compare, il agit même en conséquence de plusieurs jugements dont il n'a point actuellement conscience.

Ce mode d'exercice de l'imagination se rallie à une foule d'habitudes dont nous parlerons ; nous le rapportons principalement à la vue, parce que cet organe tend surtout à la *composition,* aux associations par simultanéité, qu'il est enfin le premier instrument de *synthèse* ; mais les autres sens y prennent aussi plus ou moins part, en proportion du caractère *percevable* de leurs impressions. On peut appeler *signes,* les objets mêmes dont la présence détermine l'apparition des images ou du tableau total auquel ils ont été associés comme éléments ; ils ont en effet, avec les *signes* du rappel ou les mouvements (auxquels ce titre m'a paru plus propre), la propriété commune, mais unique, de remettre l'individu dans un état semblable à celui où il a déjà été ; mais ils ne remplissent cette fonction de signes que pour l'imagination exclusivement ; ils se fondent entièrement sur son caractère passif, et ne font que l'étendre et le renforcer.

2° Indépendamment de toute provocation extérieure, le centre cérébral peut entrer en action, soit par sa force propre, et en vertu des déterminations acquises, soit par des causes anormales qui irritent immédiatement sa substance, soit enfin par les irradiations des organes internes, qui, sans être directement sous sa dépendance pour l'accomplissement ordinaire de leurs fonctions, ne lui sont pas moins liés par une sympathie dont une foule de phénomènes ne permet point de douter.

À ces causes diverses se rattachent autant de modes particuliers dans l'exercice de l'imagination : la première, et sans doute la plus fréquente, est celle dont les produits sont les plus légers ; ils se confondent perpétuellement tant que nous veillons avec l'action des sens ; et lorsque les objets ont disparu, ils les remplacent, se succèdent, se poussent avec rapidité dans l'organe de la pensée, comme des ondes mobiles. Les deux autres causes se distinguent par la vivacité et l'énergie de leurs produits ; elles contribuent également aux divers degrés de manie, de folie, aux visions, aux extases, aux songes, aux effets surprenants du somnambulisme, etc. Tous ces modes se ressemblent en ce que la volonté de l'individu n'y prend aucune part, et qu'il est affecté, poursuivi, entraîné malgré lui par des images attrayantes, tristes ou pénibles. La persistance, l'opiniâtreté de ces images, leur teinte particulière, la force des passions qui s'y joignent, les rapports qu'elles ont avec la satisfaction des besoins naturels ou d'habitude, la périodicité de leur apparition, qui concourt avec le sommeil et le réveil alternatifs des organes de l'appétit, sont autant d'indices qui peuvent nous éclairer sur la nature et le siège de leurs causes productives, ou du moins (et c'est ce qui nous intéresse ici plus particulièrement) sur l'analogie, la correspondance étroite qui lie les opérations propres du *sentiment* à celles de *l'imagination*.

Terminons ici la recherche et la longue énumération des données de notre sujet. Nous venons de voir comment l'exercice de la mémoire et de l'imagination dérive immédiatement de la nature même des impressions, ou de la manière dont l'être moteur et sensible perçoit ou sent l'action des objets ; nous verrons dans la suite comment toutes les opérations, les plus éloignées des sens en apparence, se réfèrent également à l'une ou à l'autre de ces deux sources ; et le mode particulier d'influence que l'habitude exercera sur ces opérations pourra nous indiquer la faculté dont elles dépendent, et la classe dans laquelle nous devons les ranger : ainsi, tout ce mémoire ne sera, pour ainsi dire, que la continuation des analyses qui précèdent ; il doit servir en même temps à les confirmer, si elles sont exactes.

La division de mon travail se trouve toute tracée par la manière dont j'en ai posé les bases :

1º Je rechercherai d'abord quelle est l'influence de l'habitude sur la faculté de sentir, ou comment les mêmes *sensations* (les mêmes impressions passives) répétées modifient cette faculté ;

2º Quel est l'effet de la répétition des mêmes mouvements, considérés comme les *signes* naturels, et premiers des impressions auxquelles ils concourent, et qu'ils servent à distinguer, à fixer, à transformer en *perceptions* ;

3º Comment ces perceptions formées et répétées dans le même ordre, successif ou simultané, s'associant étroitement dans l'organe cérébral, chacune d'elles devient un *signe* pour l'imagination, acquiert ainsi une capacité représentative, très éloignée de son caractère propre, individuel et détermine une foule de jugements qui se confondent dans l'impression même par leur rapidité et leur aisance.

La faculté de percevoir se lie immédiatement à l'imagination (considérée dans sa fonction simplement représentative), et l'habitude n'influe sur les opérations des sens, qu'en les faisant concourir avec l'exercice de l'imagination : nous ne séparerons donc point ces effets, mais nous les examinerons dans leurs rapports réciproques ;

4° L'imagination, considérée comme une modification de la sensibilité propre de l'organe cérébral, est soumise à diverses causes internes d'excitation, qui produisent des habitudes particulières plus ou moins persistantes ; et c'est de là que dépendent en partie les passions factices qui tyrannisent notre espèce. Nous tâcherons de reconnaître les effets principaux de ces habitudes.

Nous réunirons ces quatre sortes de recherches dans une première section, qui comprendra ce que nous appellerons les *habitudes passives*. En effet, la plupart des opérations dont nous venons de parler se rangent d'elles-mêmes dans la classe que nous avons désignée ainsi, tandis que les autres parviennent très promptement à ce degré de facilité où l'individu n'a absolument aucune conscience de l'action qu'il exerce pour les produire; d'ailleurs ces opérations, converties en habitudes, ne sont jamais que le produit de la répétition des mêmes circonstances extérieures [1], des actes, des mouvements que l'individu a été déterminé, *forcé* en quelque sorte d'exécuter sur lui ou hors de lui ; s'il était borné à ces habitudes, il ignorerait sans cesse le pouvoir qu'il a de se modifier, et sa volonté comme son pouvoir seraient circonscrits (par l'habitude même) dans d'étroites limites.

L'activité réelle, prise dans le sens idéologique, ne commence donc qu'avec l'usage des signes volontairement associés aux impressions (ou remarqués par l'individu dans ces impressions mêmes), avec

1 C'est là ce qu'on appelle ordinairement coutume. « La coutume, dit-on (voyez cet article dans l'*Encyclopédie ancienne*), nous rend les objets familiers, *l'habitude* nous rend les mouvements faciles. » Nous prouverons que ces deux effets reviennent au même, et que la distinction est inutile. (C.)

l'intention de communiquer au dehors ou avec sa propre pensée. Cette faculté (particulière à l'homme) de convertir ses mouvements ou signes naturels ou artificiels, donne lieu par son exercice répété et les divers modes de cet exercice, à une classe d'habitudes qui, ne différant point essentiellement des premières, se transforment néanmoins dans le développement indéfini de notre perfectibilité, de manière à paraître obéir à des lois particulières. Après avoir établi le fondement de ces habitudes, nous rechercherons dans la seconde section (qui aura pour titre *des habitudes actives*) leurs effets idéologiques, qui se rallient principalement à l'exercice de la *mémoire,* dont nous distinguerons différentes espèces, suivant la nature des impressions ou des idées associées aux signes, et le mode même de ces associations. Le rappel des idées par leurs signes entraîne les jugements portés sur la valeur de ces derniers, ou sur les rapports des idées mêmes ; d'un autre côté, nos jugements se suivent dans l'ordre habituel que la mémoire donne à nos signes ; de là les méthodes ou les formes du raisonnement, qui deviennent pour nous des *habitudes mécaniques* auxquelles nous nous laissons entraîner, comme à des suites familières de mouvements.

Ces diverses habitudes ont plusieurs points de contact avec les erreurs, les préjugés invétérés de toute espèce, comme avec les lumières et le perfectionnement de l'esprit humain ; nous n'avons pas pu nous empêcher d'insister quelquefois sur ce sujet important.

Restreint aux termes précis de la question, ce mémoire eût été plus court et sans doute meilleur ; mais, dans un sujet qui tient à tout, j'ai éprouvé souvent combien il était difficile de se circonscrire.

Tout imparfait qu'est encore mon travail, j'ai osé le reproduire, non par un sentiment de présomption, mais comme un témoignage du respect et de l'obéissance que je devais aux juges éclairés qui ne dédaignèrent pas d'encourager mes premiers efforts.

Maine de Biran

Section I : Des habitudes passives

Mon cerveau est devenu pour moi une retraite où j'ai goûté des plaisirs qui m'ont fait oublier mes afflictions.
(BONNET, Préface de l'*Essai analytique de l'âme*).

Chapitre I
Influence de l'habitude sur la sensation

Des sensations continues et répétées

Toutes nos impressions, de quelque nature qu'elles soient, s'affaiblissent graduellement lorsqu'elles sont continuées pendant un certain temps ou fréquemment répétées ; il n'y a d'exception à faire que pour les cas où la cause d'impression va jusqu'à léser ou détruire l'organe.

Cette observation est bien générale, bien commune ; elle se confirme par notre expérience de tous les jours et de tous les instants ; cependant elle renferme une circonstance particulière qui ne paraît pas avoir été assez remarquée, quoiqu'elle soit également facile à apercevoir ; c'est que, parmi ces impressions répétées qui vont en s'affaiblissant, les unes s'obscurcissent toujours davantage, et tendent à s'évanouir tout à fait, tandis que les autres, en devenant plus *indifférentes,* non seulement conservent toute leur clarté, mais encore acquièrent souvent plus de distinction. Ce fait seul, qui est hors de toute contestation, suffirait, sans doute, pour déceler une différence essentielle de caractère entre les sensations qui s'altèrent et s'effacent, et les perceptions qui s'éclaircissent, quand même nous ne connaîtrions pas d'ailleurs cette différence.

Si je suis longtemps exposé au même degré de température, si je sens fréquemment la même odeur, la même saveur, je finirai par ne plus rien sentir du tout, et quoique la cause subsiste toujours également au dehors, elle sera, pour moi, comme n'existant pas.

La résistance, les degrés de lumière, les couleurs, les sons, s'affaiblissent bien aussi par leur répétition ou leur continuité ; mais il arrive souvent que moins nous les *sentons,* mieux nous les *percevons.* On ne saurait donc rapporter ces deux classes d'impressions à une seule et même faculté ; car il faudrait supposer que cette faculté unique peut devenir tout à la fois plus inerte et plus active par la même influence de l'habitude.

Recherchons d'abord comment la sensation s'émousse et se paralyse, et quelles sont les circonstances principales qui accompagnent cette dégradation ; nous étudierons ensuite les progrès inverses et croissants de notre faculté perceptive.

Conjectures sur la manière
dont les sensations continues
ou répétées s'affaiblissent [1]

1. – Le phénomène de l'affaiblissement des sensations répétées est aussi simple que ces sensations mêmes : nous n'avons pas besoin d'en chercher les causes dans des jugements ou des comparaisons perçues entre un état et un autre, puisque nous avons vu que tout cela est étranger à ces modifications isolément considérées ; la cause immédiate, unique est bien évidemment ici dans le jeu des organes qui varie successivement sous l'impulsion égale et répétée des mêmes objets ; mais cette cause, dégagée de tout accessoire et ramenée à son état de simplicité, n'en est que plus difficile à connaître ; pour savoir comment une sensation continue s'affaiblit, il faudrait pouvoir dire comment elle commence, car c'est bien toujours une suite du même jeu, de la même condition organique : or, ce premier jeu, cette première condition, se couvrent à nos yeux, comme toutes les causes premières, d'un voile impénétrable. Faisons cependant une hypothèse, non pour découvrir le secret de la nature, mais pour mieux nous éclaircir les faits, et trouver leur liaison.

Le principe de la vie, de quelque manière qu'on le considère, entretient sans cesse dans le tout organisé qu'il anime, et dans chaque partie de ce tout, plusieurs mouvements intimes, qui ne se manifestent point à

1 Bichat a supposé que les sensations ne s'altéraient par l'habitude que par suite de comparaisons (involontaires) entre l'état actuel et celui qui le précède. Cette manière de voir tient à un faux emploi du terme comparaison et ce que cet auteur confond la sensation affective et la perception. (E.)

l'observation directe, sont insensibles à l'individu dans son état naturel, et ne rentrent point dans la sphère de son *activité* proprement dite.

Le degré, l'intensité du mouvement vital entretenu dans chaque partie, ou *organe,* se proportionne d'un côté aux forces radicales que le principe de vie a en puissance, et de l'autre, au rôle particulier que cet organe doit jouer, aux fonctions qu'il doit remplir dans le système auquel il est étroitement lié ; c'est là ce qui constitue ce que j'appellerai le *ton naturel,* la sensibilité propre au tout et à chacune de ses parties.

On pourrait dire que le système est en équilibre, lorsque les forces vitales sont également ou proportionnellement réparties, et que chaque organe demeure dans son ton naturel, ou relatif à celui des autres ; dans cet état l'individu n'a qu'un sentiment uniforme de l'existence, et si l'on supposait que tout fût en repos autour de lui, et que l'on fît abstraction de toute motilité extérieure, ce sentiment inséparable de la vie n'en subsisterait pas moins, quoiqu'il fût sans doute plus obscur que tout ce que nous pouvons imaginer d'après notre expérience.

Mais le ton des organes est susceptible de varier, et varie en effet nécessairement par l'action de toutes les causes internes ou externes qui peuvent élever à la fois les forces du système entier, ou apporter quelque changement dans l'état relatif d'une partie ; dans ce dernier cas, la vie, le sentiment propre de cette partie, ressortent, pour ainsi dire, de la vie générale dans laquelle ils étaient confondus ; l'animal éprouve une *sensation* qui se proportionne à la grandeur du changement, et qui persiste jusqu'à ce que l'équilibre soit rétabli.

Or, le principe sensitif (que l'on doit considérer comme une force essentiellement agissante) tend toujours à ramener cet équilibre, soit en abaissant le ton de l'organe excité, soit en élevant successivement celui de l'ensemble, jusqu'à ce qu'ils soient parvenus à leur rapport premier.

Plus ce rapport est troublé, plus le changement est grand, plus la sensation est vive ; de là il suit que le premier instant où une cause irritante agit sur un organe et en élève le ton, est aussi celui où son effet est le plus énergique ; à mesure que l'équilibre se rétablit, ou que le rapport tend à redevenir le même, la sensation diminue, comme par

Section I : Des habitudes passives

une suite d'oscillations décroissantes en amplitude, jusqu'à ce qu'elle aille se fondre, pour ainsi dire, de nouveau, dans le sentiment uniforme de l'existence.

En second lieu, l'intensité d'action de *l'objet* (ou de la cause quelconque d'impression) est relative au changement apporté dans le ton de la partie sur laquelle il agit ; mais l'objet n'agit que par sa quantité de mouvement, et ce mouvement a un certain rapport avec celui qui constitue le ton de l'organe ; il peut tendre à l'accélérer ou à le diminuer de plusieurs manières, lui être opposé, ou concourir avec lui, et le laisser à peu près dans le même état ; de là une infinité de modes dans la sensation.

Si le mouvement de l'objet est trop opposé à celui de l'organe, ou le prédomine jusqu'à un certain point, la sensation est plus ou moins douloureuse, et dans ce cas, ou le principe sensitif fait de vains efforts pour ramener l'équilibre et lutter contre la cause, et la douleur persiste et s'accroît, ou le rapport des forces ne se rétablit que par une succession lente, et l'individu souffre toujours moins, jusqu'à ce qu'il ne sente plus rien ou qu'il soit, comme l'on dit, *accoutumé à la douleur.*

Si le mouvement de l'objet concourt avec le ton de l'organe, et ne fait que l'accroître jusqu'à un certain point, la sensation est agréable dans les premiers instants, mais elle tendra bien plus promptement à s'évanouir ; il paraît bien, en effet, que le changement quelconque, dans l'état organique, qui constitue le plaisir, s'éloigne très peu de l'état naturel, ou propre aux parties qui en sont le siège ; car un degré de plus produit la douleur, un degré de moins l'indifférence, et la continuité a bientôt fait tout disparaître ; ce qui prouve bien la fragilité de nos jouissances purement sensuelles.

En partant du changement de ton qui correspond à la douleur, et suivant tous les degrés successifs d'abaissement qui mènent à l'insensibilité, on peut passer par les limites du plaisir. C'est là une compensation ménagée par la nature à l'être qui souffre plus souvent qu'il ne jouit.

Mais, quelle que soit la cause qui tend à changer l'état d'un organe ou du système, on voit que t'intensité de son effet affectif dépend dans le premier instant du rapport [1] qu'elle a avec le ton actuel de l'organe ; or ce ton varie continuellement par les seules déterminations du principe de la vie ; donc, en n'ayant égard qu'à l'effet instantané de la même cause, et supposant qu'elle se reproduise dans des intervalles assez éloignés, les modes de son action pourront être différents ou même absolument opposés selon les changements survenus dans les dispositions sensitives ; que si elle demeure également et constamment appliquée, les mêmes dispositions, variant sans cesse pour reprendre leur état d'équilibre, affaibliront successivement son effet, quelque intense qu'il ait été d'abord (hors le cas de lésion subite), et finiront par le rendre insensible. Si on supposait que la cause, toujours persévérante, au lieu de rester la même, variât lentement et par degrés, depuis le mode qui se rapprochait le plus du ton premier de l'organe jusqu'à celui qui s'en éloigne davantage, chaque changement étant très peu considérable en lui-même, il n'en résulterait aucune modification affective, mais une simple succession d'états organiques, une élévation successive de l'ensemble des forces, qui conserveraient toujours entre elles le même rapport [2]. C'est ainsi que toute affection, toute altération qui s'opère par degrés dans des organes même essentiels au maintien de la vie, n'occasionne dans l'individu aucun sentiment particulier, mais se transforme en *tempérament* par sa durée même. C'est ainsi que l'habitude nous cache la gêne et le désordre de nos fonctions,

---

1 C'est dans ce rapport qui n'est point perçu que Bichat place le plaisir ou les peines qu'il appelle sensations *relatives* ou de comparaison parce que l'effet est proportionné à l'état où les causes intérieures ont mis le système. Les sensations *absolues* qui résultent d'impressions tendant à détruire l'organisation sont indépendantes de toute relation. Il y a un grand vice du langage à confondre ainsi la comparaison dans l'affection, mais la doctrine de Condillac autorise ce langage.
Telle est la nature de la sensibilité, dit Bichat, qu'elle est susceptible de s'affecter clans un organe quelconque, par là même qu'un excitant, qui y est appliqué, est nouveau pour lui. Cette loi est commune à l'organe de l'imagination comme aux organes internes. (E.)

2 L'effet de l'habitude est de convertir certaines dispositions accidentelles en dispositions permanentes du système et alors, quoique l'individu soit péniblement affecté, il ne désire même pas un changement parce qu'il ne conçoit point sa possibilité. Son existence se trouvant identifiée avec une telle disposition générale, l'idée de *possibilité* sur laquelle se fonde le désir (comme la volonté se fonde sur celle du pouvoir) suppose la perception de différentes manières d'être qui se succèdent, ou dont la mémoire retrouve la succession dans le temps. En supposant qu'une manière d'être fût pensée dans sa continuité, il n'y aurait pas lieu à l'idée de la possibilité de son contraire.(E)

Section I : Des habitudes passives

lorsqu'elles s'intervertissent avec lenteur, que nous passons, sans nous en apercevoir, par les modifications successives correspondantes aux âges, aux tempéraments, aux genres de vie, aux climats, etc., que tout est en nous dans un flux perpétuel, et que nous croyons être toujours les mêmes ; que nous mourons à chaque instant, et que nous voudrions être immortels. C'est ainsi, enfin, que notre nature devient si flexible, les modes de notre vitalité si étendus, et que la même cause, qui rend les jouissances si fugitives, fait aussi que la douleur est moins cuisante, et l'existence plus assurée.

Il suit de tout ce qui précède : 1º Que l'affaiblissement de nos sensations continues ne dépend point de causes mécaniques (et pour ainsi dire *matérielles*), telles qu'on pourrait en supposer de plusieurs espèces, mais qu'il est plutôt un résultat de l'*activité* du principe même qui produit ces sensations [1] ; 2º Que les effets et les circonstances de cet affaiblissement graduel concourent à prouver l'existence et l'action réelle de ce principe inhérent aux corps organisés et sensibles ; 3º Qu'il n'y a aucun rapport nécessaire entre la manière d'agir d'une cause externe quelconque et son produit sensitif, puisque, la cause restant la même, le produit passe par toutes les nuances de dégradation, jusqu'à son évanouissement complet ; 4º Que ce dernier effet n'a lieu probablement qu'autant que les forces sensitives, d'abord plus vivement excitées et en quelque sorte cumulées dans un organe par l'application continue de la cause irritante, se remettent successivement dans le même équilibre où elles étaient avant l'impression, comme le fluide électrique, cumulé dans un système solidaire, ne se manifeste qu'alors que son équilibre de répartition est troublé, et demeure inactif ou invisible, dès qu'il s'y trouve rétabli [2].

---

1 On sait qu'il faut bien distinguer cette *activité sensitive* (que les phénomènes nous forcent d'admettre, mais qui s'exerce en nous sans conscience) de l'*activité motrice,* ou des *déterminations volontaires.* (D.)

2 Cette tendance des machines organisées (*a*), pour revenir à leur état propre ou habituel, et y persister, est comme la force d'inertie dans la matière brute ; et c'est peut-être par ce côté qu'on pourrait le mieux les comparer, s'il y avait quelque comparaison possible en ce genre. Il me semble que c'est sans aucun fondement que plusieurs philosophes ont soutenu que l'âme (ou le principe substantifié de nos déterminations et de nos volontés raisonnées) exerçait une activité réelle sur les sensations. Elle agit, disent-ils, pour retenir, et fixer la sensation agréable. » Mais pourquoi la laisse-t-elle donc si promptement flétrir par l'habitude ? Pourquoi ne la ravive-t-elle pas dans l'organe émoussé, et d'ailleurs agit-elle de même pour fixer la douleur si persistante ? Il n'y a point dans la sensation pure, de *volonté* proprement

Tout ce que nous avons dit des sensations continues s'applique de la même manière aux sensations répétées. Lorsqu'une cause d'impression a agi assez longtemps et assez fortement sur un organe, elle en a changé l'état, élevé d'abord le ton relatif ; mais, d'un autre côté, le principe sensitif a élevé les forces du système pour les mettre, pour ainsi dire, au niveau de cette excitation et conserver le même rapport qu'auparavant ; il persiste pendant un certain temps dans cette détermination ; si, pendant qu'elle dure encore, la même cause vient à agir de nouveau, il est évident qu'elle devra produire moins de changement que la première fois, puisqu'elle trouve l'organe et le système montés d'avance, en partie, au ton où elle tend à les porter, et qu'elle altère par conséquent bien moins le rapport des forces ; la sensation sera donc moins vive [X]. Plus les répétitions seront fréquentes et se succéderont dans de courts intervalles, plus les effets se rapprocheront de ceux de la continuité. Si les intervalles étaient assez longs pour que le système et l'organe fussent revenus à leur état primitif, il est simple que la sensation répétée serait comme nouvelle.

L'hypothèse précédente peut s'appliquer en général à toute impression, toute excitation continue ou répétée dans un organe quelconque; mais tous les organes n'admettent pas des impressions également continues, ni des excitations également vives ; plus ils sont passifs, dénués de mobilité, ou plus le sentiment y prédomine sur le mouvement, plus aussi (et par leur forme même) ils demeurent livrés sans défense à la

---

dite, puisqu'il n'y a jamais eu d'*effort perçu*. L'action *sensitive* s'exécute sans conscience, suivant des lois et des déterminations qui lui sont propres : aussi n'ai-je pas cru pouvoir attribuer l'affaiblissement de nos sensations (comme celui de l'impression d'effort) à une diminution de résistance, à une facilité acquise pour les mêmes mouvements volontaires. Les effets de l'habitude diffèrent dans les deux cas, sous tant de rapports, que la même explication ou la même hypothèse ne paraît pas pouvoir s'y adapter. (C.)

Formey prétend expliquer par un seul et même principe l'origine de tout plaisir sensuel, intellectuel et moral ; il les fait tous consister dans un libre exercice de *l'activité de l'âme* et dans l'éloignement de tous les obstacles qui nuisent à cet exercice ; mais il est facile de voir que les mêmes causes qui augmentent d'une part cette activité sensitive diminuent l'activité intellectuelle, et que les deux sortes de plaisir se trouvent souvent opposés. Ainsi, c'est bien pour exercer cette première sorte d'activité que certains hommes aiment à boire, à faire bonne chère, mais ceux qui cultivent leur intelligence savent bien que plus leur sensibilité se trouve ainsi activée, plus la pensée est disposée à sommeiller, etc. Il n'y a pas la même opposition entre les plaisirs moraux et l'exercice de l'intelligence (E).

Section I : Des habitudes passives

cause qui les irrite et qui peut y rester constamment appliquée, plus enfin l'effet sensitif est isolé et s'accomplit sans perturbation ; d'un autre côté, ces mêmes organes passifs ont des sympathies plus étendues, des relations plus étroites avec les centres propres du sentiment ; ils en sont quelquefois eux-mêmes des foyers ; leurs excitations remuent donc tout le système et peuvent modifier ses forces, déterminer son action générale. Ce sera donc aux impressions de ce genre que notre hypothèse sera plus directement applicable ; si l'on se borne à considérer ces impressions sous le premier rapport ou comme *passives,* elle expliquera très bien les circonstances de leurs altérations par l'habitude. Sous le second rapport, ou comme *excitatives,* elle pourra donner la clé de plusieurs autres phénomènes qui concourent avec l'affaiblissement des sensations, et qui paraissent d'abord être opposés aux effets ordinaires de l'habitude, comme l'accroissement des besoins et la violence des désirs d'un côté, correspondants à l'indifférence de l'autre, la périodicité de ces besoins, et, dans certains cas, l'inaltérabilité des mêmes sensations, malgré leur répétition la plus fréquente, etc. Ces phénomènes ne sauraient évidemment se raccorder avec les hypothèses mécaniques *d'une augmentation de mobilité* ou *d'une callosité artificielle des parties,* hypothèses qu'on emploie souvent pour expliquer l'affaiblissement des impressions répétées.

Examinons successivement les effets de l'habitude sous ces deux rapports, c'est-à-dire sur les impressions considérées comme *passives* et comme *excitatives.*

Quelles sont les impressions
qui s'altèrent le plus
par leur répétition

II. – Il est de fait que nos sensations s'altèrent et s'effacent plus tôt et plus complètement, en proportion de la *passivité* de leurs organes propres. Cette condition est liée à celle de la continuité forcée des impressions, puisqu'alors la volonté ne peut réagir directement pour les distraire ni pour les suspendre.

Et d'abord les impressions intérieures, pour peu qu'elles persistent dans le même degré, tendent à se convertir en habitudes du *tempérament,* et, quoique dans cet état elles continuent à influer sur le sentiment de l'existence qu'elles rendent triste ou pénible, facile ou agréable, elles cessent néanmoins d'être senties en elles-mêmes, mais se perdent et se confondent dans cette multitude d'impressions vagues qui concourent à former ce sentiment intime et habituel de notre existence passive. Un tel effet paraît bien se rallier à l'équilibre ou à la réaction égale des forces sensitives qui se sont coordonnées entre elles, avec le temps, de manière que l'impression ne continuât pas à trop prédominer sur les autres. Mais nous les considérerons bientôt sous un autre rapport.

Le tact passif, répandu sur toute la surface du corps, s'offre par tous ses points à l'impulsion égale, continuée ou variée, des fluides ambiants ou des corps en mouvement qui l'excitent, le chatouillent, le piquent, etc., sans qu'il puisse réagir pour changer ou suspendre leurs effets ; mais la sensibilité veille sans cesse, elle se met au niveau des causes d'impressions, et les modère et les annule (toujours hors les cas de lésions graves et subites).

L'équilibre dont nous avons parlé, et l'action du principe sensitif pour le rétablir, ne se manifeste plus clairement dans aucun autre genre d'impressions que dans celles qui correspondent aux sensations tactiles, et particulièrement à celles de chaleur ou de froid. On sait avec quelle facilité notre corps s'approprie aux changements des climats et des températures, pourvu que le passage ne soit pas trop brusque ; combien les mêmes degrés continués nous deviennent insensibles ; comment la sensation se proportionne toujours au ton actuel de l'organe (en sorte que tel degré nous glace ou nous brûle alternativement) ; comment de cet organe elle s'étend de proche en proche, et nous affecte d'autant plus qu'elle se concentre. On sait enfin que le principe sensitif tend à maintenir en nous une chaleur toujours à peu près égale, ce qu'il ne peut faire qu'en élevant ou abaissant successivement notre température, pour ramener l'équilibre qui, sans cette action serait troublé à chaque instant.

Les odeurs s'affaiblissent aussi graduellement, et finissent par devenir insensibles. « Mon sachet de fleurs, disait Montaigne, sert d'abord à mon nez ; mais, après que je m'en suis servi huit jours, il ne sert plus qu'au nez des assistants. » Les odeurs sont nécessairement

Section I : Des habitudes passives

continues, puisque leur organe est passif et que la respiration ne peut être interrompue. Elles ont d'abord une force excitative sur tout le système qui se monte à leur ton, et cesse bientôt d'en éprouver aucun changement. Sous le rapport de l'appétit, elles ont d'autres effets que nous indiquerons tout à l'heure.

Les saveurs s'émoussent plus par leur répétition que par leur continuité, et toujours à proportion que l'organe est plus passif en les éprouvant. Tel goût agréable ou désagréable qui nous a affectés dans le principe, particulièrement dans une boisson, nous devient bientôt absolument insensible par la coutume (excepté les cas où ces saveurs sont nauséabondes). Le goût comme l'odorat, s'habitue aux irritants factices les plus forts, et il se paralyse presque sous leur action répétée, et cependant ces mêmes irritants deviennent des besoins impérieux.

Les sons, considérés comme les impressions passives d'un organe dénué de mobilité, peuvent éprouver tout l'affaiblissement graduel qui résulte de la répétition et de la *continuité* dont ils sont particulièrement susceptibles. On éprouve tous les jours qu'il est facile de s'accoutumer à toute espèce de bruits, au point d'y devenir absolument insensible ; et ce physique, ce *matériel* du son qui, dans le principe, nous affecte si vivement par lui-même et indépendamment de tout rapport perçu, de tout effet de mélodie, perd aussi, par sa fréquence, tout pouvoir excitatif ; mais si l'impression s'altère ici comme *sensation,* elle n'est point soumise à la même loi, au même mode d'affaiblissement comme *perception* ; la force motrice combinée avec la sensitive, en change les résultats simples et fait naître d'autres habitudes. L'impression *auditive* pourra perdre son attrait, mais l'impression *vocale* conservera sa distinction.

La lumière irrite d'abord avec une certaine force les fibres de la rétine ; la sensibilité mise en jeu contracte ou dilate la pupille par une action tout à fait indépendante de la volonté ; elle élève le ton de l'organe, le dispose, l'approprie au degré du *stimulus* extérieur, de telle manière qu'il n'est plus affecté, qu'il ne *sent* plus l'impression continuée ou répétée de ce même degré.

Si l'œil était immobile, si ses impressions étaient isolées, l'habitude ne dégraderait-elle pas les couleurs, comme elle altère les odeurs, les saveurs, etc. ? Il est probable que l'effet ne serait point le même ; car les fonctions du centre, auquel les couleurs paraissent être particulièrement appropriées, diffèrent des fonctions purement sensitives.

Quoi qu'il en soit, comme l'action volontaire des divers muscles de l'œil coïncide toujours avec l'excitation nerveuse de la rétine, comme l'organe s'électrise lui-même par ses mouvements, amplifie l'action des rayons lumineux quand ils sont trop faibles, les modère ou s'y soustrait quand ils l'offensent, le jeu des forces sensitives éprouvera encore ici de puissantes diversions ; les résultats de l'habitude se partageront entre l'affaiblissement d'un côté, la persistance ou les progrès de l'autre.

Ces observations prouvent, ce me semble, que l'habitude n'altère nos impressions qu'en raison de leur passivité ; que l'intervention de la force motrice suffit pour faire varier ce résultat en amenant d'autres produits, qui ne sont point soumis à la même loi ni aux mêmes modes de dégradation, et auxquels l'hypothèse précédente ne sacrait être applicable.

Examinons maintenant nos sensations continues ou répétées, sous le rapport d'excitatives.

Comment les impressions excitatives
deviennent nécessaires en s'affaiblissant

III. – À toute impression excitative du sentiment, correspondent deux effets que nous avons déjà distingués, savoir : le changement fait dans le ton de l'organe, et l'élévation progressive des forces du système, qui tendent à se mettre, pour ainsi dire, au même niveau. Ce dernier effet doit être d'autant plus nécessaire et plus marqué, que l'organe irrité a des communications ou des relations sympathiques plus étendues, et que l'excitation, d'abord plus vive, a été plus continue ou souvent répétée ; alors, à mesure que la sensation s'affaiblit et se dégrade dans l'organe (qui éprouve peut-être déjà un commencement de callosité), le système, ou le centre le plus directement intéressé, n'en demeure pas moins fixé au même ton ; et le principe sensitif en conserve toujours quelque détermination plus ou moins persistante ; il agira donc encore lorsque la cause excitative viendra à manquer : à mesure que le ton de l'organe s'abaisse, il fera une espèce d'effort pour le remonter et lui rendre l'action qu'il en avait reçue ; l'impuissance de cet effort produira le trouble, le malaise, l'inquiétude, le *désir*. Si pendant ce temps d'agitation intestine, la même cause vient à se renouveler, il y aura un instant de calme, mais la sensibilité ne sera point remplie, puisque ses déterminations sont toujours au-dessus du produit réel affectif, et que l'impression, devenant toujours plus faible en se répétant, ne fait qu'irriter le besoin sans pouvoir le satisfaire. C'est ainsi que l'être habitué aux excitations factices, indifférent dans la jouissance, se sent cruellement tourmenté dans la privation.

Si la cause avait plusieurs fois répété son action dans des intervalles égaux et mesurés, le centre intéressé ne manquerait point de s'éveiller au temps, à l'heure fixée par l'habitude ; nouvelle réaction sur l'organe pour en élever le ton, nouveau malaise, nouveaux désirs. Rien ne prouve mieux, sans doute, l'activité particulière du principe intérieur de nos sensations, que ce réveil et ce sommeil spontanés, alternatifs et périodiques des centres sensibles ; mais aussi rien ne me semble manifester plus clairement une différence réelle entre le principe de l'instinct, de l'appétit et celui des déterminations raisonnées, fondées sur l'expérience ; entre les désirs vagues et la *volonté* qui tend à un but, entre les *besoins* et les *facultés*. Tout cela se tient, sans doute, se correspond toujours plus étroitement par les progrès de la vie, mais ne doit pas moins être distingué selon la différence d'origine et l'opposition des résultats, que l'influence même de l'habitude nous décèle.

Outre les déterminations acquises et correspondantes aux excitations artificielles répétées, les phénomènes indiquent encore dans les organes internes, ou les centres sensibles, des déterminations naturelles réellement *instinctives,* et antérieures à l'exercice des sens ; ces déterminations s'effectuant spontanément, suivant des lois primordiales de la vitalité, demeurent indépendantes, jusqu'à un certain point, de l'empire de l'habitude. Elles se distinguent même surtout en ce qu'elles résistent à ses altérations, et conservent aux impressions simples qui leur sont appropriées un attrait toujours nouveau, que la plus fréquente répétition ne saurait flétrir. Ainsi l'estomac appète les aliments qui lui conviennent, les attire en quelque sorte, et pousse vers eux l'être sensible et moteur dont la volonté n'a pas encore eu le temps de naître. En vain les impressions de ces aliments excitent fréquemment les organes du goût et de l'odorat ; tant qu'elles correspondent au besoin de la nature, elles demeurent inaltérables ; une force intérieure et constante rajeunit sans cesse ces organes et les empêche de se blaser : le pain et l'eau ont toujours la même saveur pour celui qui attend l'impulsion du besoin, tandis' que les appétits factices, capricieux, s'irritent et s'émoussent par l'habitude [1]. Cette dernière cause n'agit donc, pour affaiblir les impressions, qu'autant qu'elle en a seule déterminé la nécessité ; et c'est par cette circonstance notable que nous pouvons reconnaître ses produits.

Les sens particulièrement relatifs à l'appétit ne sont donc point susceptibles, comme les autres, de se perfectionner par l'exercice ; leur mode de culture, c'est en quelque sorte l'*abstinence* ; ils sont toujours assez forts, assez fins, tant qu'ils sont influencés par l'action naturelle et non encore pervertie des centres sensibles avec lesquels ils sont en rapport. Voyez quelle susceptibilité prend tout à coup l'odorat, à l'époque où le sixième sens se développe! Ils paraissent sortir ensemble de leur engourdissement ; voyez ce sauvage affamé éventer le gibier et le suivre à la piste !...

Ce sont les irritations factices répétées qui émoussent les organes de nos sensations, pervertissent leur instinct, soumettent toutes nos fonctions, tous nos besoins à l'empire de l'habitude, et étendent ainsi progressivement son altération sur toutes nos jouissances.

En voilà assez, sans doute, et peut-être trop sur un sujet qui paraît s'éloigner, dans plusieurs points, du principal objet de nos recherches ; mais nous avions besoin de bien déterminer l'influence de l'habitude sur les produits immédiats de la sensibilité, et de reconnaître, par le mode de cette influence, par la dégradation et la fugacité de ses produits, que ce n'est point à cette source que se rallient les progrès de nos facultés perfectibles.

---

1 La plupart des maladies qui attaquent les fonctions organiques sont marquées par un accroissement d'activité pendant la nuit, parce que l'habitude, qui assigne cette époque au sommeil, réveille dans le même temps la vie organique (E)

Section I : Des habitudes passives

Chapitre II
Influence de l'habitude sur la perception [1]

Des perceptions répétées. Comment
elles deviennent plus distinctes

Si toutes les facultés de l'homme étaient réduites à la *sensation* et à ses divers modes, l'habitude exercerait donc sur elles la plus funeste influence. Hors des besoins naturels, et dans tous les intervalles qui sépareraient leurs paroxysmes, l'être sensitif, ne recevant plus, des impressions accoutumées, cette action stimulante qui fait la vie, demeurerait affaissé dans un état de sommeil ou d'engourdissement ; tout exercice deviendrait pour lui principe d'altération, et, pour ainsi dire, de mort ; au sein de modifications toujours variables, qui fuiraient loin de lui et disparaîtraient sans retour, où seraient, je ne dis pas les occasions et les moyens de perfectibilité, mais même la chaîne commune qui unirait les diverses périodes, les divers instants de sa passive existence ?

Quand nous réfléchissons d'un côté au peu de consistance de toutes nos modifications affectives, à la promptitude avec laquelle elles nous échappent, à ce que peuvent les progrès de l'âge pour émousser notre sensibilité, et la rendre en partie calleuse ; et que nous considérons de l'autre, l'extension graduelle de la portée de nos sens actifs (seuls susceptibles d'une véritable éducation), la force, l'adresse et l'agilité croissante de nos organes moteurs, le perfectionnement rapide des facultés qui se rapportent le plus immédiatement à leur exercice, la multitude de jugements et d'opérations compliquées, qui entrent dans cet exercice, maintenant si simple, en apparence, pourrions-nous méconnaître l'origine réelle de tous nos progrès, et ne pas voir que c'est à nos facultés motrices que se rattache d'abord l'influence la plus utile, la plus heureuse de l'habitude ?

C'est à l'habitude que nous devons la facilité, la précision et la rapidité extrême de tous nos mouvements et opérations volontaires ; mais c'est elle aussi qui nous en cache la nature, le nombre : « Elle nous cache la part qu'elle y prend, précisément parce qu'elle y domine au plus haut

---

1 Ce titre ne se trouve pas dans le manuscrit.

degré. » Essayons de lui arracher une partie de son secret, et de démêler quelques-uns des éléments de ces produits si complexes. Voyons d'abord comment la faculté de percevoir s'étend et se perfectionne par la répétition continuelle de son exercice.

Trois causes ou circonstances principales concourent à rendre une impression répétée plus distincte, et à l'approprier à la faculté perceptive : 1° Affaiblissement du premier effet sensitif ; 2° Facilité et distinction croissantes des mouvements propres d'où dépend son caractère actif ; 3° Association à d'autres mouvements qu'elle détermine, ou à d'autres impressions qui coïncident avec elle et servent, comme autant de *signes,* de marques propres à la distinguer et à la faire reconnaître quand elle se répète. Nous examinerons successivement chacune de ces circonstances.

Affaiblissement de la sensation répétée
Première cause de distinction

1. – Ce que nous avons dit des impressions passives dans l'Introduction de ce *Mémoire,* et des sensations répétées dans le chapitre précédent, nous dispense d'entrer dans de longs détails sur ce premier effet de l'habitude.

Il ne peut y avoir de vision distincte, si l'action de la lumière est trop forte, eu égard à la sensibilité et au ton actuel de l'organe ; ou même, si des couleurs trop vives, trop éclatantes, frappent, surprennent la vue et la distraient des formes et des contours qui dessinent leurs nuances ; il n'y aurait guère d'effet d'harmonie, si tous les timbres d'instruments étaient de nature à produire, sur l'oreille et sur le système sensible, l'effet de l'*harmonica* ou d'une cloche ; il n'y aurait pas enfin de perception distincte des formes tangibles, si la main était continuellement chatouillée, ou piquée, froissée par le poli satiné, ou la rudesse des surfaces. Quel que fût le mode de l'action externe, la fonction de percevoir demeurerait également nulle et sans exercice, si la vue était naturellement aussi délicate qu'elle l'est dans l'*ophtalmie, si* l'ouïe avait la susceptibilité que l'on observe dans certaines affections nerveuses, et si la peau de la main était aussi sensible que celle qui recouvre le gland ou les lèvres.

Section I : Des habitudes passives

Tel est l'état de l'enfant qui arrive à l'existence ; tout le choque, l'irrite, le blesse ; il a senti longtemps avant de percevoir.

Par l'action répétée des mêmes objets, et les progrès nécessaires de la vie, tous les organes extérieurs se raffermissent ; l'être sensitif se met au niveau des causes d'irritation qui le dominent, lutte contre elles avec avantage, modère, affaiblit, ou anéantit même leurs impressions : tout ce qui ne frappait que par des qualités purement affectives perd alors son influence ; le cercle des sensations se rétrécit, la carrière des perceptions s'ouvre, s'étend ; les forces motrices se développent ; l'individu n'attend plus passivement l'action des objets ; il va au devant d'eux, les convertit à son usage, en dispose comme de matériaux soumis à sa puissance.

Dès que l'habitude affaiblit les impressions elle commence à les rapprocher, à les mettre en quelque sorte à la portée de la faculté perceptive, mais son influence, considérée sous ce premier rapport, n'est encore que passive, conditionnelle et prédisposante ; elle consiste seulement à écarter les obstacles et préparer les voies à la perception ; mais celle-ci ne peut réellement s'accomplir et revêtir son caractère actif que par l'intervention et l'exercice direct de la motilité. C'est ici que commence tout progrès croissant, dont l'habitude va devenir le mobile.

Facilité et précision des mouvements dans les organes. Seconde cause

II. – Quoique les progrès successifs de la première éducation de nos sens ou facultés originaires, n'aient pas été observés peut-être aussi soigneusement que leur importance l'exigerait ; quoique l'observation soit ici d'autant plus délicate ou difficile qu'elle ne peut être aidée, ni encore moins suppléée, par aucun retour réfléchi sur notre propre expérience, on ne peut guère douter pourtant que cette éducation des organes, que l'on est accoutumé à considérer uniquement comme sensibles, ne commence par le développement de leur motilité propre ou associée, et que ce ne soit dans ce développement progressif que l'influence de l'habitude se fasse particulièrement ressentir.

Les enfants apprennent d'abord assez lentement à distinguer quelques objets à la vue ; il faut que l'organe ait acquis le degré de consistance nécessaire pour pouvoir se fixer, et qu'il s'exerce ensuite aux divers mouvements que nécessite la vision distincte. Or, cette époque coïncide avec celle où le tact lui-même commence à avoir assez de force et d'adresse pour empoigner les corps, et parcourir leurs surfaces ; et sûrement il n'y a point de perceptions nettes à différentes distances, ni de jugements sur ces distances, qu'après que l'enfant a marché lui-même ou a souvent été transporté vers les divers objets.

Il paraît bien aussi que l'ouïe, d'abord frappée du bruit, est inhabile à distinguer les sons, jusqu'à ce que l'instrument vocal, dont les progrès sont plus tardifs, soit devenu capable de lui répondre et de réfléchir ses impressions. Les organes sensibles mettent donc d'abord en jeu les organes moteurs, mais ceux-ci réagissent à leur tour, et, se perfectionnant par un exercice répété, rendent bientôt aux autres, avec usure, ce qu'ils en avaient reçu.

Pour apprécier le mode et les résultats de ces derniers progrès, observons deux effets principaux, infaillibles et toujours inséparables, que l'habitude produit en général sur notre faculté motrice, de quelque manière qu'elle s'exerce : 1° Tout mouvement volontaire, fréquemment répété, devient de plus en plus facile, prompt et précis ; 2° L'effort ou l'impression résultant du mouvement, s'affaiblit dans le même rapport que la rapidité, la précision et la facilité augmentent, et dans le dernier degré de cet accroissement, le mouvement, devenu tout à fait insensible en lui-même, ne se manifeste plus à la conscience que par les produits auxquels il concourt, ou les impressions auxquelles il est associé [1].

1 Il est plusieurs autres effets remarquables de l'habitude sur nos mouvements, qui ont été recueillis par les physiologistes ; nous n'avons pas besoin de les répéter ici ; mais nous pourrons en faire usage ailleurs. Qu'il nous soit permis cependant de nous arrêter un instant sur cet affaiblissement de l'impression d'*effort*, et sur l'espèce d'analogie qu'il pourrait avoir avec l'altération sensitive qui résulte également de l'habitude.
Si les mouvements du cœur (*a*), des intestins, du diaphragme, et en général des organes appelés *vitaux,* s'exécutent sans *effort,* et par conséquent sans réaction volontaire, n'est-ce pas parce que ces organes ayant leur vie propre et indépendante jusqu'à un certain point de la vie générale, leurs impressions demeurent concentrées en eux-mêmes (dans l'état ordinaire) et n'affectent point par *consensus* le système et le centre cérébral en particulier ? N'a-t-on pas remarqué en second lieu, que les animaux à sang froid dont le cerveau est nul ou n'exerce que peu d'influence, dont la vie est moins *une*, moins *solidaire*, ont, dans chacune de leurs parties, une portion de force motrice, isolée de celle du tout et qui s'y conserve avec ténacité, plus ou moins longtemps après l'extinction de la vie générale ? Cela posé, ne pourrait-on

Ces deux principes généraux [1] et constants, s'appliquant de la même manière absolue au développement simultané de la motilité simple et

pas conjecturer que l'exercice répété des mêmes mouvements, rend les parties mêmes plus mobiles, plus *irritables,* en les convertissant en foyers artificiels de forces, comme les organes vitaux, ou ceux des animaux à sang froid, en sont des foyers naturels ? En admettant ramper le tronçon de la vipère, citée par Pérault, vers le trou où elle avait coutume de se retirer ? N'est-ce pas encore un instinct que cette tendance, ce besoin, ce *prurit* involontaire (*b*) que nous ressentons pour les mouvements d'habitude ?) on expliquerait, dis-je, en même temps, *l'imperceptibilité* des mouvements, qui, ne dépendant plus, du moins d'une manière aussi directe, du centre cérébral, n'affecteraient plus le système entier par ces relations générales, d'où dépend la conscience vive des impressions ; et ce serait là qu'on trouverait une analogie entre la dégradation sensitive, et l'affaiblissement de l'effort : car on sait que les parties constamment irritées peuvent dans certains cas isoler leur sensibilité propre de la sensibilité générale, et alors l'animal ne sent plus. Cet effet de concentration ne pourrait-il pas également s'appliquer tantôt aux organes sensibles, tantôt aux organes moteurs suivant leurs dispositions ou leurs habitudes ? Les muscles, fréquemment exercés acquièrent d'ailleurs plus de volume et de masse, et cependant, leurs mouvements plus faciles sont aussi moins aperçus ; ce qui indiquerait en eux une vie propre, un véritable effet de concentration. On n'aurait donc pas besoin, dans cette hypothèse, de recourir à une succession infiniment rapide de *jugements* et de volontés, correspondant à une suite de mouvements d'habitude, mais il suffirait d'admettre, dans la plupart des cas, une première volonté, une seule impulsion du centre moteur; et tout le reste s'exécuterait par les déterminations propres des organes mêmes. Remarquons à l'appui de cette dernière conjecture que l'intervention du jugement et de la volonté, qui déterminaient les mouvements dans le principe, les troublent et les enraient quand ils sont devenus très familiers, et que ces mêmes causes sont impuissantes pour les changer, les arrêter ou les suspendre (C.)

Les mouvements vitaux même les plus essentiels à la conservation, et qui ont commencé dès l'instant de la naissance ou même de l'animation, ont sans doute acquis par l'habitude une nécessité croissante (Voy.CABANIS, *Dernières déterminations de la sensibilité*). (E.)

Ce prurit involontaire se manifeste bien dans cette tendance que nous avons plus ou moins pour imiter les mouvements que nous voyons faire. L'exemple de Kaan Boerhaave est propre à la confirmer ; ces cas doivent être rapportés à un instinct sympathique bien distinct de la volonté réfléchie. Bichat croit que si le cerveau d'un vieillard se trouvait uni aux muscles d'un adolescent, ceux-ci n'auraient guère plus de force et d'activité parce que la véritable cause excitante ou déterminante manquerait. Je crois qu'il n'a pas fait assez attention à cet instinct propre des organes mobiles ou moteurs.

Les distractions comme les habitudes qui y ont tant de ressemblance naissent de ce que les humeurs du corps sont trop facilement déterminées d'un seul côté. Si par exemple un seul sens agit sur nous, nous tombons dans des distractions et des rêveries. Il faut que d'autres sens viennent à notre secours pour nous en tirer. (E.)

1 Dans le passage qui suit, jusqu'à la page 70 : « Si nous sentions en effet la résistance », le texte du manuscrit est modifié.

de la faculté perceptive, montrent d'abord bien évidemment l'analogie, ou plutôt l'identité d'origine de ces facultés.

Ils nous expliquent, en second lieu, comment la réaction, exercée du centre sur un sens externe *mobile*, devenant toujours plus prompte, plus facile (et par conséquent l'effort moins aperçu ou *senti*) à mesure que le jeu de cet organe se perfectionne, la perception peut devenir plus distincte et plus précise d'un côté, pendant que de l'autre l'individu s'aveugle plus complètement sur la part active qu'il y prend, sur les opérations et les jugements qui concourent à lui donner sa forme et son caractère ; comment enfin la fonction composée de percevoir, tend toujours à se rapprocher, par la promptitude, l'aisance et la passivité apparente, de la *sensation* proprement dite.

C'est donc ainsi, et en enveloppant notre force motrice dans la facilité extrême de ses produits, que l'habitude efface la ligne de démarcation entre les actes volontaires et involontaires, entre les acquisitions de l'expérience et les opérations de l'instinct, entre la faculté de sentir et celle de percevoir ; et lorsque nous voulons ensuite mettre à nu les différences qui séparent ces facultés, l'habitude, qui tend toujours plus fortement à les confondre, nous les montre indivisiblement unies jusque dans leur berceau.

Poursuivons cependant le fil de nos analyses, et, partant de ces points obscurs éloignés de tous souvenirs où nous avons voulu le rattacher, indiquons d'abord brièvement (puisqu'ici les détails nous sont interdits), l'influence première que peut avoir la mobilité acquise par les organes même sur les impressions distinctes qu'ils nous transmettent ; nous apprécierons mieux ensuite ce que les déterminations et associations, formées dans un centre commun, ajoutent à ces impressions simultanément ou successivement répétées, pour les compléter, les éclaircir, les combiner, les rectifier enfin les unes par les autres.

La volonté, ou pour substituer le *fait* à la cause, la réaction du centre s'applique d'abord, et immédiatement, aux organes mobiles, comme ceux-ci s'appliquent secondairement aux objets ; l'organe résiste d'abord à la volonté, l'objet résiste à l'organe. Par la première résistance l'être moteur connaît les parties de son corps ; par la seconde, il apprend à connaître les corps extérieurs mais l'habitude doit avoir déjà rendu l'une assez familière et presque insensible l'individu, pour qu'il puisse tirer de l'autre quelque instruction exacte et détaillée.

Avant que le tact, par exemple, ait acquis par l'exercice un certain degré de force et de mobilité, ses parties n'obéissent que difficilement à la volonté ; il faut un effort sensible pour leur apprendre à se replier, à s'ajuster sur les corps ; cet effort concentre l'attention et la distrait des différents modes de la résistance extérieure ; les impressions successives, qui concourent nécessairement dans une perception complexe de *forme,* ne se démêlent point encore assez entre elles, ou se suivent avec trop de confusion et de lenteur, pour pouvoir être combinées ou distinguées les unes des autres. Dans ce premier apprentissage, l'enfant s'instruit donc plutôt à connaître et à diriger ses propres organes qu'à saisir et à circonscrire nettement le sujet étendu auquel il les applique ; c'est ainsi que l'apprenti musicien, tout occupé à remuer, à placer ses doigts et son archet, distingue à peine les sons qu'il tire de l'instrument. Les mouvements de l'organe tactile devenant extrêmement faciles en se répétant, l'effort musculaire disparaît ou n'est plus *senti* que dans son produit, la *résistance extérieure.* C'est donc elle qui attirera désormais toute l'attention. Bientôt l'individu, méconnaissant sa force propre, la transportera tout entière à l'objet, ou *terme résistant,* lui attribuera les qualités absolues d'inertie, de solidité, de pesanteur. Il sera même d'autant plus porté à considérer la résistance comme subsistante hors de lui par elle-même, qu'il la retrouve toujours invariable au sein de toutes les autres modifications fugitives qu'il lui attribue ou dont il se sent le sujet.

Si nous *sentions,* en effet, la résistance comme nous sentons plusieurs qualités tactiles [1], il n'y aurait pas d'impression qui dût être moins

---

1 Je rapporterai ici un passage tiré des oeuvres de Maupertuis, qui me paraît très propre à faire valoir combien l'indétermination du langage peut aveugler quelquefois les meilleurs esprits. « Je touche un corps, dit ce philosophe (lettre IV), le sentiment de dureté semble déjà lui appartenir plus que ne faisaient les sentiments d'odeur, de son, de goût. Je le touche encore, j'acquiers un *sentiment* qui me paraît *encore plus* à lui... c'est l'étendue. Cependant, si je réfléchis attentivement sur ce que c'est que la *dureté, l'étendue,* je n'y trouve rien qui me fasse croire qu'elles soient d'un *autre genre* que l'odeur, le son et le goût : j'en acquiers la perception d'une *semblable manière,*

aperçue puisqu'il n'y en a pas de plus continue. Tant que nous veillons, elle ne cesse pas un instant de nous être présente ; elle s'interpose entre toutes nos manières d'être, et fait même partie essentielle du sentiment actuel que nous avons de notre existence ; mais si sa continuité la rend

je n'en ai pas *une idée plus distincte,* et rien ne me porte à croire que ce sentiment appartienne plus au corps que je touche qu'à moi-même. » N'est-ce pas parce qu'il appliquait le même terme *sentiment, sensation,* à tous les produits des opérations de nos sens, que notre philosophe ne voyait aucune différence entre les manières dont nous acquérons les *perceptions* d'étendue et de solidité, et celle dont nous *sentons une odeur* ? Ce passage confirme mieux que tout ce que je pourrais dire, la nécessité de distinguer, par des termes différents les impressions ou les actes qui diffèrent en réalité ; je ne conçois pas au reste comment il est possible de soutenir que les odeurs, les saveurs sont aussi distinctes que l'étendue. Bonnet, Condillac même ont cru pourtant que ces sensations isolées pouvaient servir de fondement aux notions de tout genre (*a*). (C.)

Condillac dit à peu près la même chose que MAUPERTUIS (voir le *Traité des sensations,* chap. V, part, 4) à tous ceux qui confondent la sensation avec la perception et doivent tomber dans les sophismes de Berkeley.

Les sophismes de Berkeley ne roulent en effet que sur cette équivoque perpétuelle de sensation et de perception, car l'effort essentiel à la perception suppose deux termes relatifs: le moi et la résistance, l'un n'est pas plus clair que l'autre.

« Il paraît évident, dit M. REID, dans ses *Recherches, sur l'entendement humain,* que cette liaison de nos *sensations* avec la perception et la persuasion des existences extérieures ne peut être produite ni par l'habitude ni par l'expérience ni par un des principes de la nature humaine admis jusqu'à présent par les philosophes. Ce phénomène est donc l'effet d'un principe primitif constitutif de la nature humaine. » Reid et les philosophes de l'école d'Édimbourg considèrent les sensations en général comme des *signes* que la nature même a liés avec la perception des autres existences ; le jugement est donc inné ; ils ne diffèrent de Locke qu'en ce qu'ils ont distingué la sensation du jugement ou de la perception, mais ils ont confondu dans le premier terme tous les modes qui proviennent de l'exercice des sens externes, ou qui accompagnent cet exercice, ceux qui viennent de la volonté comme ceux qui résultent de l'action des objets, ce qui a introduit beaucoup d'obscurité et d'incertitude dans les principes. La sensation n'est point du tout le signe naturel d'une cause extérieure, mais la résistance à notre action volontaire (non accompagnée de sensations) est le signe unique (naturel, si l'on veut) de l'existence de cette cause. C'est donc à l'origine même de la volonté ou des moyens et des conditions de son exercice que l'analyse doit remonter pour trouver le véritable fondement du passage de nos sensations à l'idée de quelque chose d'extérieur et en séparant la sensation de tout ce qui n'est pas elle, on trouvera qu'elle n'est jamais signe ni moyen de ce passage. Il n'entre point (par exemple) de sensation dam notre perception de *solidité.*

Un être qui agirait sans avoir encore éprouvé de résistance extérieure pourrait bien distinguer en lui des modifications qui résultent immédiatement de son action et d'autres qui n'en proviennent pas. Or ces dernières le conduiraient-elles à la notion d'une cause extérieure ? Cette notion ne pourrait être que la *conclusion* d'un raisonnement et non une perception directe. (E.)

Section I : Des habitudes passives

très familière et nous en distrait le plus souvent, le moindre retour de l'attention lui rend toute sa clarté et nous la montre invariablement de la même manière.

Les observations précédentes s'appliquent de même à l'exercice de la vue. C'est, sans doute, principalement par l'absence des habitudes de mouvements propres à l'organe, que les aveugles nés, quelque temps après avoir subi l'opération de la cataracte, ne peuvent encore voir que très confusément ; ils doivent faire un certain effort qui les applique et les préoccupe, lorsqu'ils veulent tourner ou mouvoir leurs yeux, jusqu'à ce que les muscles aient acquis toute leur mobilité ; alors la perception est distincte, le jeu visuel s'exécute parfaitement, mais l'individu n'a plus conscience de son action et (prévenu par les leçons du tact) il en transporte entièrement les produits hors de lui ; il perçoit *naturellement* et *sans effort* la *figure* colorée dans la *forme* tactile.

Je ne sais s'il n'y aurait pas aussi une impression particulière d'effort correspondante aux mouvements des osselets et des muscles de l'oreille, dans un homme qui entendrait pour la première fois ; ce qu'il y a de certain, c'est qu'il faut que l'organe soit exercé, pour proportionner les degrés de tension de la membrane du tympan, à la force des sons, et qu'il ait acquis surtout assez de mobilité et de précision dans son jeu pour pouvoir déterminer ou suivre les articulations rapides de la voix, ce qui est toujours l'ouvrage d'une assez longue habitude ; mais, celle-ci une fois contractée, nous distinguons les sons vocaux de toute espèce, nous exécutons les mouvements compliqués qu'exige leur émission avec une facilité et une promptitude qui nous cachent souvent notre propre action et nous empêchent toujours d'en apercevoir les détails.

Quant aux mouvements de l'odorat et du goût, ils sont appris par la nature, déterminés par l'instinct ; leur mécanisme est presque aussi parfait en commençant qu'après la plus longue expérience, et cela, joint à tout ce que nous avons dit ailleurs, prouve bien que les impressions de ces sens n'ont point de rapports aussi immédiats avec la faculté de percevoir, dont les progrès successifs sont autant d'acquisitions dépendantes de la motilité perfectionnée des organes qui lui sont appropriés.

Maine de Biran

Association des mouvements
et des impressions
dans un centre commun
Troisième cause [1]

III. – Si chaque impression conservait toujours son caractère propre
et individuel, ou s'il n'entrait dans la perception d'un objet que les
opérations immédiatement liées au jeu actuel du sens externe auquel
cet objet s'adresse, on pourrait concevoir peut-être, par ce qui précède,
comment l'habitude influe sur ces premières opérations, soit en les
voilant elles-mêmes par leur facilité, soit en donnant à leurs produits une
précision et une clarté supérieures. Mais, lorsqu'on veut approfondir un
peu ce qui se passe dans nos perceptions les plus simples en apparence,
lorsqu'on songe qu'il n'en est aucune qui ne soit un résultat combiné de
plusieurs autres ; que l'individu, embrassant toujours plus que ses sens
ne lui montrent, tantôt réunit dans un acte simultané leurs impressions
successives, tantôt les prévient et en est affecté d'avance ; qu'il ne
sépare pas enfin ses souvenirs de ses impressions, et ne perçoit qu'en
comparant ; on sent alors la nécessité de remonter du jeu partiel des
organes et des habitudes propres à chacun d'eux, au centre unique qui
reçoit, combine, transforme, échange leurs produits répétés les uns dans
les autres, et qui réagissant ensuite, avec la somme de ces déterminations
acquises, sur l'un quelconque de ces produits simples, modifie
puissamment sa forme originelle, la complète, la rectifie, la dénature, et
lui réunit toujours quelques accessoires qui lui sont étrangers. On sent,
en un mot, que les habitudes de l'imagination doivent concourir avec
celles des sens, qu'elles rentrent sans cesse les unes dans les autres, et
qu'on ne peut isoler leurs effets. Occupons-nous donc maintenant de
ce concours simultané, qui a une influence si marquée sur les progrès et
l'extension de notre faculté perceptive.

1° Supposons un aveugle, appliquant sa main, déjà exercée, à un
solide nouveau qui aurait un certain nombre d'angles et de faces ; il

---

1 Pour qu'une idée puisse en exciter une autre dans l'âme, il suffit qu'on soit
accoutumé à les voir ensemble, sans aucune démonstration de la nécessité de
leur coexistence, ou même sans savoir le moins du monde qu'elles existent ainsi
(Berkeley). La liaison de l'imagination doit être bien distinguée de celle du jugement ;
dans les choses intellectuelles comme dans la morale pratique, danger de confondre
ces deux sortes de liaison et de prétendre ramener l'une à l'autre. (E.)

est certain que cet aveugle ne saurait d'abord embrasser ou percevoir simultanément plus de parties que sa main n'en recouvre, et que le solide, pour peu qu'il eût d'étendue et que sa forme fût compliquée, ne serait parcouru et connu que par successions de mouvements [1] : or l'habitude peut bien rendre ces mouvements plus prompts et plus précis, mais comment parviendra-t-elle à changer la manière de procéder de l'organe et à transformer la succession en simultanéité ? D'un autre côté, comment un aveugle tel que le géomètre Saunderson eût-il pu démontrer *synthétiquement* les propriétés nombreuses des différents corps géométriques, si pendant qu'il touchait successivement chacune des faces d'un solide, sa pensée n'en avait pas embrassé simultanément l'ordre symétrique, ou si les parties ne s'étaient pas développées et arrangées dans son cerveau sous une sorte de *perspective tangible*.

Pour que des impressions qui se succèdent et qui sont les unes hors des autres, comme le sont celles du tact, puissent se combiner et se comparer, il faut que les termes qui composent cette suite d'impressions soient tellement rapprochés (sans néanmoins se confondre) que la trace ou l'idée du premier terme persiste encore dans toute sa force lorsque le dernier s'accomplit ; mais l'impression actuelle et la place de celle qui est passée, ne sauraient persister ensemble, dans le sens, car l'une éclipserait l'autre, et il n'y aurait point de comparaison d'association possible entre les termes. C'est donc l'organe intérieur et central qui, recueillant à mesure les produits successifs de l'action externe peut seul les fixer, les conserver, et réunir, pour ainsi dire, dans un seul et même cadre, les impressions qui frappent actuellement les sens, et celles qui viennent de le frapper dans sa course.

Cela posé, on conçoit que l'habitude peut faciliter de deux manières, pour un aveugle, la perception distincte et presque simultanée du composé tangible ; car, d'abord, les mouvements du tact devenant plus précis, plus détaillés et plus rapides, les impressions individuelles et

---

1 Comme nous sommes habitués à percevoir les formes par la vue, et que l'œil embrasse à la fois un assez grand espace, nous ne pouvons juger de la difficulté première qu'il doit y avoir pour un aveugle, à saisir et à se représenter simultanément les parties de l'étendue ou de la quantité continue, avec un module aussi borné que la main qui ne peut agir que par succession de mouvements. Cependant ses représentations sont aussi claires que les nôtres, et il est, sans doute, bien plus rapproché que nous des abstractions géométriques. (C.)

Maine de Biran

successives de la résistance et de ses modes seront mieux circonscrites et surtout plus rapprochées, plus étroitement serrées dans la chaîne qui doit les unir ; en second lieu, les déterminations motrices correspondantes de l'organe central, acquérant par la répétition plus de profondeur ou de force, tendront à s'effectuer concurremment avec les impressions du sens, avec une promptitude et une facilité supérieures ; mais dès lors la perception sera presque toute intérieure, et l'aveugle touchera plus, pour ainsi dire, par son cerveau que par sa main : il suffira que le sens externe donne le premier avertissement; le plus léger contact, la plus simple *appréhension* de l'objet familier, mettront en jeu l'imagination, disposée à réagir, et le tableau complet, la perspective solide s'y déroulera instantanément et sans effort. Mais nous allons voir des exemples plus sensibles de cette influence de l'imagination montée par l'habitude sur notre faculté perceptive.

2° Si les phénomènes qui sont le plus rapprochés, et qu'une répétition constante nous a rendus très familiers, pouvaient encore nous surprendre, n'y aurait-il pas de quoi s'étonner, en effet, qu'un organe aussi; étranger que l'oeil à l'impression de résistance, soit parvenu à en *deviner*, pour ainsi dire, toutes les formes, toutes les apparences, au point de faire mettre en doute si la nature ne l'a pas directement approprié à cette impression ? Une association aussi intime, une adhérence aussi invincible entre deux genres d'impressions hétérogènes, atteste bien ce que peut l'habitude pour changer le caractère propre et individuel des impressions de nos sens, les composer, les combiner les unes avec les autres en conservant au produit total l'apparence d'une simplicité parfaite.

Les organes du tact et de la vue sont essentiellement liés l'un à l'autre par les rapports naturels de motilité ; et c'est de là que dépendent surtout la coïncidence parfaite et la transformation réciproque de leurs impressions. Du concours premier et non interrompu des deux perceptions, visuelle et tactile, en résulte une troisième qui tient des deux, mais qui n'est ni l'une ni l'autre isolément ; car certes (et quelque idée que l'on puisse se faire d'ailleurs des fonctions propres de la vue) nous ne voyons point comme si nous n'étions pas habitués à toucher, et nous ne touchons pas comme si nous n'avions jamais vu.

Section I : Des habitudes passives

Lorsque l'œil, se confiant à ses premières habitudes, aux leçons qu'il a reçues du tact, commence à voler de ses propres ailes, et va saisir la couleur à l'extrémité des rayons où la main avait déjà rencontré la résistance, cette impression simple et isolée de couleur suffit pour effectuer dans le centre cérébral la détermination ou l'idée de résistance, associée par une constante répétition ; les produits de l'organe intérieur se mêlant, se confondant ainsi avec ceux du sens externe, l'individu qui voit sans toucher se retrouve dans le même état que lorsqu'il voyait et touchait simultanément. C'est par le même effet que le simple contact d'une face représentait à l'aveugle cité précédemment la forme totale du solide familier.

Comme la vue seule croit saisir la résistance dans la couleur, la main à son tour croira embrasser la couleur dans la résistance. Les deux impressions se servent ainsi de *signes* réciproques : et, confondues par l'habitude dans une perception indivisible, sont à jamais inséparables. La fixité de ce lien, formé ou préparé en partie par la nature, devra peut-être moins nous surprendre lorsque nous verrons des associations tout artificielles, cimentées par l'habitude seule, au point de devenir presque aussi indissolubles.

La vue reçoit le complément plus tardif de son instruction, par l'exercice répété et varié de la faculté locomobile ; c'est alors qu'elle atteint à des distances où le tact ne peut la suivre, pour confirmer et rectifier ses rapports trop souvent précipités ; les déterminations de ce dernier sens deviennent plus obscures, à mesure que celles de l'autre prennent plus d'ascendant ; alors l'œil semble avoir pour fonctions propres et exclusives de mesurer l'étendue, d'assigner les distances, de déterminer les formes ; tout module est dans la couleur, dans le degré d'ombre ou de lumière ; le jugement a perdu sa base naturelle ; il n'y a plus de rapport fixe ; tout est léger, mobile, comme l'organe qui semble avoir usurpé le domaine entier de nos perceptions. Une habitude en remplace une autre, et détruit souvent son effet : l'individu accoutumé, par exemple, à juger de la grandeur d'un objet par la distance, et de la distance par l'intensité des rayons lumineux, ou le nombre d'objets interposés, suivra tantôt l'habitude, malgré l'expérience évidemment contraire, tantôt l'expérience, malgré l'habitude qui devrait s'y opposer. Si l'image d'un objet familier est fortement empreinte dans le cerveau, quelles que soient les apparences visibles qui correspondent à sa position, à la distance, à la dégradation des nuances dont il est coloré, l'imagination lui restituera ses formes, ses dimensions, presque toute sa clarté première, et réagira ainsi pour modifier le sens externe, comme celui-ci avait agi précédemment pour la monter. L'avertissement le plus léger, la circonstance accessoire la plus éloignée, suffiront pour déterminer ce jeu intérieur, qui transforme la perception directe en lui ajoutant un signe. Je vois de loin, par exemple, un objet dont toutes les parties me paraissent rétrécies, confondues, sans qu'il me soit possible, d'en démêler aucune, à la distance où je suis ; mais si je viens à être prévenu, de quelque manière que ce soit, que c'est tel objet, dont la perception m'est familière, je distingue à l'instant sa forme, sa grandeur, etc. ; pourquoi ce changement subit dans la portée de l'organe ? Qu'un homme s'avance ou s'éloigne, je le vois toujours de la même taille ; pourquoi, l'angle optique variant, la perception est-elle fixe?

Si l'habitude n'avait pas empreint d'avance, dans le cerveau, des images qui se mêlent, se confondent perpétuellement avec les apparences extérieures actuelles, et les modifient de mille manières, on pourrait sans doute fixer, d'après les lois de l'optique, les bornes de la vision distincte ; mais combien ces bornes s'éloignent et varient, selon la connaissance plus ou moins familière que nous avons des objets, selon le jeu et les habitudes de l'imagination ! Et comment, en faisant abstraction de ces habitudes, pourrait-on concevoir les changements prodigieux qui devraient s'opérer dans la configuration et la courbure de l'œil, pour voir distinctement à des portées si différentes ?

Remarquons bien ici que tous ces effets de l'imagination, ces jugements, ces souvenirs qui donnent à la perception sa forme actuelle, coïncident avec la promptitude et la facilité des mouvements et du jeu de l'organe externe ; l'habitude rendant les jugements comme les mouvements toujours plus prompts et plus insensibles, l'activité de l'individu finit par se transporter tout entière dans l'objet extérieur ; la couleur, la forme, la distance, tout se cumule sur le noyau solide, et se confond dans une impression, une *sensation* indivisible que l'œil semble recevoir *naturellement* en s'ouvrant à la lumière. Telle est la grande loi de l'habitude, des opérations, des mouvements sans nombre associés entre eux, devenus extrêmement prompts et faciles ; affaiblissement

Section I : Des habitudes passives

et disparition de l'effort, insensibilité dans l'action, clarté et précision dans son résultat.

3º Tout ce que nous avons dit dans les deux articles précédents doit s'appliquer aux impressions de l'ouïe et aux mouvements vocaux : il suffira de remarquer ici les analogies principales.

Les impressions de l'ouïe sont naturellement successives comme celles du tact, et l'habitude nous apprend de même à distinguer d'abord les termes successifs par autant de mouvements ; puis à les réunir et à en percevoir nettement plusieurs ensemble : elle crée ainsi une harmonie pour l'oreille, comme elle créait une symétrie pour le tact ; parité de moyens et d'effets ; à mesure que l'instrument vocal se monte, et contracte des déterminations parallèles à celles de l'ouïe, la succession mélodieuse est plus distinctement perçue ; la promptitude peut s'accroître indéfiniment, les termes se toucher, rentrer les uns dans les autres sans se confondre ; bientôt la voix, en vertu de ses habitudes, les prévient, les supplée ou les accompagne ; l'ouïe est-elle frappée du *dessus,* la voix peut lui répondre par la seconde partie ou la basse. Le son *direct* se sépare intérieurement du son harmonique *réfléchi*, et tous les deux, perçus ensemble, se distingueront ensuite au dehors bien plus aisément. Remarquons cependant que l'oreille s'accoutume plus ou moins difficilement aux effets d'harmonie, tandis que la mélodie est un plaisir de tous les âges, de tous les lieux ; et cela même ne confirme-t-il pas nos principes ? La source de toute distinction est dans la motilité : sans l'organe vocal, les facultés de l'ouïe seraient extrêmement bornées : or, ce premier organe ne peut jamais exécuter qu'un mouvement, un son à la fois [1].

L'exercice du tact et du mouvement progressif rentre aussi dans les habitudes de l'ouïe, mais cette association n'a peut-être pas tout l'effet qu'on lui attribue. Nous aurions beau savoir et reconnaître que deux sons viennent de deux corps différents, nous ne les confondrions pas moins, si l'organe n'était pas disposé et exercé comme nous venons de le voir. Nous apprenons aussi par certains signes (que l'habitude nous crée et nous fait ensuite confondre dans l'impression même) à juger de

---

1 Il vaudrait mieux renvoyer ce chapitre au commencement de la IIᵉ Partie et le réunir à celui des signés du langage. (E.)

la distance de l'objet d'où part tel bruit, tel son connu, qui nous frappe : ces jugements très rapides sont toujours plus confus, moins assurés, fondés sur un plus grand nombre de répétitions que ceux de la vue, qui leur correspondent ; mais le mécanisme en est absolument le même.

Enfin toutes nos sensations affectives même, pourvu qu'elles soient tempérées jusqu'à un certain point, s'associent avec l'impression de résistance, avec l'exercice de nos divers mouvements, et rapportées à l'extérieur ou aux parties de notre corps qui en sont le siège, reçoivent ainsi le faible degré de lumière dont elles sont susceptibles : quelquefois elles prennent place parmi les signes de l'imagination, mais c'est le plus souvent pour la troubler ou la distraire ; elles entrent dans nos jugements, mais c'est pour en confondre les termes ; leur puissance excitative domine sur tout, mais obscurcit tout.

Nous avons vu par quelle suite de moyens, quelles répétitions d'actes, notre faculté perceptive se forme et se développe ; nous nous sommes transportés à la naissance de ses premiers produits, pour observer l'ordre le plus simple de leurs combinaisons. Continuons à examiner comment ces produits s'étendent et se compliquent par l'addition répétée de nouvelles circonstances, quels sont les divers ordres d'opérations et de jugements qui en résultent, ce que peut enfin l'habitude pour rendre ces opérations toujours plus promptes, plus faciles, ces jugements plus inflexibles et plus opiniâtres, pour aveugler enfin l'individu sur l'origine et le nombre des unes, sur le fondement et la légitimité des autres.

Chapitre III
Des perceptions associées et des divers jugements d'habitude qui en
résultent

Omnes perceptiones tam sensus, quam mentis, sunt ex analogia hominis, non ex analogia universi ; estque intellectus humanus instar speculi ad radios rerum inæqualis, qui suam naturam naturæ rerum immiscet, eamque distorquet et inficit (Baco)

La *nature* de l'entendement n'est autre chose que l'ensemble des habitudes premières de l'organe central qui doit être considéré comme le sens universel de la perception. Les déterminations propres à cet

Section I : Des habitudes passives

organe, et persistantes dans son sein, constituent cette faculté que nous avons appelée imagination. C'est elle qui, réagissant sur les sens externes, et mêlant sans cesse ses produits à leurs impressions, devient comme un miroir inégal et mobile, propre à transformer les rayons des choses, à en modifier les rapports.

À mesure que le champ de notre faculté perceptive s'étend et se diversifie, que les impressions se combinent, que les opérations et les jugements se multiplient, le miroir imaginaire acquiert plus d'influence, et c'est par sa lumière réfléchie, bien plus que par les rayons directs, que nous finissons par percevoir et contempler les objets.

Nous avons déjà vu quelques-uns de ces effets premiers de l'imagination, suivons-les dans un ordre plus élevé d'associations et de jugements.

Perceptions associées par simultanéité

I. – Nous ne pouvons guère plus cesser de percevoir quelque chose qui nous résiste, que cesser de sentir notre propre existence. L'impression d'effort est la première et la plus profonde de toutes nos habitudes ; elle subsiste pendant que les autres modifications passent et se succèdent ; elle coïncide donc avec toutes, et leur fournit une base où elles s'attachent, se fixent.

Mais l'effort suppose deux termes, ou plutôt un *sujet* et un *terme* essentiellement relatifs l'un à l'autre ; c'est bien toujours le sujet qui est modifié, mais, s'il ne faisait que sentir, il demeurerait identifié avec sa modification, et s'ignorerait lui-même ; il ne peut se connaître sans se circonscrire, sans se comparer à son terme ; c'est dans ce dernier qu'il se perçoit, qu'il se mire en quelque sorte, c'est donc là qu'il rapportera également tout ce qu'il distingue et compare.

Tel est le fondement de ce rapport d'*inhérence* de nos modifications plus ou moins affectives (pourvu qu'elles n'occupent pas toute la faculté de sentir) aux parties du corps qui en sont le siège et surtout des impressions indifférentes et distinctes au soutien extérieur et résistant sur lequel elles se cumulent : jugement premier et devenu si profondément habituel, qu'il ne fallait rien moins que toute la puissance de la réflexion pour s'en étonner et en interroger les causes ! ...

Nos modifications associées par simultanéité à la résistance, et transportées hors de nous, sont déjà loin, sans doute, de leur caractère simple et individuel ; comme sensations pures, elles seraient en quelque sorte isolées ou sans lien commun qui les unit ; comme *qualités* de l'*objet*, elles se groupent, se pressent autour de lui, y adhèrent avec force, et se combinent en une seule perception, représentée au dehors par l'unité résistante, de même qu'une série d'unités simples se trouve réunie et fixée par un signe unique ; et en effet, le *signe* naturel remplit le même office pour les sens et l'imagination, que le symbole artificiel pour la mémoire (comme nous le verrons ailleurs).

Parmi ces qualités hétérogènes dont l'expérience grossit le nombre, et dont l'habitude cimente l'association, il n'en est pas une qui ne puisse servir de signe à toutes celles qui concourent à former le même composé ; il suffit pour cela que l'organe central ait contracté, par la fréquence des répétitions, les déterminations nécessaires pour en reproduire l'ensemble, par l'action simple et renouvelée de l'un des éléments associés. Même mécanisme que celui dont nous avons parlé (chapitre précédent), dans l'exercice du tact et de la vue. Mais cette fonction de signe n'appartient pas également à toutes les impressions élémentaires ; l'habitude l'attribue quelquefois d'une manière exclusive à celle qui a plus continuellement frappé l'organe, ou qui joue un rôle plus essentiel dans la perception totale ; celle enfin sur qui l'attention s'est plus particulièrement et plus souvent arrêtée. Les *signes d'habitude* sont ordinairement tirés des formes, des figures, des couleurs ; le tact fournit toujours les plus fixes, les moins trompeurs ; là est l'origine première du *jugement* et la base de tout bon jugement ; l'œil donne les plus superficiels, les plus légers, et de là une multitude d'illusions ; les autres sens prennent une part moins active, moins générale dans nos jugements ; leurs signes sont ordinairement plus incertains et plus confus ; mais quelque accessoire, quelque incertaine que soit la qualité qui remplit cette fonction de signe, elle peut toujours en vertu des habitudes acquises et des déterminations persistantes dans le centre commun, provoquer la réaction plus ou moins énergique de ce centre sur les sens externes, entraîner ainsi mécaniquement l'apparition imaginaire de l'ensemble des qualités, ou impressions associées, et,

Section I : Des habitudes passives

sinon leur perception illusoire, du moins la supposition actuelle de leur coexistence [1].

Là, est une des principales bases de l'expérience qui nous dirige, mais aussi une source trop féconde de préjugés qui nous aveuglent.

Familiarisés avec les apparences extérieures des objets qui nous ont assidûment frappés, nous jugeons rapidement sur la plus simple de ces apparences, l'identité ou l'analogie de leurs propriétés les plus intimes, sans avoir besoin de les vérifier de nouveau ; nous les reconnaissons, nous les supposons sans examen, nous les voyons par l'imagination, lors même qu'elles se dérobent à l'œil.

Ainsi le médecin expérimenté lit dans un signe extérieur tous les pronostics et les diagnostics d'une maladie ; le chimiste dira sans hésiter à la première inspection d'un minéral, quel est le nombre, la nature des éléments qui le composent ; le peintre embrasse d'un coup d'œil tout l'effet d'un tableau ou d'une perspective ; le musicien voit et croit entendre simultanément, en parcourant une page de partition, l'effet harmonique de toutes les parties ; le marin, avec une vue ordinaire, distingue un vaisseau dans le point obscur qui s'avance des bornes de l'horizon... Tous croient voir et sentir immédiatement ce qu'ils imaginent, jugent ou comparent, tant l'habitude a rendu ces opérations faciles, promptes et assurées. Sans doute il est heureux de juger rapidement, mais il importe surtout de bien juger et de ne voir que ce qui existe ; or, les signes, qui se fondent uniquement -sur l'habitude, remplissent-ils toujours ces conditions essentielles ?

Quels rapports, quels liens si étroits existe-t-il entre les apparences extérieures et superficielles qui nous ont toujours frappés, et ces qualités intimes qui se sont dévoilées, dans certains cas seulement, à nos expériences ? Perce qu'elles se sont rencontrées quelquefois ensemble, peut-on affirmer leur coïncidence fixe, nécessaire ? De ce qu'elles sont associées dans l'imagination, s'ensuit-il qu'elles soient invariablement unies au dehors ? Ces mêmes apparences ne peuvent-elles pas se

---

1 M. Dugald Stewart a apprécié de son côté l'influence qu'ont sur notre manière actuelle de percevoir ce qu'il appelle les conceptions ou les souvenirs d'impressions antérieures d'un sens, associées avec les perceptions actuelles d'un autre sens. (E.)

retrouver dans des composés essentiellement différents, ou manquer dans des substances qui sont, d'ailleurs, parfaitement semblables ? Quelles erreurs, si nous concluons par habitude l'identité dans le premier cas, la diversité dans l'autre ; si nous jugeons, par exemple, des propriétés de l'or, par la couleur jaune; de la douceur du sucre par la blancheur, etc. !

Ce sont des signes d'habitude qui, abstraits, en quelque sorte, des perceptions familières, et transportés au sein de formes nouvelles tout à fait différentes, donnent à nos premiers jugements une généralité trompeuse, et commencent à ouvrir le cercle de l'erreur avec celui de la connaissance. Ainsi l'enfant, séduit par quelques apparences grossières dans la forme, les vêtements, etc., applique à l'étranger le doux nom de père [1], ainsi l'homme encore enfant, étend son *moi* sur toute la nature,

---

1 C'est aussi sur cet effet premier des signes d'habitude qu'est fondée la conversion prompte et naturelle des noms individuels en termes généraux, et appellatifs. J.-J. ROUSSEAU méconnaissait bien cet effet, lorsque, s'exagérant les difficultés de la naissance des langues, il dit (dans son Discours sur l'origine et l'inégalité des conditions) que : « Si le sauvage appelait un chêne A il en nommerait un autre B, etc. » Il est bien plus probable que tout ce qui aurait des branches et des fouilles, serait nommé A, comme le premier chêne. Ce n'est pas la trop grande multiplicité des signes qui est à craindre dans l'origine, c'est au contraire leur trop petit nombre. Tout se ressemble au premier coup d'œil ; les différences échappent, et l'on est toujours disposé à voir comme on a vu, et seulement ce qu'on a toujours vu (*a*). (C.)
C'est l'imagination qui détermine la formation des premiers termes abstraits ou généraux de nos langues, et en transportant les mêmes noms à des objets qu'un premier coup d'oeil fait trouver semblable, nous avons à la fois les termes appellatifs et métaphoriques ou figurés qui se multiplient d'autant plus que l'imagination est plus active et le jugement moins développé, car la fonction de l'un est d'apercevoir les ressemblances, tandis que celle de l'autre est de distinguer les différences les plus légères. Ce rapport qui existe entre les premiers termes abstraits et figurés, n'a pas encore été assez examiné. Il se rallie à la loi d'association spontanée ; mais, dans le progrès des facultés, le jugement qui sépare on abstrait et forme ainsi les idées générales se trouve opposé à l'imagination qui réunit rapproche ou confond les idées on les termes les plus éloignés en se fondant sur quelques faibles analogies d'expression. Aussi les dispositions et les habitudes qui constituent ce que l'on appelle esprit sont-elles inconciliables avec cette force de réflexion qui abstrait et compare. On ne saurait même donner le nom identique *d'abstraction* à ces images vagues que l'enfant dénomme et dont il applique ensuite, lu signes à tous les objets analogues, et à ces idées distinctes dont la réflexion détache avec choix un certain nombre d'éléments pour en faire le type des genres, espèces, etc. Ces opérations n'ont presque rien de commun. Le fondement de la première est dans les animaux comme dans l'homme. La dernière appartient à l'homme exclusivement, lui seul étant capable de réflexion

Section I : Des habitudes passives

prête sa volonté, sa force propre, à tout ce qui soutient avec lui le rapport général de mobilité, anime de son âme les astres, les nuages, les fleuves, les plantes, et peuple de génies, de puissances motrices, le ciel et la terre.

Le même principe d'illusions nous suit depuis le berceau jusqu'au développement complet de nos facultés : ce sont les habitudes de l'imagination qui altèrent presque toujours les simples rapports des sens, nous font préjuger du fond des choses, par quelque portion familière de l'écorce, de la nature des objets par nos impressions accoutumées, de l'identité des faits par les plus faibles ressemblances. Ce sont ces habitudes qui nous entraînent dans une précipitation ennemie de tout examen, nous donnent cette confiance aveugle qui ne sait plus douter ni s'enquérir, et perpétuent ainsi les erreurs, les préjugés qu'elles ont fait naître ; par elles tout ce qui est relatif devient absolu ; ce qui est circonscrit dans un point de l'espace et du temps, s'étend à tous les temps, à tous les lieux. Ainsi, des expériences tronquées, des faits isolés ou mal vus, acquièrent dans l'imagination prévenue, qui s'obstine à en reproduire le simulacre, la généralité et l'inflexibilité des lois de la nature.

Nous verrons dans la suite comment les signes artificiels concourent à étendre et à cimenter cet ordre d'associations et de jugements d'habitude ; il suffit ici d'en avoir reconnu les bases et indiqué les effets généraux.

Perception associées dans l'ordre successif

II. – Lorsqu'une impression est convertie en signe d'habitude, sa présence renouvelée secouant, pour ainsi dire, tout le faisceau de celles qui lui sont associées par simultanéité, l'individu perçoit en un instant indivisible, une multitude de qualités qu'il rapporte à l'objet familier quoiqu'elles n'y soient point actuellement comprises [1]. Quand même

---

et de volonté. Il n'y a donc rien de plus important en métaphysique que de distinguer les liaisons de l'imagination ou les associations spontanées (qui paraissent être une loi nécessaire de la nature sensible) des liaisons de jugement ou des associations volontaires et réfléchies. (E.)

1 C'est sur un tel effet d'associations que se fondent les beaux-arts mais surtout la poésie et la musique que l'on ne peut assimiler sous les rapports de l'imitation avec la peinture. On ne peint pas pour l'oreille et pour l'imagination comme l'on peint pour

l'habitude lui permettrait alors de revenir sur lui-même et de songer à séparer les produits de son imagination d'avec ceux de ses sens, leur instantanéité, leur coïncidence parfaite y mettrait le plus souvent un obstacle invincible. Il n'en est pas tout à fait de même dans les associations formées par la répétition d'un certain ordre successif : ici le jeu de l'imagination, s'intercalant en quelque sorte dans l'intervalle qui sépare deux termes d'une série habituelle, peut s'isoler de l'un et de l'autre et se manifester à la plus simple réflexion.

D'un autre côté, comme la plupart des phénomènes se développent à nos sens dans un ordre successif, c'est principalement sur cet ordre que devront se mouler les habitudes de notre imagination et de nos jugements. Cette classe d'habitudes est donc en même temps la plus nombreuse et la plus facile à reconnaître.

Si plusieurs impressions se sont succédé, un certain nombre de fois, dans un ordre constant et uniforme, l'organe de la pensée aura contracté les déterminations nécessaires pour les reproduire de la même manière, et avec une précision, une régularité, une assurance qui se proportionnent toujours à la fréquence des répétitions. La première impression, ou le premier terme de la série ne pourra donc se reproduire sans que tous les autres se réveillent successivement et dans leur ordre, comme dans une chaîne dont les anneaux, quoique distincts entre eux, sont étroitement unis, l'impulsion communiquée au premier se transmet rapidement jusqu'au dernier de la file.

Si nous supposions que l'impulsion commençât par un des anneaux mitoyens de la chaîne, le mouvement se propagerait également en montant comme en descendant vers les deux extrêmes; de même si un terme quelconque de la série habituelle d'impressions, vient à se réaliser seul au dehors, il ne manquera pas de réveiller dans l'imagination tous

les yeux. Ce n'est jamais l'objet même que la musique et la poésie peuvent représenter d'une façon sensible et directe. Tout le mystère de leurs procédés consiste à réveiller le plus vivement et le plus agréablement possible une impression analogue à celle qu'eût excitée la présence même de l'objet et c'est par cette impression que l'objet même se trouve rappelé. Au lieu de rassembler péniblement les détails dont on compose une image, ces arts qui s'adressent plus à l'imagination qu'aux sens, se bornent à faire ressortir uniquement les traits particuliers que leurs moyens peuvent rendre de la manière la plus sensible, la plus frappante, la plus propre à reproduire l'effet de l'ensemble. (E.)

Section I : Des habitudes passives

ceux qui l'ont précédé (en rétrogradant jusqu'au premier) comme ceux qui l'ont directement suivi. En considérant un terme quelconque par rapport à celui qui le suit (ou que l'imagination reproduit toujours immédiatement après lui en vertu de l'habitude), ce terme est dit ou jugé *cause*, et son suivant est dit ou jugé *effet*. Ainsi, quand nous voyons un corps en mouvement, nous imaginons, ou nous supposons tout de suite une *cause*, c'est-à-dire un autre corps qui a choqué celui-là, et nous remontons ainsi de cause en cause jusqu'à la main qui peut avoir lancé le premier mobile, l'habitude excluant avec opiniâtreté toute autre cause de mouvement [1] ; de même si nous voyons un corps qui s'avance vers un autre, nous supposons sans hésiter, ou nous réalisons d'avance par la pensée, le mouvement qui va être communiqué au dernier, et cet effet, auquel nous sommes préparés par tant de répétitions antécédentes, nous paraît tout simple.

L'habitude nous crée des *causes* dans *l'ordre* des *successifs,* comme des *essences* dans celui des *coexistants,* et ces relations de priorité et de postériorité que nous nommons *idées de cause et d'effet,* ont tout leur fondement dans les déterminations de l'organe de la pensée assujetti par l'habitude à retracer nos impressions successives dans le même ordre selon lequel elles se sont constamment reproduites [2].

---

1 Cet effet de l'habitude est bien prouvé par les efforts que l'on a faits pour rattacher tous les phénomènes aux lois du mouvement impulsif (*a*). (C.)

Les Kantistes considèrent cet effet de l'imagination comme une des formes ou des lois auxquelles est actuellement assujettie notre cognition, et nient le fondement qu'elle a dans l'expérience. Tout ce qui ne comporte point de chances contraires, est suivant eux, inhérent à notre cognition et est intérieur à toute expérience indépendant d'elle. Tels sont tes principes ; il n'y a pas d'effet sans cause, d'action sans réaction, etc.

Mais pourquoi ne mettent-ils pas au nombre de ces principes ceux-ci ? Les graves doivent toujours tendre vers le centre de la terre : le soleil doit aller de l'Orient à l'Occident, car il n'y a point là pour la plupart des hommes des chances contraires. Comment celui qui n'aurait jamais agi concevrait-il l'action égale à la réaction, qui n'aurait jamais vu ni touché concevrait-il un hors de moi (?). Dire comment a lieu l'expérience dans l'homme, en faisant abstraction de toute condition organique et déduire cette expérience des formes pures des lois de cognition qui ne sont que le résumé des expériences premières et constamment répétées c'est une absurdité. (E.)

2 L'idée de cause nous vient, dans l'origine, de l'exercice de nos mouvements, de notre propre action ; ce n'est qu'en modifiant tout ce qui nous environne, en exerçant notre puissance, que nous pouvons nous considérer comme causes actives. En transportant notre force (d'abord avec notre volonté, et puis abstraite de la volonté)

Fortifiée par une multitude d'expériences, cette habitude acquiert un ascendant irrésistible, devient le mobile de toute notre conduite, la cause déterminante de nos actions journalières. La succession constante des mêmes phénomènes se trouvant représentée, en effet, par une suite fixe et parallèle d'images ou de déterminations persistantes dans le sens intérieur, le premier signe associé suffit pour réaliser d'avance l'ensemble de ces phénomènes au regard de l'imagination. Frappés de ces tableaux, comme des événements mêmes qu'ils nous annoncent, nous agissons, nous disposons avec sécurité tous nos moyens d'industrie, tantôt pour mettre à profit les influences favorables, tantôt pour détourner les effets pernicieux des causes ennemies. L'apparition de l'étoile de *Syrius* préparait l'antique Égypte aux débordements fertiles du Nil ; l'ignorant matelot, comme le disciple éclairé de Newton, lit dans les phases de la lune le temps des marées fortes ou faibles : le simple habitant des campagnes juge sans baromètre des variations prochaines de l'atmosphère et règle tous ses travaux sur l'ordre immuable des révolutions célestes. Tout devient *signe* dans la nature, parce que tout se lie par l'habitude dans l'organe doué de la faculté de percevoir les phénomènes, d'en conserver et reproduire les images...

Mais revenons à notre série d'impressions familières ; nous en avons assimilé les termes aux anneaux contigus d'une chaîne mobile; et si on supposait en effet chaque impression représentée par le mouvement correspondant d'une fibre du cerveau, on pourrait imaginer un enchaînement quelconque entre ces fibres dont l'habitude resserrerait les liens, rendrait les communications plus intimes, etc..

Dans cette hypothèse, l'action communiquée à la première, ou à l'une quelconque des fibres ainsi liées, se transmettrait rapidement à toutes les autres, et l'individu aurait une suite d'idées ou de représentations intérieures, parallèle et correspondante à l'ordre habituel des perceptions qui lui viennent du dehors. Maintenant il peut arriver, ou que ces dernières perceptions se succèdent en effet dans l'ordre accoutumé, comme l'individu les imagine, et pendant qu'il les imagine, ou que cet

---

aux corps qui se meuvent, nous les considérons à leur tour comme *agents,* comme doués, de *forces* comme *causes* (*a*). (C.)

Nous imaginons dans les corps qui semblent résister au mouvement, je ne sais quoi d'analogue à la sensation de résistance de nos membres. Cette imagination s'est fortifiée par les habitudes de notre enfance. (E.)

Section I : Des habitudes passives

ordre étant subitement interverti, troublé à l'extérieur, contrarie celui des habitudes du cerveau, ou enfin que ces habitudes aient leur effet libre et spontané, indépendamment de tout signe, de toute provocation étrangère. Nous examinerons successivement chacun de ces trois cas.

1° Lorsque les fibres sont disposées au mouvement et montées, pour ainsi dire, au *ton* d'une suite d'objets familiers, l'apparition de l'un d'eux suffit seule pour retracer tous les autres ; le cerveau devance le sens externe, réagit sur lui, et lui montre, par une sorte de réflexion, bien plus qu'il ne percevrait directement. Chacune des fibres ayant donc déjà pris d'elle-même le mouvement que l'action du dehors tendait à lui communiquer, lorsque cette action viendra à s'effectuer dans l'ordre accoutumé, elle apportera peu de changement à l'état de la fibre qui, semblable à une corde vibrante animée, doit éprouver moins de changement par la force qui la frappe dans le sens de ses oscillations actuelles, que par celle qui la tirerait du repos absolu [1]. S'il y a moins de changement, l'impression sera donc plus faible ; mais qu'est-ce que cet affaiblissement d'une impression dans le centre cérébral ? Est-ce une dégradation successive jusqu'à l'entier évanouissement comme dans la sensation simple ? Non, la perception répétée ne se dégrade point, à proprement parler, elle devient seulement plus *indifférente,* parce que,

---

1 La vue d'un beau site ou celle d'un ouvrage de l'art que nous voyons sans avoir été prévenu nous affecte plus la première fois qu'il nous frappe, mais si ces objets nous ont été décrits et que nous nous en soyons fait préalablement une image, la première vue nous fera une impression moins agréable que la seconde. L'espèce de contrariété que nous éprouvons en voyant un objet différent de celui que nous nous étions figuré, altère notre jouissance. Lorsque nous le revoyons pour la seconde fois, il n'a plus à la vérité le charme de la nouveauté, cependant, il en conserve assez pour plaire et l'imagination ne nous annonçant plus de beautés chimériques; notre attente n'est pas déçue. (PRÉVOT, p. 288, tome Ier.)
Si l'objet est au-dessous de l'image que nous nous en étions faite, il n'est point étonnant que la première vue ne nous frappe point, ou nous fasse une impression désagréable, mais s'il est au-dessus, je ne vois point pourquoi cette première vue nous serait moins agréable que la seconde, à moins qu'on ne fasse consister le plaisir dans la connaissance, qui peut être empêchée, en effet, dans les premiers mouvements de surprise ; mais si la contrariété que nous éprouvons en voyant un objet différent de celui que nous nous étions figuré était en diminution de l'agrément que sa première vue peut nous inspirer, il n'y aurait point de *beau* senti dans la nouveauté, point d'émotion attachée à la première contemplation car le beau ne nous paraît jamais tel et ne nous saisit fortement que dans la perception de ce qui surpasse tous les tableaux imaginaires. (E.)

coïncidant avec les dispositions du sens intérieur, elle le laisse à peu près dans le même état, et que la sensibilité, de quelque manière et dans quelque organe qu'elle s'exerce, ne vit, ne s'alimente jamais que de changements, de contrastes ; mais la perception même *indifférente,* n'en demeure pas moins également susceptible de distinction ; lorsque l'insouciance de l'habitude la laisse échapper, l'acte volontaire qui la forma peut encore souvent la retenir, la raviver et lui rendre, sinon son attrait, du moins sa clarté première.

Le même mécanisme nous explique donc la promptitude, la facilité de succession, de nos perceptions répétées, comme notre indifférence pour leurs objets. Nous voyons aussi pourquoi tout effet habituel, se trouvant accompli d'avance dans l'imagination, lorsqu'il se réalise au dehors, n'a plus aucune force pour nous émouvoir et nous surprendre, pourquoi nos sens glissent avec tant de distraction sur la surface des objets familiers (*consuetudine oculorum assuescunt animi, neque mirantur neque requirunt causas earum rerum quas semper vident,* Cicero, Tuscul.). Qu'y a-t-il en effet de nouveau, d'intéressant à connaître dans un objet déjà vu tant de fois ? Pourquoi le sens externe s'appliquerait-il encore à le visiter en détail ? Où est le besoin, lorsque l'imagination mobile a tout embrassé dès le premier avertissement ? Où est le motif, lorsque l'apathique indifférence étouffe toute curiosité ? C'est ainsi que la nature étale vainement à nos yeux accoutumés, ses plus beaux, ses plus imposants phénomènes ; leur ordre de succession est uniforme, leurs gradations bien ménagées ; on est préparé à les voir parce qu'on les a toujours vus, et ce qu'on voit prépare toujours à ce qui doit suivre.

Facilité, rapidité, indifférence, voilà donc les trois résultats concomitants de l'habitude, tant que l'ordre perçu demeure parallèle à l'ordre imaginé.

2° Mais pendant que l'imagination, avertie par le premier signe extérieur, se hâte de réaliser la série accoutumée, avant que l'organe plus lent n'ait pu en saisir les termes, s'il survient au dehors une interruption, un changement dans l'ordre familier ; la fibre, la corde animée vibrante se trouve brusquement arrêtée dans ses oscillations ; une force pulsante tend à lui imprimer des mouvements contraires, son état est changé, sa sensibilité excitée... Selon les degrés d'opposition, la grandeur ou la vivacité des contrastes, le plaisir ou la peine attachés à l'état antérieur, l'importance de l'effet attendu, ou seulement selon l'ancienneté de l'habitude, la rapidité et la force dont elle entraînait les fibres dans leurs mouvements, l'imagination dans sa pente ; l'individu sera frappé de surprise, d'étonnement, d'admiration, de crainte, de terreur ou d'effroi.

C'est ainsi que tout phénomène nouveau, toute suspension, tout changement dans un ordre qui nous est devenu familier, réveillent notre attention, notre sensibilité engourdies par l'habitude. Si l'ordre constant de la nature [1], si la marche régulière de ces globes qui se balancent dans l'espace, si les produits trop uniformes des composés que nous soumettons à notre expérience, peuvent refroidir la curiosité, amortir l'ardeur, le besoin de connaître ; des anomalies réelles ou apparentes, dans cet ordre réputé invariable, des faits extraordinaires, des combinaisons imprévues, souvent offertes par d'heureux hasards, viennent rendre le mouvement à l'esprit humain, l'arrachent à sa léthargie, et le poussent encore plus loin dans la carrière indéfinie, ouverte à sa perfectibilité. Que de recherches, que de travaux, que de découvertes vont se rattacher à un seul fait nouveau qui se trouve en opposition avec le système des idées, des habitudes d'un siècle ! C'est toujours plus par ses écarts apparents que par sa marche régulière, que la nature nous invite à l'étudier, et nous apprend à la connaître.

Pour nous émouvoir et nous plaire, il faut toujours aussi nous attirer doucement hors de ce cercle d'impressions trop étroit, trop uniforme, où l'habitude nous retient et nous fixe ; c'est là tout le secret des beaux-arts : c'est en ménageant des surprises a nos sens, en nous créant de nouvelles manières de voir et d'entendre que le peintre et le musicien nous ravissent. Remarquez surtout avec quel art ce compositeur habile sait tromper les habitudes de l'oreille, la transporter dans des

1 L'ordre nous paraît si simple, il est tellement en accord avec nos habitudes que nous ne l'admirerions pas s'il n'était quelquefois interrompu. De là vient aussi peut-être que la vertu ne reçoit les plus brillants éloges que dans les siècles corrompus. Elle y fait contraste. Les crimes sont les anomalies du monde moral. Heureux les peuples chez qui la vertu n'est pas plus admirée que cet ordre si régulier et ces belles consonances de la nature qui frappent pourtant si peu nos regards accoutumés ! Heureux les peuples et les individus qui s'étonnent du vice comme d'un phénomène extraordinaire. La plus funeste disposition est celle où le crime n'étonne plus et où l'on s'attend aux effets de la dépravation comme l'homme constamment malheureux s'attend aux effets de sa sinistre étoile. (E.)

Maine de Biran

modulations inattendues, l'éloigner du repos vers lequel elle gravite, pour lui en faire mieux goûter les douceurs ! ...

Surprise, émotion plus ou moins vive, lorsque l'ordre perçu contrarie l'ordre imaginé, second effet qui se proportionne à la force et à la persistance des habitudes.

3° Puisque, dans une série d'impressions familières, l'imagination joue le principal rôle, et que c'est à son jeu d'habitude, plutôt qu'à l'exercice actuel du sens externe, que sont dus tous les effets précédents, ces effets seront donc encore à peu près les mêmes, si en écartant tout signe, toute cause étrangère de provocation, nous supposons que la chaîne des fibres, disposée au mouvement, effectue ses déterminations, soit spontanément, soit par une impulsion intestine quelconque. Facilité, tendance invincible, à imaginer les objets dans l'ordre, le rang où ils se sont habituellement succédé, et, en raison même du nombre et de la fréquence de leurs répétitions, difficulté d'isoler les termes les uns des autres, rapidité dans leur succession, qui empêche de les examiner en détail, d'en apprécier le nombre et la qualité ; indifférence qui les soustrait actuellement à l'action de la volonté, mais possibilité subsistante (malgré l'habitude) de rendre à ces produits immédiats de l'activité perceptive leur distinction première, si la volonté y est de nouveau déterminée ; oppositions, contrastes entre les suites d'idées habituelles et d'autres moins anciennes ; surprises, émotions, combats, entraînements en sens inverse, où l'habitude a d'autant plus de force, que son influence est moins aperçue ; prestiges, illusions de toute espèce... La scène intérieure n'est que la répétition de celle qui se passe au dehors, et l'individu est lui-même son propre théâtre. Nous verrons bientôt comment l'imagination peut avoir ses habitudes propres et indépendantes de celles du monde extérieur ; mais nous avons besoin de considérer encore les deux facultés représentatives et perceptives, dans leur rapport et leur influence réciproques.

Comparaison des impressions habituelles avec les images. Jugements qui en dérivent

III. – Lorsque l'une des impressions associées dans une série ou un ensemble sert de signe à la perception totale, celle-ci, contemplée comme par réflexion dans le miroir imaginaire, n'attire souvent que l'attention la plus superficielle ; l'individu jette sur l'objet familier le coup d'oeil rapide et léger de l'indifférence et passe outre. Ce coup d'œil, tout léger qu'il est, ne suffit pas moins pour *reconnaître* l'objet, comme étant *le même* que celui qui a frappé tant de fois la vue ; or, cette reconnaissance suppose une ou peut-être plusieurs comparaisons infiniment promptes (et l'indifférence même, dans ce cas, suppose le jugement).

Veut-on s'assurer que ces opérations, quoique inaperçues, existent réellement ? Que l'on imagine quelque changement dans la forme ou la position de l'objet connu : en glissant sur lui avec sa rapidité ordinaire, le sens percevra tout de suite le changement, et s'arrêtera dans sa course ; mais le rapport *d'altérité* suppose bien celui d'identité perçu auparavant.

Comment reconnaissons-nous donc qu'un objet est le même, ou qu'il a changé ? Sur quoi se fonde ce jugement ? Comment nous échappe-t-il dans certains cas, au point de se confondre avec l'impression même ?

Prenons d'abord un exemple où le jugement se décèle par sa lenteur, et nous verrons tout de suite comment il devient insensible par sa rapidité.

Qu'après un long temps d'absence, je revoie une figure dont les traits, qui me furent jadis familiers, ont éprouvé, par le temps, de grandes altérations, ce que cette figure conserve encore de semblable à elle-même peut servir de signe à mon imagination [1] et y retracer l'image ancienne [2]. À l'instant où cette reproduction a lieu, il s'établit une

---

[1] « Les fibres du cerveau conservent longtemps les impressions que le sentiment a produites, et quoiqu'elles semblent éteintes, soyons sans inquiétude ; dès qu'un sujet analogue les rappellera, vous serez sûr alors qu'elles ne se représenteront que pour se placer mieux que la première fois, puisque c'est au sentiment qui vous domine qu'elles devront une nouvelle existence que l'on pourrait regarder comme une résurrection. Si je puis me souvenir dans quelle situation physique ou morale, j'étais en composant un trait de chant oublié, si par exemple, j'étais à la campagne, travaillant un beau jour d'été, seul, dans une chambre, etc., c'est en me transportant en réalité ou en idée dans le même aspect que je suis certain de retrouver ce trait que je chercherais en vain dans un autre lieu » (GRÉTRY, Essai sur la musique). Ce phénomène psychologique est intéressant et mérite d'être expliqué. (E.)

[2] Le nom de l'objet, quelque circonstance associée de lieu, de temps, tout dans ce cas

comparaison détaillée, et trait pour trait, entre la copie et le modèle, qui me fait affirmer l'identité personnelle de l'individu, et juger en même temps de tous les changements qui se sont opérés en lui : c'est bien lui, m'écriai-je ; mais *quantum mulatus ab illo* ! Il est bien évident ici que la *réminiscence* se fonde sur une comparaison réelle entre l'image et l'objet ; il s'y joint aussi des circonstances de lieu, de temps qui, comparées dans le souvenir et dans la perception, donnent un nouveau poids au jugement.

Lorsque l'objet n'a pas cessé d'être familier, et qu'il n'offre aucune trace sensible d'altération, son identité ne peut être également reconnue que par comparaison ; mais, dans le premier cas, les termes du rapport étaient distincts et séparés ; ils se succédaient avec effort et lenteur. Ici, l'objet et son image, les accessoires de la perception, les circonstances associées dans le souvenir, tendent à se confondre par leur ressemblance, leur proximité et la rapidité extrême de leur succession ; la comparaison sera donc insensible. Ainsi, l'habitude influe sur la réminiscence, comme sur toutes autres opérations qu'elle nous dérobe par leur promptitude et leur facilité croissantes.

Nous pouvons voir, par ce qui précède, la raison pour laquelle nous sommes si peu frappés des changements et des altérations qui s'opèrent avec lenteur, soit en nous, soit dans les êtres avec qui nous cheminons de compagnie dans la carrière de l'existence ; c'est que nous prenons toujours pour terme de comparaison, l'image la plus rapprochée, la plus fraîche dans nos souvenirs ; aussi n'apercevons-nous aucun contraste, et cela nous explique encore notre indifférence pour tout ce qui est familier. Au contraire, lorsqu'on revoit après un long temps des objets anciennement connus, on est bien plus vivement affecté que s'ils étaient tout à fait nouveaux -, c'est que leur reconnaissance se fonde alors sur plusieurs comparaisons très saillantes, qui donnent lieu au déploiement de notre activité ; c'est que l'individu, pressé par les nombreux souvenirs qui viennent s'intercaler entre deux points éloignés de son existence, cumule sur le même objet toutes les modifications que sa présence réveille. C'est ainsi que le sensible Rousseau s'écriait après trente ans :

---

peut servir de signe à l'imagination, la remettre sur la voie de ses anciennes habitudes, et déterminer le jugement de réminiscence. (C.)

Section I : Des habitudes passives

Voilà de la pervenche ! [1].

Au jugement, qui nous fait reconnaître les objets, s'en joint ordinairement un autre qui, soit par habitude, soit par la manière dont il nous affecte, est encore plus sujet à se confondre avec l'impression même ; je veux parler de ce jugement (d'autres diraient ce sentiment) qui nous fait trouver les objets *beaux* ou *laids*. Les qualités, que nous exprimons par ces termes, sont en général bien moins relatives aux lois premières de notre sensibilité, qu'aux habitudes acquises de notre imagination. Sans examiner s'il existe un *beau* absolu fondé sur ces lois, observons, quant aux habitudes, que nos idées de *beauté* ne sont point, comme on dit, *archétypes,* mais calquées sur certaines impressions choisies d'abord parmi celles qui nous sont le plus familières : l'imagination réunit ces idées, en forme différents groupes plus ou moins fixes [2] ; lorsqu'un objet vient ensuite frapper les sens, il est comparé au groupe, au modèle idéal qui lui correspond, et jugé beau ou laid, selon qu'il a plus de qualités analogues ou contraires à ce modèle. L'habitude donne à ces comparaisons, qui sont quelquefois très nombreuses, sa facilité et sa promptitude ordinaires : alors on juge de la beauté comme on sent, comme on *goûte* une saveur [3].

---

1 Nous disons que les objets sont *beaux* comme nous disons qu'ils sont colorés, quoique ces expressions usuelles ne doivent s'entendre que de la propriété qu'ont les objets d'exciter en nous tel sentiment ou telle impression. Il faut toujours un terme fixe sur lequel notre imagination puisse se reposer; mais la disposition, l'ordre, la convenance, le nombre des moyens appropriés à ce but exerce agréablement nos facultés, si bien que ce serait se tromper beaucoup que d'attribuer tout le plaisir que nous éprouvons à ce rapport d'utilité dans le but, qui n'entre dans ce plaisir que comme terme éloigné de repos et non point comme mobile.

2 Une mode (*a*) nous paraît bizarre, ridicule dans sa nouveauté ; mais, si elle dure quelque temps, nos yeux s'y habituent, et elle ne nous affecte plus en aucune manière, parce que la comparaison du type (déjà ancien dans l'imagination) avec les objets journaliers, est devenue insensible. Les jeunes gens aiment le changement dans les modes, et généralement en tout, parce que la vie de leur cerveau réclame ces contrastes qui l'animent ; c'est comme le besoin du mouvement. Les vieillards, pour qui comparer, mouvoir, sentir même est une peine, tendent nécessairement à l'uniformité ; la nature les conduit ainsi par degrés à cette uniformité, ce parfait repos de la tombe. (C.)

    La mode est si puissante qu'en exagérant le sentiment des convenances naturelles, elle exclut le sentiment des disconvenances (voyez SMITH *Théorie des sentiments moraux* t. 1ᵉʳ, 420). (E)

3 Nous avons toujours deux sortes de modèles pour juger des produits de l'art ou

Puisque ce prototype que nous nommons *beau idéal,* se compose
d'abord des impressions de nos sens, il doit varier avec tout ce qui les
occasionne, comme les climats, les lieux, les coutumes, les degrés de
sensibilité des nations et des individus [1].

Si quelquefois une sorte d'instinct du beau, du grand, du sublime
dans tous les genres, semble entraîner le génie hors du cercle étroit
des objets réels, pour le transporter dans un monde imaginaire dont
il crée, ordonne, polit, élabore à son gré les éléments, l'habitude le
retient encore dans, ses excursions, comme par une force centrale : ce
sont toujours les nuances du ciel de son pays qui se présentent sous
ses pinceaux ; c'est la terre natale qui fournit la matière première dont
il construit ses palais enchantés ; cette belle nature qu'il conçoit, qu'il

de ceux de la nature, l'un idéal, modèle de perfection ; l'autre formé des impressions
familières. Un objet peut paraître beau, comparé au dernier modèle, quoique
très imparfait d'après le premier. Observons que le modèle abstrait auquel nous
rapportons nos idées pour les ranger dans telle classe diffère du modèle sensible qui
nous les fait trouver beaux ou laids. Ce dernier est une image ; l'autre une sorte de
mesure qui n'a pas d'existence hors du langage. Nos termes de relations (et tous le sont
hors les noms propres) comme beau, grand, jeune, vieux, petit, etc., supposent des
archétypes gravés dans notre esprit par l'habitude. (E.)

1 C'est à la vue surtout que s'adresse le beau ; le toucher juge plus du bon ou de
l'utile. Le sculpteur grec qui jugeait des formes au toucher ne pouvait guère en
apprécier le beau ; ce dernier sentiment tient à la surprise que donnent de vastes
ensembles, dont les rapports de parties sont saisis simultanément. Les sens qui ne
procèdent que par succession de mouvements ne sont donc pas les sens du beau. Tous
les arts ont en quelque sorte leur mélodie et leur harmonie fondées sur la manière
naturelle dont procèdent les sens auxquels ils se rapportent. Quoique la vue, comme
embrassant naturellement un ensemble, soit un sens harmonique, elle doit aussi être
soumise à des lois de mélodie, dans le passage de telles couleurs, tels groupes, telles
formes à tels autres. Ce passage doit être soumis à certaines règles comme le chant.
C'est dans l'architecture surtout que cet effet doit être sensible. La musique s'adresse
tout à la fois à l'imagination et aux sens, et dans un degré plus éminent que la peinture;
l'architecture et la sculpture s'adressent plus exclusivement aux sens et parlent moins
à l'imagination précisément parce que leur langage est plus déterminé. De là il suit
que les arts tels que la peinture, et surtout la musique ne produisent point leurs grands
effets, comme arts imitatifs ; c'est là la moindre cause du charme qui leur est attaché.
Lorsque l'artiste ne vise qu'à l'imitation absolue de quelque objet par les couleurs
ou les sons, mieux il réussit, moins il laisse à faire à l'imagination. Le plus grand effet
de l'art consiste à exciter seulement cette faculté en la plaçant dans telle situation
sentimentale donnée et puis à lui laisser le choix des couleurs et des figures du tableau.
De là il suit que des personnes douées d'une sensibilité délicate peuvent éprouver
beaucoup de plaisir à entendre une belle mélodie qui laisse un libre choix à leur
imagination, tandis que celles qui ont moins de sensibilité ont besoin d'être excitées et
fixées par les sons des paroles. (E.)

Section I : Des habitudes passives

parait deviner, n'est encore que la copie embellie de celle qui frappa ses premiers regards, et donna l'impulsion à sa sensibilité naissante.

Combien de jugements, d'opérations entrent dans l'exercice de cette fonction de percevoir, qui nous paraît maintenant simple ! Le terme *sensation,* affecté indistinctement à tous ses produits, est lui-même une preuve parlante de ce que peut l'habitude, pour nous cacher le nombre et l'espèce des actes qu'elle dirige. Quoique nous ayons longuement insisté sur ce sujet, nous sommes encore loin, sans doute, d'en avoir mis à nu tous les éléments ; mais nous pouvons conclure de ce chapitre et de celui qui précède, que dans l'état actuel de nos facultés, toute perception se compose de jugements d'habitude plus ou moins nombreux ; que ces jugements, ces comparaisons qui nous échappent se fondent sur un même mécanisme : le sens externe donne le premier avertissement, le premier signe, le premier terme de rapport ; l'organe intérieur réagissant avec ses déterminations acquises, fournit les autres termes les plus influents, puisqu'ils donnent à la perception son principal caractère. L'habitude a pour effet de rapprocher ces termes, de rendre leur succession infiniment prompte et facile ; alors l'individu, ignorant ce qui se passe en lui-même, transporte son action, sa force propre à l'objet résistant, et l'habille de tout ce dont il se dépouille [1].

Chapitre IV
Des habitudes sensitives et propres de l'imagination

Nous avons vu, en dernier lieu, que nos perceptions, nos idées et les divers jugements que nous portons sur la coexistence, ou la succession des objets familiers, sur l'identité, la ressemblance, le changement, les contrastes, la beauté, la laideur, étaient accompagnés ou suivis, dans leur nouveauté, de certaines modifications plus ou moins affectives que nous nommons surprise, admiration, crainte, joie ou tristesse. Ces

1 La manière dont le goût se forme dans les arts comme dans la morale par une suite d'impressions répétées ou continues et sans le concours apparent du jugement ou de la réflexion est un des phénomènes les plus remarquables de l'habitude. C'est là qu'elle domine et que les facultés actives ne peuvent la remplacer. Il n'est pas besoin de règles ni de raisonnements pour sentir le bon ou le beau dans les arts comme en morale, ni pour apprécier le vrai évident, mais le raisonnement comme les règles établies sur les décisions du sentiment servent à justifier les conditions et les motifs de nos jouissances; en nous en rendant compte la réflexion les double. (E.)

modifications qui suivent le jugement et en paraissent inséparables, doivent cependant être distingués par une analyse exacte qui sépare tout ce que l'habitude confond. En considérant ces modifications sous le rapport moral, on les appelle *sentiments de l'âme* [×] ; nous leur conserverons ce nom qui peint leur caractère essentiellement affectif et les range dans une classe différente de celle des simples sensations qui sont indépendantes de tout jugement et avec lesquelles nous ne saurions les confondre. Comme produits combinés de la fonction sensitive, les sentiments dont nous parlons doivent être sujets aux mêmes altérations de l'habitude que les produits simples et isolés qui nous ont déjà occupés (dans le premier chapitre de ce mémoire).

En effet nous avons déjà remarqué, et notre expérience nous confirme à chaque instant, que ces diverses émotions de surprise, de crainte, d'admiration, etc., ne sont jamais excitées que par les objets nouveaux, extraordinaires, ou qui nous frappent après un long intervalle ; tout *sentiment* s'évanouit (quoique la perception reste invariable) par la familiarité des mêmes objets [1], ou à mesure que l'imagination s'accoutume à les prévoir, à les retracer d'avance, à mesure enfin que les jugements deviennent plus assurés, plus faciles et plus prompts.

Cette fugacité, cette dégradation de tout effet sensitif, paraissent donc être une loi de l'habitude aussi constante, aussi générale que celle de la rapidité et de l'aisance croissantes des produits de notre force motrice ; et en appliquant ces deux lois réunies à tous les phénomènes intérieurs que la réflexion nous découvre, il semble qu'il n'en est pas un qui ne puisse leur servir de preuve et de confirmation.

---

1 La coutume et la répétition fréquente des impressions, produites par un objet ou idée quelconque, parviennent enfin à façonner l'esprit ou à ployer l'organe de manière à lui donner cette disposition ou cette forme habituelle qui les dispose à recevoir une telle impression, sans passer par des changements brusques et violents (SMITH, (*Oeuvres posthumes*). M. Dugald Stewart observe que l'habitude détruit graduellement certaines frayeurs, comme celle qu'on éprouve en regardant du haut d'une tour en bas. C'est l'habitude qui rassure les couvreurs et les maçons, mais elle produit cet effet, non pas, comme le dit Stewart, en leur donnant un pouvoir direct sur leur sentiment et leur permettant de s'occuper d'autre chose, mais en affaiblissant le sentiment de crainte par la familiarité, l'habitude les met ainsi dans l'état du somnambule qui n'éprouve aucune émotion parce qu'il est tout préoccupé de son objet. (E.)

Comment se fait-il pourtant que certains sentiments acquièrent une vivacité, une énergie singulière pendant que les idées propres à les exciter sont plus fréquemment reproduites ? Comment se fait-il que ces idées elles-mêmes conservent tout leur éclat et deviennent quelquefois plus attrayantes par leur répétition ? Pourquoi reprennent-elles, tout à coup, leur ascendant, après l'avoir perdu par la familiarité ? Qu'est-ce donc que ce *protée* d'habitude qui nous échappe quand nous croyons l'avoir saisi, qui, tantôt émousse, tantôt irrite notre sensibilité, tantôt affaiblit, tantôt ravive nos modifications ?

Pour concilier ces contradictions, et tâcher de reconnaître les causes de ces anomalies notables dans les produits ordinaires de l'habitude, recherchons d'abord quelle est la nature des idées et des sentiments dont la force résiste aux altérations du temps, aux répétitions les plus fréquentes, et s'accroît par sa durée même. Nous examinerons en second lieu quelles sont les dispositions organiques qui concourent à alimenter, et quelquefois à produire ces sentiments et ces idées.

Ce sujet, traité avec quelque étendue, et comme il mériterait de l'être, serait trop au-dessus de notre portée, et dépasserait d'ailleurs les bornes où nous devons nous circonscrire. Tâchons seulement de saisir les points de contact qu'il peut avoir avec la question qui nous occupe, et le but auquel nous tendons.

I. – Tant que les idées sont véritablement *images,* et demeurent circonscrites dans la pensée, comme le sont au dehors les objets qui leur ont servi de modèles, et auxquels elles peuvent se comparer à chaque instant, les effets de l'habitude et de la répétition, sur ces idées ou sur les déterminations qui leur correspondent, rentrant dans les cas simples et ordinaires que nous avons étudiés, peuvent toujours se concevoir, se représenter sous des formes *palpables* en quelque sorte ; on ne manque absolument ni d'expériences pour les confirmer, ni d'expressions pour les peindre.

Mais, s'il est des idées ou plutôt des fantômes (comme les appelle Hobbes, *phantasmata*) vagues et indéterminés par leur nature, se ralliant à des êtres chimériques ou réels, mais hors de la portée des sens ; moteurs puissants de crainte ou d'espérance, séduisant ou effrayant l'imagination, dont ils sont l'ouvrage, par des couleurs et des formes tantôt gracieuses, tantôt sombres ou terribles..., on voit bien que ces idées, ces sentiments, dont le foyer est tout intérieur, doivent former, par leur persistance, une classe d'habitudes séparées de celles qui naissent et s'entretiennent par l'action constante des mêmes causes externes, par l'exercice uniforme et répété de notre faculté perceptive : le mécanisme de ces habitudes est aussi bien plus difficile à saisir ; on en sent mieux les effets qu'on ne les conçoit, et on les conçoit peut-être encore mieux qu'on ne peut les exprimer. Recourons à des exemples et choisissons d'abord les plus saillants, ils nous fourniront toute la lumière dont le sujet est susceptible.

1° L'imagination semble tendre, par une sorte d'instinct, à la production des idées superstitieuses de tout genre. Liée par des rapports intimes avec les fonctions sensitives dont elle suit l'impulsion, indépendante de la volonté à qui elle donne des lois plutôt qu'elle n'en reçoit, cette faculté réclame, appète en quelque sorte les aliments qui lui conviennent, s'attache au merveilleux, poursuit avidement tout ce qui se dérobe aux sens, et se couvre d'un voile, tout ce qui flatte un penchant aveugle de crédulité, un besoin toujours progressif d'émotions fortes et profondes.

L'histoire des erreurs, des folies bizarres ou atroces de l'esprit humain, depuis le berceau des sociétés jusqu'à leur vieillesse, prouvent assez la force et l'ascendant général des illusions, des croyances et des pratiques superstitieuses de toute espèce, l'énergie et l'impétuosité des sentiments, l'opiniâtreté et la persistance de toutes les habitudes qui se rattachent à cette origine.

La crainte des puissances invisibles, *qui naît de l'ignorance des causes naturelles*, doit être d'abord la plus puissante des craintes, l'espérance, qui a le même fondement, doit aussi dominer sur toutes les espérances ; car la vivacité et la durée des sentiments, se proportionnent toujours à l'étendue illimitée des perspectives, à l'éloignement des objets, au vague et à l'indétermination des idées qui leur correspondent.

Dès que les tableaux mystiques et tous les effets du délire superstitieux commencent à s'établir dans l'imagination (et ils s'y forment et s'y développent surtout par suite de certaines dispositions primitives ou devenues habituelles du tempérament), ils la remplissent, ne cessent de l'obséder, ne lui laissent plus de relâche [1]. Les mêmes images, les mêmes sentiments, les mêmes pratiques, loin de s'attiédir par l'influence ordinaire de l'habitude, prennent au contraire plus d'ascendant ; charme ou tourment, c'est un besoin et un besoin toujours plus pressant de s'en occuper. Concentré dans la sphère des mêmes moyens d'excitation, l'individu s'y attache tous les jours avec plus de force et d'opiniâtreté, les appelle sans cesse, et ne peut ni ne veut plus s'en distraire. Ces fantômes, inhérents à la pensée dont ils deviennent les *idoles* (*idola mentis*) semblent être pour son organe, ce que les irritants artificiels accoutumés sont pour les organes des sensations, même nécessité, même inquiétude, même besoin d'exagérer des impressions auxquelles l'habitude a exclusivement lié un sentiment de l'existence qui tend incessamment à se raviver [2].

Voyez en effet comme ces sombres fanatiques aiment à rembrunir sans cesse les couleurs de leurs tableaux ; ils s'excitent à craindre comme à souffrir, ils raffinent sur la douleur qui perd son aiguillon, comme les Sybarites sur la volupté qui s'enfuit [3].

---

1 « On ne doit point se dissimuler (dit le citoyen PINEL dans son excellent *Traité sur la manie*), l'extrême difficulté de dissiper le prestige qui vient d'une dévotion exaltée, ou du fanatisme... Quels propos peuvent contrebalancer l'effet des visions mystiques et des révélations, sur la vérité desquelles un aliéné s'indigne qu'on puisse former le moindre doute ? etc. ». Il y a bien des degrés d'aliénation dans ce genre ; l'expérience du citoyen Pinel, les exemples frappants qu'il rapporte, joints à tous ceux que nous savons d'ailleurs, prouvent bien elle est l'opiniâtreté des habitudes fanatiques, et le danger qu'il y a à les fomenter (*a*). (C.)
Voyez le *Traité de l'expérience* par ZIMMERMANN (t. III, p. 312). In iis quae sunt fidei et religionis, phantasia supra ipsam rationem scandit et evehitur (BACON, De Augm. Scient., liv. IV, chap. III). (B.)

2 Il est remarquable aussi que le sens intérieur et ses produits particuliers considérés dans les créations des beaux-arts ne sont guère plus perfectibles que ne le sont les organes externes des appétits. Aussi ne voyons-nous pas que ces arts tels que la peinture et la poésie se soient perfectionnés à l'instar des sciences de faits, dont les générations subséquentes héritent et s'enrichissent, sans avoir d'autre mérite en cela que de naître à propos. (E.)

3 Comme les ouvrages de pure imagination passent toujours les limites de la vérité, leur lecture accoutumant l'esprit à des peintures exagérées, fait ensuite qu'on est moins touché des maux réels dont on est témoin. C'est ainsi que les romans comme toutes les contemplations mystiques émoussent ou pervertissent la sensibilité. Plus on

Toute exacerbation continue ou répétée de la sensibilité, quel qu'en soit le mobile ou le foyer intérieur, doit avoir, en effet, des résultats parallèles, et qui se correspondent dans les *sensations* et les *sentiments de l'âme*, dans le *physique* et le *moral* de notre être ; mais, lorsque la cause agit d'une manière intime sur la source même de la sensibilité, sans perturbation étrangère ou du dehors, les effets doivent être bien plus intenses et plus variés, les habitudes plus profondes et plus opiniâtres.

2° Toute *passion* est une sorte de culte superstitieux, rendu à un objet fantastique, ou qui, dans sa réalité même, sort du domaine de la faculté perceptive, pour passer tout entier sous celui de l'imagination [1]. Cet objet est toujours plus ou moins enveloppé, indéfini ; il s'offre dans un certain éloignement et sous plusieurs aspects divers ; il met successivement en jeu les ressorts de la crainte et de l'espérance : pour l'atteindre, obstacles, difficultés, chances nombreuses... tel est le premier mobile des passions qui nous tyrannisent ; voilà la cause de l'inaltérabilité, de l'énergie croissante des idées qu'elles font naître, des sentiments qu'elles excitent.

Ce sont les perspectives vagues, illimitées, les périls, les hasards, les chances diverses de l'ambition, de la gloire ; c'est l'attrait idéal des jouissances attachées à un grand pouvoir, à une grande *force* de *situation* qui entraînent d'abord tant d'hommes dans cette carrière brillante, et les y fixent ensuite par besoin, par habitude, malgré les dégoûts, l'insuccès. C'est encore tout ce vague des désirs, des craintes et dés espérances, ces obstacles à vaincre, ces idées de puissance qui alimentent l'amour du jeu, l'avarice et les rendent insatiables (*crescit indulgens sibi dirus hydras nec sitim pellit* Horat).

L'habitude, dans tous les cas, loin de flétrir l'imagination, lui rend, au

---

se livre à ce genre de lecture, plus on éprouve le besoin de s'y livrer : mais moins on ressent les peines dont ces ouvrages nous offrent le tableau (Prévot). Ceci s'accorde bien avec ce que nous avons vu à l'article de sensations répétées. (E.)

1 On connaît le mot de Mme de La Sablière à La Fontaine, qui s'apercevait pour la première fois, après vingt ans de fréquentation, d'une marque qu'elle avait au visage : Ah ! « mon ami, *vous ne m'aimez plus* ». Toutes les fois que nous sommes animés de quelque sentiment un peu énergique, nous ne distinguons rien, nous sentons trop pour percevoir ; et quand l'habitude a émoussé le sentiment, nous sommes tout étonnés de voir, pour la première fois, les choses comme elles sont. (G.)

Section I : Des habitudes passives

contraire, plus chers les mêmes mobiles d'activité : la fixe opiniâtrement dans la même direction, et rive les fers qui l'y tiennent asservie ; mais c'est que dans l'unité du but il y a une grande variété de moyens [1] dans un seul genre d'excitations, une foule de modes divers. Le cadre du tableau imaginaire peut bien être fixe, mais c'est comme un tableau mouvant dont les figures successives se groupent, se combinent en mille manières ; il n'y a point là de continuité d'impressions, point de monotonie, de répétitions uniformes [2].

C'est peut-être toujours la même image qui poursuit le jeune homme amoureux ; mais de combien d'accessoires variables son imagination mobile se plaît à la nuancer ! L'ambitieux contemple dans un poste élevé, le conquérant voit dans la gloire, l'avare dans son or, la représentation

---

[1] Cette variété de moyens qui conduisent à des objets toujours nouveaux et variés eux-mêmes, rend également inaltérables les jouissances attachées à l'exercice de nos facultés intellectuelles : quoi de plus varié, de plus inépuisable, en effet, dans les moyens et dans le but, que les créations du génie !... Lorsque s'élevant toujours à de plus grandes hauteurs on découvre, à mesure que l'on monte, de plus belles et de plus vastes perspectives, l'œil ne se lasse point : les sentiments de surprise, d'admiration ne sauraient se refroidir : l'ardeur est toujours nouvelle, la sensibilité toujours remplie et l'habitude n'étend plus sur elle sa triste influence... Appliquons encore ceci aux plaisirs de la bienfaisance qui, semblable à la nature qu'elle imite, reproduit ses objets partout et sous des formes toujours nouvelles, les ravive, les rajeunit en s'y attachant (*a*). Quelle différence entre ces jouissances pures, inaltérables et les plaisirs tumultueux et fragiles de la sensualité (*b*) ! Mais je me réserve de traiter ailleurs de ces grands objets que j'indique seulement ici par occasion et pour faire voir qu'ils ne m'ont point échappé. (C.)
Peu semblable aux autres genres d'émotions, ce sentiment se fortifie par l'usage et la répétition des actes rend la bienfaisance de plus en plus intéressante pour celui qui l'exerce (Le Roi). La bienfaisance se compose de sentiments et d'actions. Les uns s'alimentent par la variété des objets, les autres deviennent heureusement nécessaires par la répétition et remplissent le besoin d'activité. (E
L'homme vertueux, dit Mme Condorcet, est en général content de la vie, parce qu'elle lui offre toujours des jouissances à sa portée que l'habitude ne peut flétrir. Les sentiments d'une douce sympathie qui nous unissent à nos semblables et nous rendent leur bonheur sacré, ne font que s'accroîtra en s'exerçant. Ils sont aussi inaltérables que ces sensations dont nous parlions dans le premier chapitre et auxquelles un besoin naturel rend toujours la fraîcheur et la nouveauté. Les unes semblent dépendre de l'instinct moral comme les autres de l'instinct physique et la cause finale y est également apparente. (E.)

[2] Il importe de distinguer les impressions qui, dès le principe, peuvent devenir dominantes et se transformer en passions de celles qui ne le deviennent que par le pouvoir d'une longue habitude.

Maine de Biran

d'une multitude de biens, d'avantages, de jouissances, qui se diversifient à l'infini ; car le monde imaginaire est sans bornes... Ainsi enchaînée d'un côté par l'habitude, libre de l'autre dans ses excursions, l'imagination trouve dans ses mobiles appropriés, tout ce qui peut flatter à la fois deux penchants généraux, dont le contraste fait harmonie dans le monde moral ; l'un, principe de mouvement qui donne à l'être actif le besoin perpétuel de changer ; l'autre force d'inertie qui retient l'être faible et borné dans le cercle étroit de ses habitudes.

3o Tant que les obstacles se succèdent, que le but s'éloigne en promettant toujours de se laisser atteindre, l'être sensible qui vit de mouvements, comme de l'air qu'il respire, jouit de son activité, de ses désirs, de ses espérances ; ses sentiments sont à l'abri des altérations de l'habitude... Mais dès que l'objet est atteint, si l'imagination ne voit rien au delà, si la possession est paisible, uniforme, non contestée, le prisme séducteur se brise, le charme est détruit, et l'habitude reprend ses droits. C'est une loi générale de notre sensibilité, quels que soient les modes de son exercice, de ne pouvoir jamais se fixer au même degré, au même ton persistant ; il faut toujours qu'elle s'élève, *et in altum vehitur... nec reperit locum consistendi* [1] (eh ! De là vient tout ce que nous sommes, en bien comme en mal). Si la sensibilité tend progressivement à s'élever, l'objet uniforme, possédé sans contradiction, qui ne lui en fournit plus les moyens, cessera de la remplir, mais c'est lorsque l'habitude lui fait trouver le même aliment plus insipide, qu'elle le lui rend en effet plus nécessaire... Ici revient tout ce que nous avons déjà dit des sensations affaiblies dans les organes, devenues indispensables pour le système sensitif. La cause organique est bien la même, sans doute, dans les deux cas ; mais quelle différence dans les produits ! Combien les effets se compliquent, les sentiments prennent plus d'énergie par la réaction du sens intérieur, par le nombre et la variété des idées associées [2] !

---

1 C'est par là que l'imagination devient le grand ressort de l'activité humaine et la cause principale du progrès et du perfectionnement de l'homme. C'est elle qui fait que nous ne sommes jamais satisfaits de notre condition présente et des qualités acquises dans un temps qui n'est plus. C'est là ce qui fait que nous cherchons à agrandir notre être, à exister où nous ne sommes pas, qui porte nos désirs dans l'avenir et nous fait poursuivre de nouvelles jouissances ou une perfection idéale. (E.)

2 Si les plaisirs de la bienfaisance sont inaltérables, c'est donc d'abord parce qu'ils sont fondés sur une loi de notre nature, en second lieu parce qu'ils tiennent aux plaisirs intellectuels ou d'imagination. Tous nos plaisirs sensuels sont purement

L'objet trop familier qui nous fuit, passe de nouveau tout entier sous l'empire de l'imagination : brusquement arrêtée dans une pente que l'habitude avait creusée et rendue si facile, elle s'éveille, s'étonne, s'irrite contre une résistance inattendue, et réagit avec toute la force d'un ressort longtemps comprimé ; c'est alors qu'elle appelle toutes ses impressions, naguère si faibles, si languissantes, leur donne une vie nouvelle, transporte un charme illusoire sur l'objet qui n'est plus, exagère le tableau du bonheur passé, pour rendre la privation plus cruelle.

Ainsi l'habitude nous cache sous le voile de l'indifférence, la force des liens qu'elle a tissés ; pour connaître ces liens il faut vouloir leur échapper, il faut les sentir se relâcher, se briser ! ...

Ces deux êtres, ces deux époux qui ont passé leur vie ensemble, n'éprouvent plus peut-être, l'un pour l'autre, qu'un sentiment bien faible, bien calme ; l'âge, le temps, l'habitude en ont concentré la force expansive ; mais si la cruelle mort vient à rompre ces anciens nœuds, l'infortuné qui survit repousse une existence qui n'est plus soutenue, suit le cercueil qui emporte des cendres chéries, et va bientôt y mêler les siennes ! Fatigué de la vie monotone du pays où il est né, ce jeune inconstant va demander à un autre ciel, à d'autres climats, des impressions nouvelles ; mais bientôt il revoit en imagination les lieux où l'appellent ses premières habitudes ; c'est toujours là que vient errer sa pensée ; rien ne peut l'attacher, rien ne peut le distraire ; le malheureux se mine, et succombe sous le poids de la maladie du pays !

De combien de modifications, de degrés de force et de persistance, ne sont-elles donc pas susceptibles, ces habitudes de l'imagination et du sentiment, selon que l'objet est réel ou chimérique, nu ou enveloppé de nuages mystérieux, simple ou varié, absent ou présent, libre de tout obstacle ou environné de résistances ! ...

---

relatifs, c'est-à-dire que sans dépendre d'aucune comparaison réfléchie entre un état et un autre, ils se proportionnent au changement produit dans l'organisation et à la différence entre les modes successifs qu'éprouve le ton de la sensibilité. De là suit cette règle pratique très importante qu'il faut toujours maintenir autant qu'il est en nous le ton de la sensibilité dans cet état, où les plus simples excitations puissent être une source de plaisirs, ménager notre susceptibilité pour la jouissance. (E.)

Maine de Biran

C'est en ayant égard à de telles différences, dans la nature même des objets ou des idées, que l'on peut concilier plusieurs contradictions, et expliquer plusieurs anomalies notables dans les effets ordinaires de l'habitude. Mais, pour achever d'éclaircir ce sujet important, voyons encore comment l'imagination peut recevoir une direction fixe ; comment les idées et les sentiments conservent une vivacité, une énergie inaltérables par suite de certaines dispositions plus ou moins constantes, soit de l'organe de la pensée, soit des centres sensibles sur lesquels il réagit, et qui *irradient* vers lui.

II. – Indépendamment de toute détermination acquise, l'organe de la pensée tire quelquefois de son propre fonds, des tableaux, des suites, des combinaisons d'idées, qui ne se rallient à aucune espèce de modèle donné par les habitudes des sens, ou celles antérieures, de l'imagination.

Ces produits en quelque sorte *anomaux,* peuvent n'être que des saillies de la sensibilité cérébrale, des lueurs passagères, qui, n'ayant point d'anneau commun avec la chaîne des idées habituelles, n'exerceront aucune influence durable sur l'état de la pensée, ne laisseront après elles aucune trace dans le souvenir. Ainsi un homme à jeun oublie les bons mots que les fumées du vin firent jaillir, la veille, de son cerveau ; les songes, les plus attrayants disparaissent au réveil ; et ces idées si brillantes, si extraordinaires, produites quelquefois par une exaltation vaporeuse, deviennent absolument étrangères à l'individu rentré dans son état naturel, et sous l'empire de ses habitudes.
Mais il peut arriver aussi que ces images fantastiques acquièrent de la consistance par leur durée, et se transforment en habitudes opiniâtres, dont l'influence s'étendra sur toute la masse des idées acquises, en disjoindra la chaîne et altérera pour jamais le jugement.

Cette transformation des produits de l'exaltation du cerveau en habitudes persistantes peut s'opérer de trois manières principales : d'abord par la continuité de la cause quelconque, qui agit directement, et d'une manière intime sur l'organe cérébral ; en second lieu, par l'association de l'image fantastique avec les objets réels ou les idées ordinaires qui la reproduisent sans cesse en se répétant, et qu'elle altère par son mélange ; en troisième lieu, par les dispositions fixes d'un organe interne ou d'un centre sensible, qui d'abord excité par

Section I : Des habitudes passives

l'image produite dans le cerveau, réagit à son tour pour l'y entretenir. Parcourons rapidement ces trois cas.

1º L'action spontanée du cerveau ou la cause anomale qui agit dans son sein peut être assez énergique, assez continue, pour imprimer à ses produits toute la force, la durée, la consistance des objets réels ; et alors les perceptions des sens externes, disparaissant devant ces produits, ou s'imprégnant de leurs couleurs, ne sauraient en dévoiler le prestige, en opérer la diversion. Les jugements portés sur l'existence réelle et les rapports de ces images ont une inflexibilité ; les sentiments qui en résultent, une énergie que rien ne peut balancer, altérer et distraire. Tant que le foyer intérieur sera alimenté par la même cause, l'habitude n'aura donc aucune espèce d'influence directe sur ses produits seulement elle contribuera beaucoup à aggraver son action, à l'incorporer davantage au système cérébral et à la rendre plus rebelle aux moyens curatifs, moraux ou physiques, que l'art pourrait lui opposer.

2º Des idées bizarres, singulières peuvent naître quelquefois subitement dans les têtes les plus saines, par le seul effet de l'activité et des dispositions momentanées du cerveau ; ces idées, d'abord peu saillantes, peuvent se mêler, s'associer avec les impressions des sens ; elles acquerront par là une certaine consistance, prendront place dans les séries ou les combinaisons régulières des jugements, y porteront un germe d'illusions et d'erreurs qui se développant par la répétition fréquente des mêmes opérations ou jugements produira des habitudes d'autant plus opiniâtres, que la source en est moins suspecte et plus cachée dans les profondeurs de l'organisation.

Combien d'erreurs, de mécomptes, de paradoxes, de vaines hypothèses qui ne doivent pas leur naissance et leur ténacité à une autre cause ! Et si le philosophe qui se tient le plus en garde contre ces illusions du *sens intérieur;* qui, par la nature des idées dont il s'occupe, doit y être le moins exposé, ne peut pas toujours se flatter que ses jugements habituels en soient tout à fait exempts, que sera-ce de ces imaginations déréglées qui se livrent avec tant de confiance à tous leurs fantômes, repoussent la lumière de l'analyse qui tendrait à les dissiper, se nourrissent uniquement de chimères, et ont enfin accoutumé leur cerveau à cette sorte d'irritations factices, dont nous avons déjà examiné les effets ?

Maine de Biran

Ce sont des visions, produites d'abord par une exaltation passagère, mais ensuite transformées en habitudes par une contemplation assidue ou une répétition fréquente, qui finissent par aliéner entièrement l'imagination de ce dévot qui se croit tel saint envoyé de Dieu, ou Dieu même ; de cette femme qui s'identifie avec telle héroïne de roman ; de ce fou d'Athènes qui considère comme sa propriété tous les vaisseaux du Pirée, etc.

On voit donc que si l'activité spontanée de l'organe cérébral fournit quelquefois la matière première, en quelque sorte, des images fantastiques, c'est la préoccupation continuelle, l'attention d'abord volontaire, qu'a pu leur donner l'individu, c'est surtout leur association avec des objets extérieurs, familiers, qui leur fournissent souvent l'occasion de se reproduire, qui les fixent et les incorporent ensuite à la pensée. Aussi un des plus puissants moyens de corriger ces aberrations est-il d'écarter avec soin toutes les impressions sensibles, qui, par une liaison directe ou indirecte, pourraient en ramener les causes, et alimenter, en se répétant, une imagination délirante ; et cela prouve en même temps combien il doit être difficile de faire diversion à ces images opiniâtres qui se fondent sur un ordre de choses *surnaturel...*

Nous pourrons observer dans la suite tout ce que la répétition disponible des signes du langage ajoute aux divers produits de l'imagination, que nous avons indiqués dans ce chapitre ; terminons en examinant la part que peuvent y prendre les dispositions des organes internes.

3° Toute impression, toute action un peu énergique, qui commence dans un organe quelconque, se transmet plus ou moins obscurément aux diverses parties du système, par l'intermédiaire du centre qui leur sert en général de point d'appui, de communication et par où passe, en quelque sorte, leur *résultante.* Réciproquement l'action sensitive, qui commence avec un certain degré de force dans le cerveau, se communique, se réfléchit à toutes les parties, et surtout aux centres, aux foyers principaux de sensibilité, qui en contractent et retiennent, d'une manière plus ou moins fixe, des dispositions ou des déterminations particulières. C'est ainsi que toutes les impressions se combinent, s'échangent perpétuellement les unes dans les autres, participent à la même individualité, sont enveloppées dans un commun jugement ; c'est ainsi que toutes les habitudes tant premières et nécessaires que secondes et accidentelles, se fondent, s'étendent et s'affermissent. De là vient aussi sans doute en grande partie, ce qu'on appelle l'action et la réaction du *physique* sur le *moral* [1], c'est-à-dire, des images vives que l'organe de la pensée produit par son activité, ou par suite de ses habitudes, sur les affections et dispositions des organes internes, et de ces dispositions fixes, sur la nature, la vivacité et la durée des images.

On ne saurait guère douter en effet que l'apparition de telles idées ne réveille et ne dispose, d'une certaine manière, tels organes intérieurs qui, agissant à leur tour sur le cerveau, y ravivent, y entretiennent les mêmes idées [2].

Cette réciprocité d'influence, et même la priorité d'action des parties ou foyers de sensibilité, situés hors de l'organe cérébral, se manifestent dans tous les appétits, toutes les opérations de *l'instinct* ; mais lorsque nous sommes hors de la nature, et sous l'empire des besoins factices, l'imagination, à son tour, devance et prévient l'action organique qui devait la mettre en jeu, et c'est des habitudes propres de cette faculté que

---

1 On se fait, selon moi, une idée faible de cette action, lorsqu'on se borne à la caractériser par des effets que produisent l'imagination et les passions sur les dispositions et les mouvements apparents des organes; car ce n'est encore là qu'une action du *physique* sur le *physique*. Le moral consiste uniquement dans la volonté et celle-ci a son siège exclusif dans le centre cérébral. L'action des organes intérieurs sur ce centre et *vice versa* est la seule dont on doit s'occuper quand on parle du moral et du physique.
Pour avoir confondu ces choses très distinctes, des physiologistes tels que Cuvier, ont attribué à la *volonté* une influence sur les fonctions organiques qui n'appartient qu'à l'imagination. (E.)

2 On manque et peut-être manquera-t-on toujours de données et d'observations suffisantes pour déterminer, dans tous les cas, quelle est la disposition générale, dans les organes internes qui correspond à tel mode, à telle allure de la pensée ou encore quel est l'organe particulier dont l'action fait naître tel genre d'idées mais cette correspondance est une vérité de sentiment pour tout homme qui sait observer lui-même, surtout lorsqu'il est doué d'une constitution délicate. Je n'ai pas besoin de nommer le philosophe dont j'ai emprunté dans cet article les idées, et quelquefois peut-être les expressions, mais j'ose dire que ces idées m'étaient devenues propres depuis longtemps, et m'avaient été suggérées par ma constitution même, quoique je n'eusse pas su les développer, ni peut-être me les éclaircir parfaitement moi-même. (C.)

Maine de Biran

dépend souvent le pli artificiel que reçoit et conserve l'organisation ; ainsi des images obscènes, plutôt qu'un besoin pressant d'accomplir le vœu de la nature, déterminent trop souvent, dans une société corrompue, l'irritation précoce et factice du sixième sens : ce centre acquérant une prédominance funeste, par la reproduction fréquente des mêmes images, peut contribuer à son tour à les faire naître, et fomenter ainsi la dépravation physique et morale. Les soucis, l'agitation d'une vie toute artificielle [⊠], les tourments d'une ambition démesurée, les terreurs vaines de la superstition, la soif dévorante et inextinguible de l'avarice, etc., se fondent d'abord sur certaines perspectives idéales que l'imagination captivée ne se lasse point de contempler ; mais la contention, et tel mode de contention habituelle du cerveau, excite sympathiquement l'action des centres sensibles avec lesquels il se met en rapport, trouble l'ordre naturel de leurs fonctions, y détermine un état durable de resserrement, de spasme, y fait naître des congestions, etc. Ces dispositions, amenées par les habitudes de l'imagination, devenant causes à leur tour [1], influent puissamment sur les facultés de la pensée, impriment une force, une direction, une teinte uniformes à tous ses produits. Telle est, sans doute une des causes principales de l'énergie croissante, de la persistance et de l'inaltérabilité des idées qui vont se rallier à quelque passion dominante. Ainsi l'habitude, qui flétrit l'imagination et paralyse le sentiment, dans l'action continue ou répétée des mêmes causes externes, ne peut rien (sous ce rapport) sur les produits immédiats d'un mécanisme intérieur, qui se fortifie par sa durée même, viresque acquirit eundo.

En comparant donc les idées, les penchants, les habitudes qui naissent de ces deux genres de causes, savoir, de l'action répétée des sens

---

1 Les viscères qui servent à satisfaire une passion acquièrent de l'énergie par leur irritation habituelle et filtrent une plus grande quantité de leur humeur sécrétoire. Chez le gourmand, par exemple, les sucs nécessaires à la digestion deviennent plus abondants et plus actifs, et font naître l'appétit, déterminant l'imagination à se représenter les objets analogues, etc. Chaque passion porte sans doute sur un organe intérieur particulier et en influant sur ses fonctions occasionne un changement non seulement dans la quantité des sucs, que cet organe filtre, mais peut-être encore dans leur qualité, comme on a vu, par exemple, la colère exalter tellement les fluides animaux que la morsure communiquait la rage. Ceux qui ont été mordus par les animaux enragés prennent leur instinct. Il paraîtrait donc que dans les passions l'influence de l'imagination et tel mode de cette influence peut donner une qualité particulière aux fluides animaux qui excitent à leur tour les organes. (E.)

Section I : Des habitudes passives

externes, ou de l'expérience et de la volonté réfléchie d'une part, de l'activité du cerveau propre et spontanée, et surtout mise en jeu par les dispositions fixes des organes internes, de l'autre, on reconnaît bien, par l'énergie et la durée des effets, la prépondérance de ces dernières causes. Et comment pouvoir se refuser à l'ensemble et à la multitude des preuves qui les manifestent sans cesse au sens intime même ? Qu'est-ce qui détermine ces modes si variables que nous éprouvons dans le sentiment de notre existence, dans l'action et *l'allure* de toutes nos facultés, à différentes époques, différentes saisons de l'année, souvent à chaque heure du jour ? D'où vient que nos habitudes *intellectuelles*, formées avec tant de peine et de lenteur, demeurent quelquefois tout à coup sans effet ? Que signifient ces penchants, ces idées opiniâtres, qui s'emparent au contraire subitement de toute notre imagination, persistent malgré la volonté, et usurpent la place des plus anciennes habitudes ? Pourquoi un état analogue de l'organisation, revenant à des périodes de la vie correspondantes, rend-il la fraîcheur de la nouveauté à d'anciennes idées que l'on ne cherchait plus, et ravive-t-il des habitudes que l'on croyait effacées ? Pourquoi une certaine inertie dans l'organe de la pensée, une disposition à suivre opiniâtrement le même système d'idées, coïncident-elles toujours avec les dispositions d'autres organes pour retenir et fixer en eux les impressions qui leur viennent de causes accidentelles, ou qui sont inhérentes à leur vitalité, ces habitudes, par exemple, si tenaces dans la vieillesse, ces affections si mobiles dans l'enfance, etc. ?

Ces faits (et une multitude d'autres auxquels je renonce) sont si frappants, ils ont des points de contact si intimes avec toutes les habitudes de la pensée en général, forment enfin une branche si importante de leur histoire que j'ai cru pouvoir me permettre, en leur faveur, cette espèce de digression, si c'en est une. Je rentre maintenant dans la recherche des phénomènes purement idéologiques et des habitudes *actives*, qui se rallient à l'usage des signes artificiels [1].

---

1 Appendice sur les affections ou passions habituelles et sur le régime moral qui peut rendre l'homme plus heureux (voyez BACON, *Historia vitae et mortis*, art. 92), d'une manière analogue à ces qualités, et font naître des goûts, des penchants, des instincts particuliers, et impriment à l'imagination une tournure indépendante et opiniâtre. C'est là une considération qui ne doit pas être négligée, dans l'examen de l'action réciproque du physique et du moral.
Ce que nous avons dit des habitudes de l'imagination prouve que l'exercice de cette

faculté, presque purement sensitive, est opposé à l'exercice des facultés intellectuelles proprement dites. Car autant les passions vives et l'excitation des organes intérieurs favorisent la première, autant elles nuisent à l'autre. L'orateur, le poète, le peintre ont besoin de se passionner. Celui qui raisonne ou perçoit des rapports a besoin de conserver le calme et le sang-froid ; tout ici part du centre cérébral.

Il faut observer sur les habitudes de l'organe intellectuel que la difficulté de concevoir certaines idées et leurs rapports est moins dans la nature et la complexité de ces rapports que dans le défaut d'habitudes organiques du cerveau. On éprouve tous les jours cet effet, en commençant par exemple, à s'occuper d'un certain système d'idées avec lequel on a cessé d'être familier, on sent une inertie particulière pour loger en soi ces idées ; le cerveau les repousse comme l'estomac rebute certains aliments. Mais après un certain temps d'exercice, l'organe intellectuel s'échauffe ; les mêmes idées sont saisies avec facilité et une certaine avidité, et c'est seulement dans cette disposition organique que les rapports qui échappaient auparavant, malgré leur extrême simplicité, sont facilement conçus pour l'intelligence. (E.)

M. Du Trochet dans une théorie de l'habitude qui s'éloigne très peu de mes principes établit comme conclusion de son ouvrage, ces deux résultats : 1° L'habitude des excitants consiste dans l'établissement d'une sorte d'équilibre ou de rapport d'égalité entre la sensibilité et la nature ou le degré d'énergie des causes excitantes. Ce principe revient à ma théorie des sensations ou affections répétées. Il explique l'affaiblissement des impressions par l'habitude, mais non le phénomène de la nécessité du retour périodique de ces impressions affaiblies ; 2° L'habitude des actes consiste dans l'établissement d'une sorte d'équilibre ou rapport d'égalité entre les *moyens d'action de l'économie vivante* et la *nature* ou l'énergie des causes qui peuvent mettre obstacle à la facile exécution des actes. Cela explique comment les actes ou mouvements répétés deviennent plus faciles, plus prompts et plus précis, mais non pas comment les résultats perceptifs ou intellectuels se distinguent et se perfectionnent.

En énonçant comme une loi générale que l'*économie vivante* tend naturellement et spontanément à se *modifier* pour se mettre en équilibre ou en rapport d'égalité avec toutes les causes qui agissent sur elle, on laisse de côté les lois hyperorganiques suivant lesquelles le moi apprend à modifier et l'action des causes externes et son organisation même, ou à s'affranchir jusqu'à un certain point de leur empire, à se faire des lois indépendantes qu'il s'habitue à suivre, etc. (E.)

Section I : Des habitudes passives

Section II : Des habitudes actives

ou

de la répétition des opérations qui sont fondées sur l'usage des signes
volontaires et « articulés »

Chapitre I

De l'association des signes articulés avec les impressions diverses

Fondement de la mémoire et de ses différentes espèces

Nous avons distingué, dans l'Introduction de cet ouvrage, deux
classes générales de signes : l'une, qui se compose de tous les
mouvements volontaires associés par la nature même, et dès l'origine,
aux impressions sensibles, qu'ils servent à distinguer, à fixer, à rappeler ;
là est le premier fondement de la mémoire : l'autre, qui se forme de
toutes les impressions quelconques, associées, par l'habitude, en un
même faisceau, une même série, et dont chacune, en se renouvelant, a
le pouvoir de reproduire toutes les autres ; là est le mobile premier de
l'imagination. Les signes de l'imagination ne sont point disponibles ;
c'est un objet extérieur à l'individu, ou une cause étrangère à sa
volonté, qui remplit toujours cette fonction, et l'habitude même
empêche de la remarquer, par la promptitude et la facilité singulière
qu'elle lui fait acquérir. Les signes de la mémoire sont disponibles dans
le principe (par leur nature même) ; mais l'habitude les transforme
encore, les dénature et rend leurs fonctions comme nulles, puisqu'elle
les rend insensibles. C'est ainsi (voyez chap. II, 1re Part.) que nous
méconnaissons tous l'origine que les images ou les représentations
visuelles ont prise dans la résistance première, et les fonctions des
signes ou mouvements qui ont servi d'abord à les mettre en relief hors
de nous. C'est ainsi encore que l'habitude nous cache l'intervention
nécessaire des mouvements vocaux, dans la distinction et le rappel de
nos impressions auditives. Tel est donc l'effet général de l'habitude
dans le développement progressif de nos premières facultés : c'est de
tendre sans cesse à rapprocher, à confondre deux genres d'impressions
distinctes par leur nature ; de cacher à l'individu, avec sa propre action,
la différence qui sépare la sensation simple de la perception et du
jugement ; de convertir enfin par là même les signes volontaires du

rappel en signes passifs de l'imagination. Lorsque la faculté perceptive est parvenue à ce degré de perfectionnement d'un côté, d'aveuglement dans son exercice de l'autre, l'individu demeure donc passivement livré à l'impulsion des causes externes, qui le meuvent souvent sans qu'il s'en aperçoive, ou aux dispositions organiques, aux saillies involontaires de la sensibilité, à la renaissance périodique des mêmes besoins, qui ne le réveillent momentanément de sa léthargie que pour l'y replonger l'instant d'après ; circonscrit dans un cercle d'opérations qui se répètent toujours de la même manière, il les exécute sans y songer, avec distraction et comme dans une sorte de somnambulisme. S'il y a en lui une capacité de réflexion, un pouvoir de réagir sur tout ce qui l'environne et de se modifier lui-même, ce pouvoir est masqué par l'habitude, par la facilité et la spontanéité des mouvements premiers, ou signes naturels, sur lesquels il se fonde. Pour qu'il passe du virtuel à l'effectif, il faut que l'individu soit déterminé à refaire avec intention tout ce qu'il a fait auparavant par habitude ; qu'il remonte à l'origine de ses signes, démêle leurs fonctions, les institue de nouveau par un acte de sa volonté, les associe fixement, et par une suite de répétitions (réfléchies), à toutes les impressions de ses sens, tous les produits de sa pensée, tout ce qu'il aperçoit, tout ce qu'il sent en lui et hors de lui. Ici s'ouvre à la perfectibilité une carrière indéfinie ; tâchons d'y suivre les premiers pas de l'être intelligent et de découvrir comment l'habitude peut alternativement le servir et lui nuire. Nous avons vu quels sont les effets de cette puissance, lorsqu'elle domine exclusivement; voyons-la maintenant aux prises avec la réflexion.

Je supposerai un individu isolé qui, parvenu à ce point où sa faculté perceptive aurait acquis, par un exercice répété, le développement ordinaire dont elle est susceptible par la seule éducation des *choses,* sentirait tout à coup le besoin de réfléchir [1] sur lui-même et concevrait,

1 J'ai choisi cette hypothèse comme une forme commode et abrégée pour exprimer ce que j'ai à dire des signes articulés, et les rapports particuliers sous lesquels je les envisage. Je n'ignore pas que le fond de l'hypothèse est inadmissible en lui-même ; mais je prie que l'on fasse attention seulement aux conséquences que je veux en déduire (*a*). (C.)
Langage des sensations et des idées, ou de la vie animale et de la vie intellectuelle (voyez COURT DE GIBELIN, *Origine du langage et de l'écriture*).
Nos sentiments, nos opérations et tous les modes de notre être ne se transforment en idées et ne peuvent recevoir de nom qu'autant que nous en puisons les modèles extérieurs dans les sentiments et les opérations de nos semblables avec lesquels

Section II : Des habitudes actives

comme par *inspiration* (car la cause déterminante ne fait rien au but que j'ai en vue), le dessein de recommencer l'instruction de ses sens, d'entretenir désormais une communication intime avec sa pensée, d'en observer tous les progrès, en se tenant bien en garde contre cette facilité, cet automatisme d'habitude dont les effets lui sont *révélés*.

Cet individu commencera donc par donner une attention particulière à l'exercice de chacun de ses sens, car ce n'est que de cette source que peut lui venir lumière ; il ne tardera pas à reconnaître et à distinguer certaines impressions qu'il concourt de lui-même à se donner, qu'il crée, en quelque sorte, par son action propre, et d'autres où il est ou se sent absolument passif et modifié malgré lui ; il remarquera encore, après quelques expériences réfléchies, que les premières impressions sont celles qu'il distingue le mieux les unes des autres. Lors même que la cause extérieure a disparu, il sent en lui le pouvoir de les rappeler, en réagissant sur les organes qui en ont été le siège ; et, les remettant dans la même disposition, il observe aussi (lorsqu'il se surprend dans des états de rêverie) que les images ou copies de ces impressions, et surtout celles de la vue, se retracent avec clarté et sans qu'il les appelle ; tandis que celles qui l'ont plus vivement *affecté*, et qui intéressent ses appétits, ne se réveillent même confusément qu'alors que le malaise du besoin se fait sentir, et, dans tout autre temps, demeurent aussi *irreprésentables* dans le souvenir qu'elles ont été vagues et, pour ainsi dire, turbulentes dans la sensation.

En *rappelant* et *imaginant* (ce qu'il ne confond pas plus que *sentir* et *percevoir*), l'individu qui réfléchit et ne se perd jamais de vue a observé que les images sont liées ou groupées entre elles, dans leur reproduction volontaire ou spontanée, comme les objets le sont ou l'étaient au dehors ; en rappelant, par exemple, la forme du corps qu'il a touché ou en imitant les bruits, les sons qu'il a entendus, il reproduit, par le même acte, plusieurs autres impressions contemporaines qu'il n'avait point, en vue, auxquelles il ne songeait même plus, et que, par conséquent il

---

la nature nous a liés par une étroite sympathie. Ainsi les sentiments moraux et les idées intellectuelles ont une même origine ; mais ces sentiments avant d'être convertis en idées ont un fondement en nous-mêmes. Or c'est ce fondement ou ces conditions qui la déterminent, qui sont l'objet de la *science de l'homme,* considérée métaphysiquement. La logique s'occupe des idées et la grammaire des signes correspondants. (E.)

Maine de Biran

n'aurait pu directement rappeler si elles ne s'étaient pas trouvées unies à celles dont il dispose, découverte bien précieuse ! Car dès lors la réflexion lui indique qu'il n'a qu'à imiter volontairement ce qui s'était fait de soi-même ou par la répétition des mêmes circonstances ; lier (par une attention commune et répétée) des modifications, des idées quelconques, aux mouvements ou aux impressions qui sont toujours en sa puissance, pour faire participer les unes à la même activité qui dirige les autres, et acquérir ainsi sur sa pensée le même pouvoir qu'il exerce sur ses organes mobiles, et par eux sur la nature extérieure.

Parmi les divers mouvements ou signes qu'il peut choisir pour accomplir ce grand dessein, il s'arrêtera plus particulièrement à ceux de la voix, dont la nature et un instinct premier d'imitation, avaient déjà déterminé l'exercice. Ces signes sont les plus rapprochés de lui, les plus commodes, les mieux appropriés à son but : lorsqu'il exerce avec intention l'organe vocal, son *moi* semble se diviser en deux personnes distinctes qui se correspondent : l'une parle, l'autre écoute ; l'une exécute le mouvement, l'autre juge de, l'exécution, en perçoit en détail les effets, en recueille les produits ; aucune impression, aucun autre mouvement ne jouit à ce degré d'une double lumière ; aucun ne remplit aussi parfaitement la fonction de *signe,* ne favorise la méditation solitaire, ne replie la pensée sur elle-même d'une manière aussi intime ; aucun ne retentit ainsi dans le cerveau et ne lui procure cette sorte d'électrisation sonore ; aucune espèce de signe enfin n'est susceptible de cette variété de caractères, d'inflexions et de nuances, qui peut se prêter à toutes sortes d'imitations, de peintures, satisfaire tous les besoins de la pensée, la guider ou la suivre dans la formation de ses tableaux les plus composés, comme dans les détails de ses analyses les plus délicates.

Tels sont les titres justificatifs de la préférence qui devra être accordée aux signes de la voix sur tous les autres mouvements disponibles, dès qu'un commencement d'expérience, joint à la réflexion, en aurait fait pressentir les avantages.

Notre être fictif va donc travailler à donner des noms aux divers objets qu'il perçoit, aux modifications qu'il en éprouve, enregistrer ainsi toutes ses expériences, et se procurer le moyen le plus efficace de les rappeler, de s'en rendre compte.

Section II : Des habitudes actives

Comme notre objet unique est de retrouver dans les premières associations des signes du langage avec les idées, et dans la manière dont ces associations s'exécutent, le fondement et l'origine des différentes habitudes de la mémoire ; nous éviterons ici tous les détails qui s'écarteraient de ce but, en nous bornant seulement à quelques remarques essentielles.

1º Dans les *notes vocales* que l'individu attache aux objets de ses perceptions, ou à ses propres manières d'être, il est conduit assez naturellement à suivre la double analogie des signes aux objets ou aux impressions, et des signes entre eux. D'abord il y a des inflexions données comme signes naturels du plaisir, de la douleur, de la surprise, de la crainte, de l'admiration, etc. ; ces inflexions, qui sont comme le *cri de l'âme*, s'appliquent bientôt aux objets même, propres à faire naître les sentiments qu'elles expriment, deviennent les racines premières et générales de leurs noms composés, et peuvent déterminer un commencement de classification des objets qui ont entre eux, si je puis m'exprimer ainsi, les mêmes rapports d'*analogie sentimentale* [1]. Quant

---

1 C'est à cette sorte d'analogie que se réduit la peinture par les sons. L'art du musicien consiste, en général, à trouver des modulations propres à inspirer le mode du sentiment que l'âme éprouverait dans telle situation donnée, et comme le sentiment se trouve vaguement lié à diverses espèces d'idées propres à l'exciter, il arrive que cet effet musical se partage entre l'imagination et le sentiment et une sorte de rêverie vague est son plus grand charme. L'imitation n'est pas le but que se propose l'artiste, et si cette imitation était au point de prévenir chez le spectateur le jeu de l'imagination, elle nuirait à l'artiste et détruirait l'effet de sa composition. La musique agit en excitant par un sens des affections semblables à celles que l'on peut exciter par un autre, et comme le rapport ne peut être sensible que l'impression ne soit forte, la peinture dénuée de cette force ne peut rendre à la musique les imitations que celle-ci tire d'elle (*Encyclopédie,* article Imitation). Les impressions faites sur l'ouïe ont bien plus de pouvoir direct pour réveiller le sentiment que celles qui s'adressent à la vue, parce que ces dernières ayant un effet déterminé fixent l'imagination sur leur objet. Tous les sentiments ou passions qui peuvent être excités par la vue, ont leur expression musicale, mais cette expression généralement sentimentale s'étend de plus à des objets que la peinture ne peut rendre, ou qui ne s'adressent aucunement à la vue. Voilà pourquoi la peinture ne peut rendre à la musique les imitations que celle-ci tire d'elle. Dans les perceptions associées des deux sens, la peinture semble pourtant reprendre l'initiative. Le caractère visible nous rappelle bien mieux le son articulé que ce dernier ne nous ramène au signe visible, et dans l'art de la lecture, la vue emprunte plus de l'ouïe que celle-ci ne tire d'elle. La musique d'une *expression vague* a un charme plus magnifique peut-être que la musique déclamée, c'est pour les paroles saintes qu'on doit l'adopter (GRÉTRY, *Essai sur la musique*). « Si vous donnez trop à la mélodie, dit

aux objets bruyants, sonores, ils dictent eux-mêmes les noms qui doivent les peindre ; autre source féconde d'analogie, que l'on retrouve dans toutes les langues ; et d'autant plus fréquemment qu'elles sont plus anciennes, ou qu'elles ont mieux conservé le type primordial de leur origine.

En second lieu, le nombre des touches de l'instrument vocal, et par conséquent celui des intonations simples de la voix humaine, est limité et déterminé : leurs combinaisons possibles sont, sans doute, prodigieusement étendues, puisqu'elles suffisent, et au delà à toutes les variétés de peinture, par les sons, à cette multitude innombrable de mots qui composent diverses langues, entre lesquelles on n'aperçoit aucun rapport, au premier aspect ; mais, en n'ayant égard qu'aux tons élémentaires et à leurs combinaisons les plus simples, on voit que les premiers mots imitatifs conserveront d'abord entre eux l'analogie qui résulte de la répétition constante des mêmes éléments, et devront représenter ou imiter ensuite les analogies que suit la nature dans les productions du même climat, dans les couleurs uniformes sous lesquelles elle s'y présente, et les impressions habituelles que font naître ses tableaux.

L'individu qui se crée un langage ne multipliera donc pas d'abord les signes autant que semblerait l'exiger la variété des objets qu'il distingue ; il suivra bien plus les analogies que les différences, et sera conduit à classer ses signes et ses impressions, par la même pente qui porte déjà l'enfant à classer les objets qui se ressemblent, soit en généralisant d'abord les noms individuels, soit en leur appliquant ensuite les noms de nombre, etc. Cette méthode, qui abrège et facilite singulièrement l'opération de dénommer comme celle de rappeler, sera donc une des premières habitudes de l'individu.

---

le même auteur, la vérité d'expression se perdra dans le vague charmant de son empire idéal, et l'harmonie ne sera plus que son piédestal. Voilà la musique de concert, celle qui plaît à l'imagination exaltée qui veut créer elle-même ses fantômes. Voilà la musique des anges et peut-être celle de la nature. »
Toute nuance de sentiment ou d'idée qui est susceptible d'être exprimée dans la langue par un accord particulier peut aussi être notée en musique, et le musicien compositeur prend ses leçons à l'école de déclamation. Tel est le système de Grétry. Il en a fait une heureuse application, mais il me paraît s'être beaucoup exagéré le nombre et l'espèce d'idées que la musique pouvait peindre. (E.)

Section II : Des habitudes actives

2º L'analogie qui règne dans le premier système des signes vocaux, doit influer d'abord sur le matériel même du langage, et secondairement sur les associations d'idées qu'il détermine.

Si les mêmes tons élémentaires sont fréquemment reproduits, et si leurs combinaisons sont assujetties à des lois uniformes, les touches correspondantes de l'instrument vocal acquerront, par la répétition continuelle du même exercice, une très grande, mobilité. L'habitude fixera, sur un ton persistant, ces *touches animées* ; et le système des mots ne roulera plus bientôt que sur lui-même, en excluant tout élément nouveau qui ne serait pas dans son analogie. Il en sera donc ici comme de tous les mouvements, de toutes les opérations qui se répètent le plus souvent ; à mesure que l'habitude nous les fait exécuter avec plus de promptitude et d'aisance, elle y restreint nos facultés, et les empêche de s'étendre hors du même cercle.

On sait la peine que l'on à (surtout à un certain âge) à articuler les mots d'une langue étrangère ; elle ne peut être comparée qu'à la facilité automatique dont on parle sa langue maternelle.

Supposons donc maintenant que, par les effets réunis de l'analogie et de l'habitude [1], l'individu soit parfaitement familiarisé avec le système des signes articulés qu'il s'est fait, et voyons quels seront les résultats de cette facilité extrême, qu'il a pour trouver, rappeler et articuler les noms.

3º Dans le principe, lorsqu'il s'agissait de noter un objet, une impression ou une idée, il fallait chercher le signe, l'articuler lentement et avec un effort proportionné à l'inflexibilité de l'organe vocal, et en même temps fixer l'objet ou l'idée, ne pas les perdre de vue. Cette énergie d'une double *attention*, ce déploiement simultané de la force motrice sur deux organes, ne pouvait que favoriser l'association, approfondir l'empreinte de l'image et du signe, et préparer en même

---

1 Plus il y a d'analogie sensible entre les signes, plus on passe facilement de l'un à l'autre, moins il faut de répétitions pour entretenir les suites, comme nous le verrons dans le chapitre suivant. L'analogie entre le signe et l'objet, réveille aussi naturellement l'idée de ce dernier ; mais lorsque les noms ont perdu toute trace de l'imitation et de l'analogie premières, leur association entre eux, et avec les idées, n'est plus absolument que l'ouvrage de l'habitude. (C.)

temps la netteté de représentation de l'une, et la facilité du rappel de l'autre ; mais il pouvait arriver aussi que la difficulté d'articulation concentrât trop exclusivement l'attention sur le signe, et alors celui-ci demeurait isolé dans la mémoire; son rappel n'était plus qu'un simple mouvement; il ne donnait aucune prise sur l'image, qui se voilait au regard de la pensée. Au contraire, lorsque le langage s'est transformé en habitude, la rapidité avec laquelle les mots se présentent et s'articulent, comme d'eux-mêmes, laisse la force motrice inactive, ne développe point l'attention, ou la fait glisser avec une égale légèreté sur le signe et sur son idée : le premier pourra donc ensuite échapper au *rappel*, comme l'autre à la *représentation*, ou les deux facultés demeureront respectivement dans leur état d'indépendance ; l'imagination ne sera point réglée par les signes, ou les signes seront à vide et sans objet.

Lorsque l'individu, par exemple, préoccupé d'un côté par la vivacité et l'attrait des images, est entraîné de l'autre par la familiarité des termes associés, le faible degré d'attention qu'il accorde aux signes ne permet pas aux images de s'approprier au rappel ; elles n'auront donc brillé quelques instants que pour disparaître ensuite comme des météores, sans qu'il soit possible de retrouver leurs traces ; ou si l'activité du cerveau, qui les a produites, les ramenait encore, l'individu, n'y ayant point attaché ses signaux de *reconnaissance,* croirait les voir pour la première fois [1]. Il doit donc bien se méfier de cette extrême

---

1 C'est ce qui nous arrive souvent à nous-mêmes. Comme une ancienne et longue habitude nous a parfaitement familiarisé avec les signes écrits ou parlés, toute notre attention se concentre ordinairement sur les idées ; et quoique nous n'en prenions connaissance que par le moyen des mots ou des caractères qui les représentent, ceux-ci disparaissent complètement, ou la perception en est devenue si légère, qu'elle est effacée aussitôt que produite. Il arrive de là, ou que les idées nous échappent avec les mots, et que nous oublions ce que nous avons lu, ou que ces mêmes idées, reproduites sont considérées ensuite comme nouvelles, comme sortant du fond de notre propre pensée (quoiqu'elles ne soient, comme on dit quelquefois très improprement, que des *réminiscences*). Il n'en serait point ainsi, si nous rappelions en même temps les signes ou les caractères, car ceux-ci nous reconduiraient par la liaison des idées, au livre, au nom de l'auteur ; il en est ici comme des jugements (dont nous avons parlé chap. III, Ire. Part.) par lesquels nous reconnaissons les objets ou les personnes que nous avons déjà vus ; l'incertitude sur leur identité dure jusqu'à ce que quelques-uns des signes, associés à la perception principale, se présentent à la mémoire ; mais, aussitôt que nous pouvons rappeler le *nom,* ou une circonstance de lieu, de temps, nous prononçons avec confiance. Cela prouve bien, comme nous l'avons déjà observé, que le jugement de réminiscence n'est pas inhérent au caractère de l'impression

facilité du langage ; car s'il n'y prend garde, l'habitude tend, par là même, à le ramener à son premier point de départ, à l'aveugler sur l'origine et le nombre de ses propres opérations, à intercepter enfin cette communication intime qu'il voulait toujours entretenir avec sa pensée ; s'il n'y prend garde, l'absence de tout *effort,* dans le mouvement vocal, va endormir l'attention et la distraire même des images, comme l'articulation *sentie* tendait auparavant à l'y réfléchir : alors toutes les associations pécheront par trop de légèreté ; les séries de mots se succéderont inutilement dans la mémoire, ou entraîneront les idées dans leur course, sans qu'il reste aucun vestige des unes ni des autres ; ou bien enfin l'individu, méconnaissant les fonctions de ses signes, ne s'apercevant plus de l'action qu'il exerce dans le rappel, finira par le confondre avec l'exercice passif de l'imagination, et se laissant aller au torrent, oubliera qu'il est doué d'une force pour réagir sur sa pensée et se modifier lui-même... Mais, préoccupés des effets que produit sur nous-mêmes, dans nos communications, la grande habitude du langage, nous oublions qu'un solitaire qui aurait créé ses signes, et ne s'en servirait que pour lui, serait bien moins exposé à de tels inconvénients ; d'ailleurs une réflexion continuelle le ferait veiller toujours sur les liens qui unissent ses signes à ses idées, de peur qu'ils ne se relâchent au point de paraître isolés, ou qu'ils ne se resserrent de manière à se confondre ; effets de l'habitude également pernicieux, comme nous aurons lieu de nous en convaincre par la suite. Arrêtons-nous encore sur quelques autres formes d'association du langage, pour arriver aux conséquences que nous voulons déduire de tout ceci.

4° Nous avons supposé jusqu'ici que l'individu ne donnait des noms qu'aux objets ou aux images de ses perceptions ; mais les secours puissants qu'il retire de ses signes, les avantages, les progrès qui en résultent, devront le porter à les étendre à tout ce qu'il peut sentir, distinguer, ou concevoir en lui-même. Il lui semble en effet qu'il approprie, qu'il incorpore, en quelque sorte, à sa pensée, tout ce qu'il y tient par un nom : ce nom est comme un cadre, ouvrage de ses mains ; il circonscrit

---

renouvelée, mais qu'il se fonde absolument sur l'usage des *signes,* ou mouvements associés.

Remarquons aussi que nous nous rappelons ordinairement bien mieux ce que nous avons lu dans une langue étrangère ; parce que nous sommes obligés alors d'insister davantage sur les signes, et que la traduction qu'il faut faire avant de parvenir à l'idée, développe doublement la force motrice, rend l'empreinte plus profonde, etc. (C.)

Maine de Biran

le tableau, le lui rend plus cher, et en éloigne ce voile d'indifférence, que l'habitude répand sur les objets familiers. Puisqu'il a fait l'épreuve du pouvoir des signes pour rappeler et fixer plusieurs impressions qui lui échappaient, comment ne tenterait-il pas surtout de soumettre au même pouvoir ces sensations, ces modifications affectives, qui fuient si vite et qu'il serait si heureux de retenir, de raviver à son gré ?

Il a donc (et de très bonne heure sans doute) des signes expressifs des diverses sensations qu'il peut éprouver dans ses organes, et, en général, du plaisir, du bien-être, de la volupté ; il en a aussi pour la douleur, le mal-être, etc. Toute nuance un peu tranchée du sentiment peut avoir un nom distinct dans sa mémoire ; mais ce n'est pas tout d'avoir le nom, il faut que son association avec la chose signifiée soit tellement fixe, qu'il ne puisse s'en séparer dans le rappel, et que le même acte volontaire, qui s'exerce directement sur le signe, puisse faire revivre l'image dans le cerveau, ou l'impression affaiblie dans l'organe ; sans cela il ne reste qu'un son vide, un simple mouvement. Mais, pour que l'association ait pu d'abord se former de cette manière intime, et amener par suite de tels résultats, il faut, comme nous l'avons observé déjà, que la force motrice se soit également et simultanément déployée sur les deux termes ; que l'impression et le signe aient été embrassés dans une attention (active) commune. Or, ici la nature de choses exclut cette égalité, cette liberté d'attention ; et les mêmes causes organiques, qui privent la sensation de *signes* premiers volontaires, l'empêcheront encore de s'associer régulièrement avec les signes artificiels réunis.

En effet, la modification affective, actuelle, a-t-elle un certain degré de vivacité ? Comment songer ou vaquer librement à l'opération qui doit la noter ou la circonscrire ? Est-elle faible et indifférente ? Elle disparaît, et se perd dans l'acte même qui tend à la fixer. Après que la sensation n'est plus, certaines circonstances accessoires et perceptibles, par elles-mêmes, pourront, il est vrai, en réveiller le souvenir : l'individu, saisissant cette réminiscence plus ou moins confuse, lui donnera-t-il un signe ? Mais alors que fera-t-il de plus qu'augmenter le nombre des accessoires préexistants, sur lesquels se fondait déjà la réminiscence, et la fortifier par un signe nouveau ? Signe disponible à la vérité, et qui, servira (comme un monument que l'on visite à volonté) à lui attester qu'il a été modifié dans telle occasion, dans telles circonstances

Section II : Des habitudes actives

qu'il se représente, mais sans pouvoir réveiller rien de semblable à la modification passée, encore moins en reproduire l'idée.

Cependant il peut arriver que, dans certaines dispositions physiques, le rappel du signe associé excite dans les organes une sorte de frémissement, produise même une sorte d'effet électrique sur tout le système ; ce n'est point encore là une *idée* de sensation, mais une affection très réelle, présente, sur le renouvellement de laquelle le signe n'aura jamais un pouvoir direct et constant.

La fonction des signes associés à des sentiments, ou des modifications affectives quelconques, sera donc ou nulle, ou *excitative*, et, sous ce dernier rapport, toujours variable et indéterminée ; elle différera donc bien essentiellement de la fonction *représentative*, dont nous avons parlé en premier lieu : cependant, si l'individu ne réfléchissait pas, il se sentirait incessamment porté à les confondre ; l'habitude lui ferait étendre, sans qu'il s'en aperçut, le pouvoir de ses premières associations réelles, à tout ce qu'il aurait pu, dans la suite, revêtir de signes ; et il croirait fermement avoir des idées, toutes les fois qu'il trouverait des mots dans sa mémoire. Cette illusion dominerait surtout la pensée, lorsque les noms se rattacheraient à des idées vraiment archétypes, à des concepts purement imaginaires, à des êtres fantastiques, mystérieux, moteurs de craintes ou d'espérances, etc. Mais n'anticipons pas sur ce que nous devons dire ailleurs, et ne poussons pas plus loin une fiction qui, invraisemblable dans le fond, ne nous en a pas moins fourni des résultats directement applicables aux premières habitudes de notre langage.

Résumons-les ici en peu de mots, et concluons : 1º Que les signes articulés, secondairement associés avec les perceptions, remplacent les mouvements premiers, devenus insensibles par leur répétition continuelle, renouvellent l'activité de conscience, perdue ou voilée par l'effet de l'habitude, approprient les impressions à la faculté motrice du rappel, et les font passer du domaine de l'imagination sous celui de la mémoire.

2° Que l'extrême facilité et rapidité du langage tend à ramener de nouveau à un aveugle mécanisme toutes les opérations auxquelles il sert de fondement, à en obscurcir l'origine, à en faire méconnaître la nature et le nombre ; que cet effet de l'habitude correspond à l'affaiblissement progressif de *l'effort vocal*, ou de la détermination motrice, et nous cache les liens qui unissent nos signes à nos idées (comme il nous dérobe ceux qui existent entre les mouvements ou les déterminations premières du tact, et les impressions visuelles) ; que c'est ainsi que nous parlons trop souvent *à vide*, en croyant penser, ou que nous pensons avec la rapidité de la parole sans nous douter de sa nécessité (comme nous ne croyons pas à la nécessité d'intervention du tact, dans les jugements de la vue) : effets dont nous verrons bientôt les conséquences.

3° Que dans tous les cas où il s'agit d'associer un signe à une perception, ou à une image déterminée, c'est toujours la faute de l'individu, de sa précipitation, de sa légèreté d'habitude, si l'association est irrégulière ou mal faite, et le rappel sans effet représentatif. Mais tous ses efforts d'attention sont inutiles, ou cette attention volontaire est elle-même impossible, lorsqu'il veut étendre le pouvoir de ses signes hors des bornes de la *représentation* ; car la nature, qui n'a pas donné de signes de rappel aux sensations ou modifications purement affectives, ne veut pas que l'art soit plus puissant qu'elle.

4° Dans l'association des signes et des idées, il importe donc de distinguer les obstacles qui peuvent provenir de la nature de l'un ou l'autre des termes à associer. L'effort ou la détermination du mouvement (*signe*) peut avoir trop ou trop peu d'intensité ; l'impression peut être trop faible ou trop affective : il n'y a d'association régulière possible, que dans le développement égal et simultané de la force motrice sur les deux termes ; ce qui suppose qu'ils lui sont tous les deux également soumis ou appropriés. Ces résultats nous conduisent à distinguer actuellement différentes fonctions des signes, et autant de modes parallèles dans l'exercice de la faculté qui consiste, en général, à les rappeler.

Si les signes sont absolument vides d'idées, ou séparés de tout effet représentatif, de quelque cause que provienne cette isolation, le rappel n'est qu'une répétition simple de mouvements ; j'en nommerai la faculté *mémoire mécanique*.

Lorsque l'association se trouve exactement fondée sur les conditions dont nous avons parlé, et qui seules peuvent la rendre utile, le rappel du

Section II : Des habitudes actives

signe étant accompagné ou suivi immédiatement de l'apparition claire d'une idée bien circonscrite, je l'attribuerai à la *mémoire représentative*.

Le signe exprime-t-il une modification affective, un sentiment, ou encore une image fantastique quelconque, un concept vague, incertain, qui ne puisse être ramené aux impressions des sens (source commune de toute idée, de toute notion réelle), et qui, par là même, jouisse d'une propriété *plus excitative*, le rappel du signe, considéré sous ce dernier rapport, appartiendra à la *mémoire sensitive*.

Ces trois facultés ne sont que trois modes d'application de la même force motrice qui *rappelle* ; mais elles diffèrent essentiellement, tant par la nature des objets et, pour ainsi dire, des matériaux sur lesquels elles s'exercent, que par les habitudes très remarquables que leur exercice répété peut faire contracter à l'organe de la pensée ; c'est ce que je me propose de rechercher dans les chapitres suivants.

Chapitre II
De l'exercice et des habitudes de la mémoire mécanique

Les sons ou tons articulés, considérés en eux-mêmes, et abstraction faite de toute valeur représentative actuelle, ne sont que de simples produits de la force motrice : s'ils diffèrent des autres *mouvements* volontaires, proprement dits, c'est parce que ceux-ci ne se manifestent à la conscience que par cette impression particulière *d'effort* qui se proportionne toujours à la résistance ou à l'inertie des organes ; tandis que le son est doublement sensible à l'individu qui l'émet volontairement, et par ce même effort, et par la perception que l'ouïe en reçoit.

Retenir, rappeler des sons, exercer la mémoire mécanique, ce n'est donc que retenir et répéter une suite de mouvements aussi cette mémoire des mots est-elle la première en exercice c'est celle de nos facultés dont la culture est la plus simple, la plus assurée, la plus extensible dans ses produits ; son accroissement est aussi sensible, et paraît suivre les mêmes lois que celui des forces musculaires.

Les habitudes de cette faculté mobile, la manière dont elles se contractent, les effets qu'elles produisent, portent l'empreinte du plus parfait mécanisme, et indiquent elles-mêmes leur origine. C'est ce dont nous allons juger, en appliquant au sujet actuel ce que nous avons dit en général de la répétition de nos mouvements.

I. – Soit donnée une série de mots à apprendre (comme on dit) par cœur, ou à réciter dans un ordre fixe et déterminé ; que ces termes soient intelligibles et représentent des idées liées entre elles, ou non, cela importe assez peu au but présent ; car il faudrait également concentrer toute son attention sur le matériel des sons ou caractères ; autrement, on retiendrait bien le sens de telle phrase, de tel discours ; mais, par cela même qu'on s'en serait approprié les idées, il deviendrait souvent impossible de les exposer précisément dans les mêmes termes, ou dans le même ordre, et on aurait ainsi manqué le but proposé. C'est donc exclusivement de l'association successive de tels mouvements vocaux, qu'il importe de s'occuper : pour cela, d'abord il faut insister sur chaque articulation [⊠], déployer un certain degré d'effort, imprimer, en un mot, à l'organe qui est là le principal intéressé, les déterminations qui doivent faciliter son jeu. En répétant plusieurs fois le même exercice, l'instrument vocal se monte peu à peu sur un ton persistant. L'attention ou le déploiement de forces nécessaires, dans le principe, pour exécuter chaque mouvement en particulier, diminue progressivement ; bientôt le ressort animé jouera de lui-même à la plus faible impulsion : le rappel s'exerçant simplement sur le premier terme, tous les autres viendront se ranger à la file dans leur ordre, sans être appelés, sans qu'il soit même possible de les écarter. C'est bien là la légèreté, la promptitude, l'automatisme des mouvements d'habitude.

En articulant les formules habituelles, la pensée est donc oisive ou distraite, et le mécanisme n'en va que mieux ; une attention superflue enrayerait sa mobilité, comme une force trop grande et disproportionnée à la résistance, roidit les muscles et empêche leur jeu.

La fixité qu'ont acquise les déterminations vocales, la presque indépendance actuelle où elles sont de la volonté qui les forma dans le principe, nous expliquent comment il est si difficile d'intercaler de nouveaux termes, de changer l'ordre, la vitesse [⊠] de succession ; la mesure, l'accent, l'élévation ou l'abaissement de la voix sur certaines syllabes, etc., quand tout cela se trouve converti en mécanisme par une longue et fréquente répétition : ainsi se trouve justifié le titre que nous avons donné à cette espèce de mémoire.

2° Celui qui a fait aujourd'hui telle quantité de mouvements, sera capable d'en supporter demain une plus grande, et ainsi de suite : comme celui qui a porté tous les jours le veau naissant finira par porter le bœuf, de même celui qui a retenu par cœur 10 lignes en un jour, peut en apprendre 12 le lendemain, etc. ; et on s'applaudit de ces progrès matériels qui se mesurent, pour ainsi dire, à la toise... Ce n'est pourtant pas de cette manière que se mesurent les vrais progrès de l'intelligence ; ce n'est pas ainsi, et en avançant, pour ainsi dire, dans une même ligne droite, que se développe la force pensante ; ses ressorts délicats veulent être maniés avec un peu plus de soin et de précaution ; ils sont sujets d'ailleurs à plus de perturbations et d'anomalies dans leur jeu.

Cependant, quelque généralement extensibles que soient ces forces mécaniques, l'habitude même les fixe et les circonscrit dans certaines bornes : des dispositions générales, ou de la direction particulière qu'elle a imprimées à notre force motrice, dépendent toujours les degrés de difficulté ou d'aisance, de peine ou d'attrait que nous éprouvons, quand il s'agit de passer d'une espèce ou d'une série de mouvements, d'actes ou d'impressions, à une série nouvelle. L'analogie seule peut, dans ce cas, nous ménager des secours, des points de repos, nous rendre le passage facile et le changement agréable.

L'analogie des sons, des mots, comme celle de toute espèce d'impressions, d'idées, etc., ne peut être fondée que sur leur identité partielle, sur la reproduction fréquente des éléments semblables qui les composent. Y a-t-il plusieurs de ces éléments communs entre deux termes, ou deux suites, l'organe préoccupé de l'une est déjà tout disposé à se prêter à l'autre. C'est tout à la fois changement et constance, variété et uniformité ; de là la facilité, l'attrait [1]. Au contraire, faut-il passer d'une série familière à une autre opposée, ou qui ne renferme aucun élément commun, il faut faire violence à toutes ses habitudes ; de là les

[1] On sait avec quelle facilité et quel attrait l'oreille et la voix, qui sont liées par la communauté des habitudes, passent d'un ton fondamental à son octave, sa quinte, ou sa tierce, qui y sont renfermées ; ou de tel mode au *relatif*, déterminé par les notes communes que porte son accord. (C.)

Maine de Biran

difficultés, la peine. Lorsqu'on est accoutumé [1], par exemple, à ne réciter que des vers, on apprend, en général, assez difficilement la prose ; et, en général, on a bien plus de dispositions pour retenir les poètes. Les désinences semblables, le retour périodique des mêmes syllabes, surtout le rythme, la mesure, sont autant d'analogies, qui donnent des ailes à la mémoire ; l'oreille, frappée comme par une suite de coups égaux et répétés, dans les mêmes intervalles, transmet ces vibrations *isochrones,* au centre moteur, qui, naturellement disposé à les admettre, y coordonne son action propre, et contracte aisément l'habitude de les reproduire, avec une précision, une régularité particulières.

Quoique le rythme de la poésie ne soit qu'un résultat du choix et de l'arrangement des mots, il est remarquable qu'il se retient souvent indépendamment de ces mots, se transforme avant eux en habitudes, et devient ainsi le premier mobile de la mémoire (*numeros memini si verba tenerem,* Virg. Eglog) [2]. Le rythme est aux habitudes de l'oreille, ce que la symétrie est à celle de l'œil.

3º Les moyens que nous venons d'indiquer, en même temps qu'ils étendent et facilitent l'exercice de la mémoire mécanique, peuvent aussi fournir de puissants secours à la faculté représentative ; l'analogie qui règne, même dans les formes matérielles des signes, favorise également, comme on sait, la netteté de représentation des idées auxquelles ils sont associés. Mais il est des circonstances qui se lient exclusivement

---

1 L'oreille, dit Batteux, a ses préjugés aussi bien que l'esprit, et pour peu que l'habitude s'en mêle, l'erreur a autant de crédit que la vérité.
Il y a chez les anciens une sorte de mécanisme auquel l'oreille s'habitue. C'est, non seulement le même espace à parcourir, mais encore la même marche, le même retour de brèves et de longues qu'on peut comparer à ces refrains dont le chant nous paraît, quand une fois nous le savons, plus naturel que celui de la plus touchante mélodie, qui ne s'est fait entendre qu'une fois. Par exemple quand nous avons entendu cinq ou six vers asclépiades couant sur les mêmes dactyles, nous savons si bien cette marche que notre oreille prend les devants, elle attend les dactyles ou pieds caractéristiques et se frappe elle-même des sons brefs ou longs qu'elle a retenus. C'est cette habitude qui nous fait paraître si chantants les vers grecs et latins, et comme nous ne l'avons pas pour nos vers français qui peuvent revenir mille fois sans rapporter à l'oreille les mêmes sons ni la même quantité de syllabes, les plus beaux vers français sont pour nous ce qu'est un bel air que nous entendons pour la première fois. (E.)

2 *Naturà ad numeros ducimur.* Le mouvement rythmique constitue une sorte d'imitation musicale ou poétique de chaque sentiment ou affection particulière qui a ses mouvements propres. De quoi, en effet, le mouvement n'est-il pas le signe ? C'est là une source d'expression ou d'imitation vraiment inépuisable. (E.)

Section II : Des habitudes actives

au mécanisme dont nous nous occupons ici, et qui sont propres à le convertir en habitude dominante.

Ces circonstances peuvent se tirer encore du caractère particulier des signes usuels ; en second lieu, de la manière dont ces signes sont entrés d'abord dans la mémoire, et des fonctions qu'ils continuent à y remplir en se répétant.

A) Les mots [1] parlés ou écrits peuvent avoir un caractère propre à fixer ou concentrer sur eux l'attention, au lieu de la réfléchir sur les idées : par exemple, si leur articulation était d'abord très pénible ; si leurs éléments tirés des touches les plus rudes de l'instrument vocal, se trouvaient cumulés, sans analogie sensible dans des expressions longues et embarrassées. Apprendre à parler, à retenir seulement les mots de sa langue, serait une grande affaire, et comme on n'en aurait contracté l'habitude qu'à force de travail et de temps, on continuerait encore par habitude, à s'occuper bien davantage des signes que des choses, on alimenterait sans cesse la mémoire mécanique, ses produits auraient toujours de la vogue et de l'importance, et les *sciences de mots* seraient en honneur.

Au contraire des articulations douces, brillantes, sonores, sont bientôt appropriées à l'organe vocal, dont elles entretiennent la flexible mobilité ; mais elles flattent si agréablement l'oreille, qu'on les retient encore pour elles-mêmes ; c'est comme une suite de tons mélodieux qui font oublier le *motif* du compositeur. La sensibilité de l'ouïe est ainsi exercée, mais la pensée demeure oisive et s'habitue à l'inaction.

C'est ainsi que la mémoire mécanique peut s'accommoder des

1 Les habitudes de la mémoire comme de toutes les opérations mécaniques tendent à rendre permanent l'état de rêverie et de distraction. On perd la capacité d'observer et de réfléchir. C'est cette incapacité qui produit les châteaux en l'air, le rabâchage mental, état si ordinaire des têtes vides (voyez *Éducation pratique*, t. II, p. 295). (E.) C'est cet effet du plaisir attaché au retour des mêmes syllabes qui est Io fondement de l'analogie, dans toutes les langues. La variation du nom adjectif, selon le genre du substantif, qui s'est introduite dans les langues anciennes, paraît être née du goût d'une certaine similitude de sens, d'un certain genre de rimes, naturellement agréable à l'oreille de l'homme (SMITH, *Considérations sur les langues*). L'amour de l'analogie et de la similitude des sons est le fondement de la plupart des règles de grammaire. (E.)

deux extrêmes. Ses habitudes se fortifient aussi de l'usage des signes *arbitraires,* après qu'ils ont perdu les traces de leur origine et que leur première empreinte sensible se trouve effacée. Les conventions qui fixent leur valeur sont trop souvent vagues, on les ignore ou on les oublie ; il faut toujours un certain travail pour remonter vers elles, et il est si facile de retenir des mots, d'en parcourir rapidement les séries. Une langue écrite (par exemple comme celle des Chinois) force à penser en lisant, tandis que notre écriture nous conduit seulement à la parole articulée, qui trop souvent elle-même ne nous mène à rien.

B) La plupart des mots que nous avons appris dans notre enfance n'ont été d'abord que de simples habitudes de l'oreille et de la voix. La mémoire mécanique a formé presque toute seule notre premier vocabulaire (j'entends celui qui s'étendait au delà de nos besoins et des objets qui frappaient immédiatement nos sens) ; une éducation mal entendue s'est emparée de ces matériaux informes, tels que le hasard ou les circonstances les avaient présentés, et a construit avec eux. Nous savions déjà articuler assez de mots vides de sens, et notre éducation secondaire a-t-elle eu souvent d'autre objet que de grossir et d'étendre ce premier magasin ? N'est-ce pas presque toujours avec des mots insignifiants qu'on apprend à lire, écrire, traduire, réciter, etc. ? Quel aliment pour la jeune intelligence ! Sans doute il eût été heureux pour nous, presque tous tant que nous sommes, d'avoir été *sourds-muets* jusqu'à l'âge de raison, et d'avoir eu des Sicard pour instituteurs ; nous n'aurions pas connu le joug des habitudes mécaniques de la mémoire, ni cette triple enceinte de termes vides de sens qu'il nous a été ensuite si pénible de franchir [1].

---

1 J'allais m'étendre un peu plus sur ce sujet, mais j'ai songé à tout ce qu'en a dit l'éloquent philosophe de Genève, et je me suis arrêté... On ne saurait trop déplorer, sans doute, que la sublime raison de ce philosophe n'ait pas eu encore, sur l'esprit de ceux qui dirigent l'instruction publique, le même ascendant qu'eut, dans le temps sa pathétique éloquence sur les cœurs des mères de famille. Plus on étudiera la génération de nos idées et l'ordre de filiation de nos facultés, plus on se convaincra de l'excellence du plan qu'il trace, pour former et développer les premières habitudes de l'intelligence ; mais, pour bien apprécier ce plan, pour s'en pénétrer, il faut avoir médité les principes de l'idéologie ; et on aime mieux, en général, critiquer cette science sans l'entendre, que de l'étudier pour en saisir les utiles applications ; cela est plus commode. (C.)
Ne pouvant atteindre à cet ordre d'idées et de vérités, on affecte de les mépriser. Rien n'abrège plus les difficultés que le mépris. (E.)

Section II : Des habitudes actives

Les effets qui résultent de l'exercice exclusif de la mémoire mécanique sont faciles à apercevoir, et une expérience trop constante les rend assez manifestes... La rapidité progressive des termes articulés empêche le plus souvent tout retour réfléchi vers les idées, qui demeurent nulles ou vagues et indéterminées. La facilité dégénère en automatisme, exclut tout effort d'attention. La pensée languit, ses forces se perdent, son organe devient incapable de remplir ses véritables fonctions ; tout se passe, pour ainsi dire, hors de son sein ; rien n'arrive ou ne persiste dans sa substance intime, rien ne part de ses profondeurs. Comme dans ces tempéraments *athlétiques* (s'il m'est permis d'user ici d'une comparaison qui peut être fondée jusqu'à un certain point), où le principe de la vie se concentre dans les muscles, accroît leur volume, leur masse, et n'étend les *opérations matérielles de la force* qu'aux dépens des fonctions les plus relevées ; l'intelligence, étouffée ici par une mobilité sans objet, ne croit qu'en surface, en bouffissure et manque toujours de la vraie énergie, celle qui prend sa source dans une sensibilité justement tempérée par la force.

Chapitre III
De l'exercice et des habitudes de la mémoire sensitive

I. – La nuance qui sépare la mémoire mécanique de la mémoire sensitive est, dans certains cas, assez difficile à saisir. C'est comme le passage de la nuit, où l'on ne voit rien, à la lueur faible et incertaine du crépuscule, qui égare la vue parmi les ombres et les fantômes.

Du rappel d'un mot tout à fait vide d'idées au rappel d'un autre mot, accompagné d'un *je ne sais quoi* qui n'est pas *idée,* mais qui est quelque chose de plus qu'un son, qu'un simple mouvement, la différence doit être souvent insensible, surtout si ce *je ne sais quoi* disparaît dans la rapidité de l'articulation et ne laisse pas plus de traces dans la pensée que le souffle échappé des lèvres.

La mémoire mécanique roule dans la sphère uniforme des mouvements articulés ; son exercice est simple ; ses matériaux sont à peu près de même nature, ses habitudes constantes, faciles à reconnaître et à signaler.

Mais, à partir de ce vague extrême qui confine au néant, jusqu'à ces sentiments énergiques, impétueux, que tels mots (quoique également vides de représentation) ont acquis le pouvoir d'exciter, la distance paraît grande ; les nuances sont très multipliées, les termes singulièrement variés et hétérogènes. Dans l'extrême variété de ces termes et de leurs produits sensitifs, nous nous attacherons principalement à ceux qui peuvent le mieux nous déceler le caractère de la faculté qu'ils alimentent. Mais auparavant il est nécessaire de remonter encore aux premières associations du langage, pour y chercher les causes qui donnent aux signes tantôt une acception si mobile, si incertaine, tantôt un pouvoir excitatif si énergique et si constant. De là se déduiront aisément les diverses habitudes qui doivent naître de l'usage et de la répétition continuelle des signes de cette espèce.

II. – Plusieurs de nos termes ont été destinés d'abord à exprimer des sensations ou modifications affectives, des appétits, des besoins, des sentiments. C'est là ce qu'un instinct premier nous entraîne à manifester involontairement, et nous saisissons ensuite les signes conventionnels qui peuvent nous en fournir les moyens *disponibles,* avec d'autant plus de promptitude et de facilité, qu'ils se confondent presque avec les mouvements ou actions que la nature seule avait auparavant employés à la même fin.

Notre première langue est donc nécessairement celle des *sensations.* Mais pour peu que nous continuions à la suivre et à l'adopter par choix, son usage pourra produire des habitudes aussi funestes au développement de l'intelligence, que ses effets de *réclame* avaient d'abord été utiles et nécessaires à la conservation et au maintien de la vie physique.

La langue des sensations, et en général du sentiment, ne saurait être *représentative* (comme nous l'avons vu) ; elle ne comporte point l'exactitude et la froideur de l'analyse, n'a pas besoin d'ailleurs de précision pour être *à peu près* entendue, s'accommode même très bien du vague et de l'indétermination, et retire quelquefois de là ses plus grands effets ; il n'est point enfin au pouvoir de l'homme de lui donner aucune fixité : ici toute mesure, tout module constant lui échappe. Et comment le signe conserverait-il en effet quelque valeur fixe, lorsque

Section II : Des habitudes actives

la chose exprimée varie sans cesse ? Supposons, par exemple, que l'on attache un nom à une odeur, une saveur, à une *sensation* simple quelconque (dégagée, s'il est possible, de tout ce qui n'est pas elle), cette modification, agréable dans sa nouveauté, devient indifférente ou déplaisante par l'habitude : ce n'est donc plus la même, et cependant on lui conserve le même nom. Un vieillard se servira des mêmes termes, pour exprimer ces sentiments, ces plaisirs qu'il goûta dans la fraîcheur de ses organes : croit-on que les signes aient toujours pour lui la même acception ? C'est donc par un jugement bien illusoire, par une habitude profonde dont nous indiquerons ailleurs les effets, que nous transportons l'identité du signe et la fixité des circonstances *perceptibles* associées à la modification qui n'est plus.

Si nous nous bornions donc à parler de ce que nous avons *senti,* nos expressions seraient toujours, ou à peu près vides, ou du moins très vagues, indéfinies et indéfinissables. La répétition continuelle du même langage nous ferait une habitude de l'indétermination ou des illusions de plusieurs genres, et par là-même absorberait toute capacité, toute *vérité* de représentation, toute énergie réelle de la pensée.

Tels seraient les effets généraux de la langue molle et incertaine des sensations. Mais l'exercice de la mémoire sensitive se fonde encore sur des termes qui ont un pouvoir singulier d'excitation sur divers signes d'idées *archétypes,* qui acquièrent dans la pensée une consistance souvent égale à celle des objets réels, et un empire toujours supérieur. L'énergie de ces effets va croissant, par la répétition ou le rappel disponible des mêmes sons articulés ; et de là naissent les habitudes les plus profondes, les plus opiniâtres, celles dont il importerait le plus de reconnaître les causes pour en détourner ou modérer la terrible influence.

Ici se présente, sous une autre face, la même question que nous nous sommes déjà proposée (dans le chapitre IV de la section précédente).

« Comment se fait-il que certains sentiments, loin de se flétrir par l'effet ordinaire de l'habitude, acquièrent au contraire une force, une vivacité croissante, par le *rappel* fréquent des signes associés qui les expriment ?... » On peut appliquer à la question présente tous les résultats que nous a fournis la première ; car le fond du sujet est bien le même, il se compose d'éléments semblables ; mais ici, la persistance des habitudes s'accroît encore, les effets s'étendent et se compliquent par l'intervention des signes *disponibles* que l'individu peut reproduire à chaque instant, et dont il s'électrise lui-même, par les idées fantastiques particulières qui se rallient à l'usage de ces signes, et n'existeraient point sans eux ; enfin, par les diverses combinaisons qu'ils fixent ou déterminent, les comparaisons et les jugements qu'ils motivent. C'est sous ces nouveaux rapports que nous examinerons les matériaux et les habitudes de la mémoire sensitive.

III. – L'être sensible et moteur est imitateur par instinct. Les mouvements, les gestes, l'accent, le ton, toutes les démonstrations extérieures de ce qui l'environne, le frappent de bonne heure et attirent son attention ; il est entraîné à imiter, à répéter tout ce qu'il voit faire, et ses organes mobiles contractent le pli de plusieurs actions, bien longtemps avant que sa pensée ne soit capable d'en saisir le but ou d'en pénétrer les motifs [1].

Ces actions, ces signes extérieurs que l'enfant imite, sont liés (dans l'esprit de ceux qui lui servent de modèles) à des sentiments ; ces sentiments le sont peut-être à quelques idées, et les sentiments comme les idées, à des sons articulés qui expriment en même temps et les uns et les autres; l'enfant saisit d'abord les mouvements et le mot par le même principe d'imitation ; bientôt sans doute, par un autre effet sympathique, il éprouvera le sentiment ; mais l'idée (si elle existe) étant toujours la plus difficile, la plus éloignée et la moins intéressante à connaître, ne viendra que tard et demeurera peut-être toujours flottante et incertaine.

Que l'on frappe souvent, par exemple, les oreilles d'un enfant de certains termes correspondants à des idées archétypes quelconques ; que l'on joigne à cette articulation d'autres signes ou mouvements du corps, du visage, qui expriment la vénération, le respect, l'admiration;

---

1 Il ne serait pas impossible que la même chose eût lieu dans les animaux, qui se dirigent ainsi en partie par imitation : par exemple, la poule fuit en apercevant l'épervier ses poussins fuient avec elle et contractent peut-être l'habitude de la fuite dans la même occasion) avant celle de la peur, et celle de ce sentiment avant *l'idée* expérimentale du danger qui servirait de *motif* si l'instinct seul n'en tenait pas lieu. (C.)

Section II : Des habitudes actives

ou l'effroi, la crainte, l'horreur, le mépris, etc. L'enfant, assurément, n'attache point d'idées nettes à tout cela ; mais il répète et retient fort bien les mots, les gestes, les attitudes qui le conduiront bientôt à éprouver quelques nuances des sentiments qu'ils expriment, et cela en proportion du développement de sa sensibilité, que ces circonstances mêmes peuvent rendre plus précoce.

Lorsque, par l'effet d'une répétition assidue, ces sons, ces mouvements et ces sentiments se sont étroitement associés ensemble, tel mot qui vient ensuite frapper l'oreille ou se présenter à la mémoire, détermine, comme par une force involontaire et mécanique, la même action dans les organes moteurs et l'excitation accoutumée dans le système sensible [1]. C'est ainsi que des exemples répétés et d'anciennes habitudes entraînent la plupart des hommes à admirer, à s'extasier, à frémir, à trembler, à s'indigner, à se passionner enfin de toutes manières, sur les mots les plus insignifiants, les plus vagues, les plus vides d'idées, et qui, par la violence même des sentiments qu'ils excitent, sont condamnés à demeurer toujours dans l'indétermination la plus complète.

Si les termes ainsi appris et rangés parmi les premiers matériaux de la mémoire sensitive, vont se rallier à des êtres invisibles, jugés ou supposés existants dans les profondeurs du temps ou de l'espace, l'imagination s'en empare bientôt comme de ses aliments propres, et se hâte de les nuancer de quelques couleurs, de les revêtir de quelques formes : cette représentation, plus ou moins confuse, fortifie le jugement d'existence réelle (voyez la note, chapitre IV) et donne un motif à la crainte ou à l'espérance. Dès lors, les images prennent un nouvel ascendant ; le jugement qui les réalise en reçoit une nouvelle force ; toutes les déterminations s'approfondissent par leur durée, par la répétition des mêmes signes, des mêmes causes qui leur ont donné naissance. Ainsi l'on croit d'abord à ce qu'on imagine, on croit d'autant plus que l'on sent, et qu'on aime à sentir (même à avoir peur) ; lorsqu'on a cessé d'imaginer, on croit encore aux mêmes mots, par habitude, et parce qu'on ne se souvient plus des motifs premiers et matériels de sa croyance.

---

1 Les signes qui excitent le sentiment sans réveiller dans l'imagination des idées directes ou déterminées sont ceux qui ont le plus d'empire. Voilà pourquoi les arts qui font usage de ces signes vagues sont aussi les plus attrayants. (E.)

Maine de Biran

C'est ainsi que les enfants, et tant d'hommes enfants, ont appris à croire fermement à l'existence des sorciers, des revenants, des fées, des génies, du tartare, de l'Élysée, etc. Lorsque des associations, de cette nature, où l'imagination et le sentiment entraînent le jugement ou la foi, ont été cimentées par une longue habitude, c'est alors que les mots qui les ont fixées par une longue répétition, semblent doués d'une puissance magique surnaturelle ; leur articulation, leur rappel, ébranlent le système entier, comme d'un coup électrique. Comment donc ces termes pourront-ils supporter dorénavant l'examen froid et réfléchi, le coup d'œil sévère et calme de la raison ? Interrogera-t-elle les fondements d'une croyance aveugle ? Mais elle s'arrête involontairement devant ces titres nominaux que leur ancienneté consacre ; elle tremble et s'humilie. Pèsera-t-elle à sa balance une foule de notions confuses qui flottent au gré des habitudes, des préventions, des préjugés aveugles de l'enfance ? Mais ces termes, en frappant l'oreille ou la vue, font vibrer encore quelque ancienne corde sensible, et le philosophe redevient enfant. En vain il lutte contre cette terrible force, en vain il croit s'être affranchi de ses liens, et percer avec toute la liberté et la profondeur de la réflexion, jusqu'aux régions pures de la, vérité ; les premiers produits de la *mémoire sensitive* se glissent peut-être sans qu'il s'en aperçoive parmi les éléments d'une sage analyse; et l'ouvrage construit avec ces matériaux hétérogènes, sera comparable à ces vieux édifices réparés, où l'œil attentif démêle encore les traces des formes gothiques et bizarres que tous les travaux et les talents de l'architecte n'ont pu entièrement effacer. Telle est la force des premières habitudes !

IV. – Si nous rapportons encore à la mémoire sensitive tout terme qui, dénué de capacité représentative quelconque, excite néanmoins quelques sentiments plus ou moins énergiques, plus ou moins obscurs ou confus, nous trouverons un vaste champ ouvert à l'exercice et aux habitudes de cette faculté dans les abstractions, les rêveries, les hypothèses des philosophes (ou de ceux qui ont longtemps usurpé ce titre), et surtout dans les comparaisons illusoires sur lesquelles ils ont souvent bâti de vains systèmes.

Lorsque, transportant à des concepts chimériques quelques-unes des propriétés, et par suite les noms mêmes des objets familiers, ils détournent la valeur des signes, les font passer d'abord, à dessein, du sens propre et naturel, au figuré et à l'abstrait ; puis, par l'habitude même de les considérer sous ce nouveau rapport, oublient ou méconnaissent leur première origine ; lorsque, à force de contempler le sensible dans l'abstrait, ils finissent par les identifier ou les confondre ; lorsque enfin leur imagination, mise en jeu par le vague, l'incertitude et le double sens des termes, jette un reflet trompeur sur des ombres, et leur imprime la couleur, la consistance de la réalité ; ... font-ils autre chose qu'étendre le domaine de la mémoire sensitive, accroître (par des expressions *mixtes*, par des noms simples devenus mystérieux) le nombre de ses matériaux, fortifier enfin des habitudes dont la durée et la vogue de leurs systèmes suffiraient pour montrer toute l'opiniâtreté ?

Les visions systématiques des philosophes, les illusions séduisantes des poètes, les besoins de l'imagination, et, avant tout, ce pouvoir des premiers *signes d'habitude* qui nous entraîne à juger de l'identité par les analogies les plus imparfaites (voyez chap. III, 1re Part., art. 1er), tout a contribué à altérer le titre des termes d'abord représentatifs, à les faire passer insensiblement, et par un effet même de l'habitude, du propre au figuré, du sensible à l'abstrait, de l'imitatif à l'arbitraire : de là ont dû résulter, dans les communications ordinaires, plusieurs abus du langage à peu près semblables à ceux qui ont servi de fondement aux systèmes abstraits des philosophes.

Lorsque le sens figuré est devenu propre, par l'emploi répété qu'on en a fait, la première empreinte sensible étant absolument effacée, le signe n'a plus exercé qu'une fonction arbitraire et a dû souvent dégénérer en un pur mécanisme, comme nous l'avons observé dans le chapitre précédent ; mais, avant d'atteindre ce degré, il est souvent arrivé, sans doute, ce qui nous arrive à nous-mêmes lorsque nous transportons par choix, et peut-être sans nécessité, le nom d'un objet sensible à une idée abstraite. L'expression métaphorique semble nous éclairer alors d'une double lumière, l'une directe, l'autre réfléchie ; mais ces deux espèces de rayons peuvent se croiser dans la pensée, qui, se trouvant ainsi éclairée par un faux jour, ne voit rien de distinct et demeure indécise, ou, n'apercevant que des apparences trompeuses, prend une fausse direction et laisse la réalité pour suivre des ombres ; cette incertitude, ces illusions, ces surprises, qui sont si propres à exercer le sentiment, affaiblissent d'autant la faculté de représentation. L'usage répété et

Maine de Biran

immodéré des figures, augmentant toujours le nombre des expressions vagues et indéterminées, fortifiera donc les habitudes de la mémoire sensitive et les rendra prédominantes.

En général, plus une langue abondera en tropes de toute espèce, allégories, métaphores, inversions, etc., plus les signes y rempliront une fonction excitative, et plus leur usage constant favorisera l'exercice de la faculté dont nous parlons. Les systèmes abstraits, les visions systématisées, dans tous les genres, y naîtront et s'y propageront comme dans leur élément naturel ; ce sera la langue favorite des séducteurs et des ennemis de la raison humaine ; elle pourra fournir aux uns des *armes*, aux autres des *talismans*.

La répétition des signes exclusivement propres à exciter le sentiment (et on voit qu'ils peuvent produire cet effet de bien des manières) parvient à modifier, en quelque sorte, l'organe de la pensée, comme l'usage des irritants factices modifie et dispose les organes internes ou les centres de sensibilité. La pensée s'attache de même à ses mobiles habituels d'excitation, les réclame, les appelle sans cesse, ne peut plus se passer d'eux, ni sortir de leur enceinte, et cependant elle se dégoûte de tous les aliments de bon suc et perd, si l'on peut s'exprimer ainsi, la *faculté de les digérer*. Aussi voyons-nous ces hommes accoutumés à se repaître de chimères, repousser opiniâtrement *tous les produits de la raison éclairée, comme des éléments hétérogènes à leur nature*.

Pour exprimer les habitudes (ou les dispositions constantes de la pensée) qui naîtraient de l'exercice répété de la mémoire mécanique, nous avions pris pour terme de comparaison cette espèce de tempérament où les forces motrices dominent et absorbent les forces sensitives ; nous rapportons maintenant les habitudes dont nous venons d'indiquer la formation et les effets généraux à cet autre tempérament, où la sensibilité prédomine sur le mouvement. Quoique ces dispositions paraissent opposées entre elles, elles ont néanmoins pour résultats communs l'entraînement de la volonté, l'incapacité d'attention et de réflexion, l'inertie de la faculté représentative. Voyons comment cette dernière faculté peut naître et se fortifier par la répétition des moyens propres à ramener et à maintenir l'équilibre des *forces*.

Section II : Des habitudes actives

Chapitre IV
De l'exercice et des habitudes de la mémoire représentative

Indication des moyens propres à former ces habitudes

Mémoire ou *rappel* des signes, *mémoire* ou *représentation des formes et des figures,* voilà peut-être où vont se réduire, en dernière analyse, toutes les opérations, tous les *produits* réels et consistants de ce que nous avons appelé l'intelligence humaine.

Les signer, ne peuvent avoir de valeur représentative que par *les idées* auxquelles ils sont associés ; les idées (en prenant ce mot dans son acception propre et directe) ne peuvent être que les images ou copies des *perceptions,* et il n'y a de perception réelle que des formes, des figures et des sons (voyez l'Introduction) ; tout le reste fuit comme l'ombre. « *Par levibus ventis volucrique simillima somno.* »

Nos perceptions, nos idées et nos signes dérivent de la même source, appartiennent à la même classe d'impressions *actives* ; on peut donc, sous ce rapport, les considérer comme éléments homogènes ; et, en effet, la facilité avec laquelle ces éléments s'unissent, la persistance, la durée et la clarté toujours égales dont jouissent leurs composés, ne peut dépendre que de leur nature, de leurs propriétés intrinsèques ; l'art peut bien les rapprocher, les mettre en contact, mais ne détermine point l'affinité, la force d'agrégation qui leur est propre.

Le signe articulé et l'objet visible ou tangible, par exemple, auquel ce signe s'attache, sont deux perceptions également distinctes, également fixes et disponibles ; la force motrice peut se partager entre ces deux termes, les envelopper dans le même acte sans qu'il y ait là de perturbation sensitive qui arrête ou distrait son déploiement. Le même exercice peut être continué ou répété, selon la volonté de l'individu. Les conditions premières d'une association étroite et durable se trouvent donc parfaitement satisfaites (voyez le chap. Ier, 2e section). Désormais la présence de l'objet déterminera le rappel du signe, et ce rappel provoquera l'apparition de l'image. La fonction est commune et réciproque [1] ; le rappel se facilite par la familiarité de la perception,

---

1 Cette réciprocité n'a point lieu dans les signes des sensations ; une odeur, une

et la représentation par la fréquence du rappel volontaire. La mémoire s'appuyant ici également sur le signe qui conduit à l'idée et sur l'objet qui ramène au signe, aura donc un double mobile ; ses habitudes acquerront aussi une double persistance. Les noms ne seront point à vide et ne laisseront dans la pensée aucun nuage qui ne puisse être promptement dissipé par de nouvelles expériences ; enfin (et cet avantage inestimable est exclusivement attaché à la classe de nos impressions perceptibles) la fixité de l'image correspond à celle du signe articulé disponible ou à la *permanence* du signe écrit, dessiné, etc., comme la valeur constante de ce signe repose à son tour sur l'invariabilité de l'objet qu'il représente ; il n'y a point là d'illusions, de prestiges, ni d'habitudes mécaniques. Fixée par ces instruments admirables, que le besoin ou le génie inventèrent et dont elle-même a facilité l'usage, l'habitude produit la persévérance dans la pensée, comme la nature l'entretient au dehors. Heureux si tous les matériaux de nos connaissances, tous les éléments de nos combinaisons étaient toujours aussi solides, aussi inaltérables !

Les besoins variés de l'être sociable et indéfiniment perfectible, l'activité propre de la pensée, le développement et l'extension que procure à ces besoins, à cette activité, l'emploi constant et continuellement répété des signes du langage, entraînent bientôt l'individu hors du cercle trop étroit des perceptions, des images et des signes directement associés à leurs objets ; partant de ces éléments comme de points fixes, il les soumet à de nouvelles opérations, les élabore, les combine, les groupe, les sépare d'une infinité de manières. Qu'est-ce qui pourrait mettre des bornes à sa puissance ?

Il a le *mouvement* en lui-même, la *matière* dans les signes et il crée... ou plutôt il arrange, il forme le nouveau monde de ses idées avec les matériaux extraits du monde réel. En habitant l'un, il ne doit donc jamais oublier l'autre ; il doit y chercher et pouvoir toujours y retrouver le nombre, la qualité, la place des éléments qu'il en a tirés. Or, c'est la mémoire représentative qui peut seule fournir ces indications ; c'est d'elle que dépend la liberté de communication des deux mondes, et le passage qu'elle fournit est toujours d'autant plus prompt et plus assuré qu'elle a été plus fréquemment appelée à visiter et à vérifier en

saveur ou une modification intérieure, que je sens actuellement, me fait bien rappeler le nom associé ; mais j'aurai beau articuler le nom, je ne ferai point revivre la sensation. (C.)

Section II : Des habitudes actives

détail les parties du composé idéal, ou que ces parties elles-mêmes sont moins altérées, moins déguisées, plus rapprochées enfin de leur origine sensible.

Pour apprécier la nature des fonctions de la mémoire représentative, dans l'emploi de ces termes ou composés secondaires, pour juger de la facilité avec laquelle elle peut remplir ces fonctions et reconnaître les habitudes qu'elle contracte par la répétition de ces divers exercices, il ne sera plus inutile d'examiner (ou du moins d'indiquer ici rapidement) quels sont, dans les principales classes de nos idées composées, les caractères particuliers qui les approprient davantage à la faculté dont nous parlons.

Écartons d'abord de cette dénomination *d'idée* tout ce qui se rapporte à l'exercice du sentiment, tout ce qui appartient à la fonction *excitative* du signe ; si ce dernier n'est pas un son vide, il ne pourra exprimer qu'un objet représentable, ou susceptible d'être ramené aux représentations claires des sens (par une chaîne plus ou moins longue d'opérations d'analyse, etc.).

1º Prenons pour premier exemple les termes des notions morales, qui nous offrent la double propriété *sensitive*, que nous avons indiquée dans le chapitre précédent, et *représentative*, dont nous nous occupons maintenant.

Ces termes, comme on sait, embrassent sous eux des idées de différente espèce, qui admettent plusieurs sortes d'éléments composés eux-mêmes, etc. ; en sorte qu'il est toujours plus ou moins difficile de les ramener aux perceptions simples et primitives des sens. Cependant, comme le fonds réel et principal de ces idées ne peut jamais être tiré que des perceptions mêmes, combinées et transformées de diverses manières, il n'y a point de doute que la mémoire ne puisse contracter l'habitude de les représenter exactement à l'aide de leurs signes ; et avec d'autant plus de clarté, de promptitude et d'aisance, que les mêmes combinaisons auront été plus soigneusement exécutées, plus souvent répétées, et surtout que les exemples, qui en ont déterminé la formation, se seront plus fréquemment reproduits au dehors. Ces exemples, en effet, quoique composés d'un très grand nombre de circonstances, se circonscrivant alors dans un même tableau, deviennent l'objet d'un seul, ou de plusieurs actes rapidement successifs de la mémoire représentative.

C'est ainsi que nous nous représentons, avec la vitesse de la parole, ce qui compose, en général, le *matériel* de différentes actions ou circonstances, que nous sommes accoutumés à rattacher à tel terme de morale (aussi n'est-il guère de *vertus* ou de *vices* qui ne puissent être représentés par des images sensibles aussi la morale est-elle susceptible d'être mise en tableaux et c'est ainsi peut-être qu'elle atteint le mieux Son but). Mais les termes dont il s'agit ici ne sont pas seulement destinés à représenter le matériel des actions avec leurs circonstances *perceptibles*, ils indiquent de plus des *rapports* de plusieurs genres, et la plupart de ces rapports sont de telle nature, qu'ils ne doivent et ne peuvent point être *mesurés* (comme tout ce qui porte, à plus juste titre, le nom de *rapport*), mais bien *sentis* ; tel est, par exemple, le rapport d'un fils à son père, dans le mot parricide ; celui d'obligé à son bienfaiteur, dans le mot ingratitude, etc.

Il faut bien distinguer le tableau ou la représentation claire que se fait notre esprit des actions et des circonstances morales, liées à un signe, du sentiment dont nous pouvons être affectés par le rappel du signe, ou par la représentation du tableau. Ces deux derniers actes, dépendant des habitudes de la mémoire ou de l'imagination, peuvent en acquérir la constance et la fixité ; mais le sentiment est très sujet à varier dans chaque individu (et souvent dans le même en différents temps), selon les dispositions physiques, le tempérament, le degré de développement moral, qui se proportionne à celui d'une sensibilité plus ou moins exercée, enfin selon l'éducation première et l'expérience acquise des biens et des maux de la vie, expérience qui peut seule faire concevoir ou partager ces biens et ces maux, et déterminer pour eux notre sympathie ou notre aversion. Quelquefois même (comme nous l'avons déjà vu) ce sentiment, ne se fondant sur aucune représentation, aucune idée, s'attache uniquement au son articulé, qui tient d'une première habitude d'imitation le pouvoir de l'exciter. Enfin il est toujours possible de définir l'*idée* : les analyses ou combinaisons antérieures, fréquemment répétées, peuvent faciliter à la pensée les moyens d'en retenir et d'en embrasser les nombreux éléments ; mais le sentiment échappe, par

Section II : Des habitudes actives

sa nature même, à la puissance de ces moyens artificiels, qui lui sont étrangers, et ne sauraient pas plus le captiver que le faire naître.

Il en est du *beau moral* comme du *beau physique* ; on peut apprendre à saisir et à juger l'ensemble d'un tableau, par une application prompte et facile des règles de l'art, dont on a l'habitude ; mais on n'apprend point de même à en *sentir* vivement les beautés.

Peut-être parviendrait-on à faire concevoir à un Asiatique, par exemple, les idées réelles que nous pouvons attacher aux termes *patriotisme, honneur,* etc. ; mais il serait tout aussi difficile de lui en inspirer les sentiments, que de lui faire partager les goûts physiques et sensuels appropriés à nos climats et aux premières habitudes de nos sens [1].

Concluons que les termes des notions morales, que Locke a nommées *modes-mixtes,* ont en général deux fonctions relatives, l'une aux habitudes de la mémoire représentative ; l'autre aux habitudes ou aux dispositions sensitives. Nous avons vu comment ces dernières peuvent se former (chapitre précédent) ; les autres ne sont que des perceptions ou des images, simultanément associées entre elles et à un signe ; cette

---

1 Nous pourrions déduire de ce qui précède deux conséquences, qui sont en opposition avec les principes avancés par Locke (chap. VI et suiv. du liv. III sur *L'Entendement*) : c'est que 1° Les termes de *modes mixtes* ne sont point réellement *archétypes,* c'est-à-dire formés sans modèle et sans *règle,* comme dit ce philosophe. Il n'y a que les images fantastiques, dont nous avons parlé, qui puissent être ainsi désignées ; toutes les idées de modes mixtes que les législateurs ou les moralistes peuvent se former, sont toujours des copies d'actions diverses qui les ont frappés, ou qu'ils conçoivent comme possibles, d'après leurs expériences ou leurs habitudes : la seule différence qu'il y ait entre ces idées, et celle où l'on reconnaît une règle, un modèle, c'est que ce modèle *permanent* dans les *substances,* est fugitif dans les actions qui nous frappent au dehors simultanément, ou en différents temps, et que nous réunissons ensuite sous un signe. Vouloir imaginer arbitrairement des actions qui ne seraient point dans l'analogie des mœurs ou des habitudes de la société où l'on vit c'est comme si l'on voulait imaginer la forme et la figure des habitants de la lune ; ou ce serait imiter le peintre dont parle HORACE : *Humano capiti cervicem pictor equinam,* etc.
2° S'il est vrai que les rapports moraux sont sentis et jamais mesurés ; que les modes variables de notre sensibilité entrent toujours comme termes de rapport dans les jugements que nous portons sur le mérite des actions, il s'ensuit bien évidemment qu'il n'y a point de *démonstration* possible en morale, du moins dans le vrai sens que nous attachons au mot démontrer ; il peut y avoir seulement description, énumération complète de toutes les idées d'actions, ou de circonstances perceptibles, que l'on a réunies sous un tel mot. (C.)

Maine de Biran

association est d'autant plus difficile, et exige un nombre de répétitions d'autant plus considérable, que les éléments du tableau sont plus nombreux, plus variés, plus hétérogènes, et surtout enfin plus fugitifs, puisqu'ils ne vont point se rallier à aucun *modèle extérieur* et *fixe* : ajoutons encore que le sentiment excité par le rappel du signe trouble et obscurcit souvent la netteté de représentation.

2° La mémoire représentative remplit encore les fonctions les plus importantes, les plus nécessaires dans la formation régulière comme dans le rappel des termes de nos diverses idées abstraites, générales, et *complexes mixtes* de tout ordre ; et d'abord dans leur formation, c'est elle qui fournit, conformément à ses habitudes acquises, les signes et les images, ou idées sensibles élémentaires, des objets perçus simultanément ou en différents temps : l'individu contemple alors, dans ces copies rapprochées, ce qu'il n'avait point aperçu dans les modèles ; il établit dans son monde idéal un ordre, qui, transporté de nouveau au monde extérieur, en étend, en facilite singulièrement la connaissance. C'est ainsi qu'il distribue ou range ses idées à côté les unes des autres, selon leurs diverses analogies, ou en abstrait les propriétés communes, forme de nouveaux groupes représentatifs de ces propriétés ; donne à chaque groupe un signe particulier, qui devient ainsi le titre commun d'un plus ou moins grand nombre d'individus, et les détermine à venir se ranger sous ces *étiquettes* de *genre*, de *classe*, d'*espèce*, etc., comme dans autant de cases où il est toujours facile de les retrouver.

Les termes formés de cette manière, sur les rapports de la mémoire, sont encore confiés à son dépôt ; c'est elle seule qui peut les représenter exactement, avec la valeur réelle qui leur a été donnée ; son intervention habituelle, sa fidélité, peuvent seules prévenir les erreurs, les illusions et les habitudes opiniâtres, qui se rattachent si souvent à l'emploi vague et mécanique de pareils termes... Mais abrégeons des détails qui nous éloigneraient trop de notre but ; prenons au hasard le signe d'une idée abstraite ou complexe, d'un ordre quelconque ; s'il n'est pas un son vide de sens, ou une simple habitude de l'oreille, quelle pourra être sa fonction, sinon de *rappeler* un certain nombre déterminé de qualités sensibles, que la faible vue de notre intelligence, ne pouvant embrasser à la fois, saisira, ou percevra en détail, dans les signes ou idées intermédiaires qui se sont groupés pour former cette combinaison

Section II : Des habitudes actives

élevée, ou bien de nous retracer, et de nous déterminer à parcourir de nouveau, dans un ordre inverse, la suite d'opérations, de comparaisons, que nous exécutâmes sur les représentations directes des sens ou de la mémoire, avant de parvenir au terme abstrait dont il s'agit ?... Dans tous les cas, rappeler un faisceau, ou une série d'images, par les signes associés qui les fixent ou les circonscrivent ; exercer la *mémoire représentative*.

Lorsque l'individu a fait lui-même ses idées, exécuté d'abord, avec les soins et l'attention nécessaires, puis fréquemment répété de la même manière, les opérations qu'elles supposent ; lorsque enfin il a solidement attaché au premier anneau sensible le fil qui doit le diriger, il peut s'élancer hardiment dans les régions éthérées du monde abstrait ; sa mémoire fidèle le ramènera au point de départ, avec toute l'assurance et la rapidité de ses heureuses habitudes... Hors de ces conditions, c'est le vide, le vague de l'espace imaginaire, c'est le néant.

3º Ce qui rend les fonctions de la mémoire représentative si difficiles, si incertaines et si souvent nulles dans les opérations qui ont pour objet de former ou de résoudre les termes abstraits ou complexes mixtes, c'est surtout l'hétérogénéité qui règne entre les éléments combinés ou à combiner, entre les idées ou les qualités sensibles, primitivement séparées ou abstraites de diverses perceptions comparées, puis réunies sous un seul signe. Parmi ces qualités, s'il en est qui correspondent à des modifications purement affectives, elles seront irreprésentables, et apporteront nécessairement leur indétermination dans les composés artificiels dont elles font partie. En les supposant d'ailleurs appropriées aux facultés perceptive et représentative, elles ne le sont pas toutes également, et ne comportent point la même distinction ; enfin, quoiqu'il y ait une sorte d'affinité naturelle entre nos *perceptions* proprement dites, on ne saurait douter néanmoins qu'il ne faille plus de temps et d'habitude pour associer les impressions qui appartiennent à des sens séparés, que celles qui s'adressent ensemble au même organe [1].

Mais s'il est un système d'idées qui prenne son origine dans une

---

1 C'est ce que l'on voit par l'exemple des enfants qui apprennent à lire, suivant la méthode de Sicard ; ils associent, avec bien plus de facilité, les caractères lisibles avec la peinture de l'objet, qu'avec les sons articulés ; cette dernière association est utilement préparée par la première, qui lui sert d'intermédiaire et abrège le travail. (C.)

Maine de Biran

seule classe d'impressions, ou encore dans une même perception fondamentale, éminemment et toujours également distincte ; si cette perception ne fait que se transformer, se répéter, s'ajouter à elle-même pour produire une variété infinie de modes et de combinaisons ; si l'analogie et l'identité réelles qui existent entre ces modes et ces combinaisons déterminent, dans les signes conventionnels qui les expriment, une analogie et une identité telles que les opérations, qui ont fixé la valeur des premiers termes, ne fassent ensuite que se répéter suivant des lois constantes, pour produire les combinaisons les plus élevées, en sorte que l'on puisse toujours remonter et descendre avec une égale facilité, et par le même fil continu, de l'origine au sommet, du sommet à l'origine ; enfin, si cette précieuse analogie se figure, se dessine à l'oeil d'une manière permanente, et frappe l'ouïe par une suite de désinences périodiquement égales, etc., nous trouverons dans ces conditions autant de mobiles appropriés à l'exercice et aux habitudes de la mémoire représentative.

A) Nos idées de *modes simples* ont leur source commune dans la motilité ou dans l'impression de résistance, base fondamentale de toute perception, de toute idée. Cette impression première, qui communique en partie à toutes les autres sa distinction et sa fixité, s'obscurcit elle-même en se combinant ; mais si nous pouvons parvenir à l'isoler, à la dégager de tout mélange, elle recouvre sa clarté et se présente sans nuage à l'entendement qui la saisit et la contemple [1].

---

1 Ce degré d'abstraction, qui nous présenterait ainsi la résistance, dégagée de toute qualité, de tout accessoire sensible, nous est toujours d'autant plus pénible, qu'il lutte contre toutes ces habitudes des sens et ces associations simultanées, dont nous avons étudié les lois dans les premiers chapitres de ce mémoire. L'aveugle géomètre est bien plus rapproché que nous de ce degré d'abstraction ; aussi se dirige-t-il par la force et la netteté de ses conceptions, dans tout ce qui a rapport à la quantité : plus nous examinons de qualités ou de propriétés à la fois dans un objet, plus notre connaissance est confuse (a). (C.)

[a] Le nombre considéré en général et hors des objets est l'idée la plus abstraite, la plus métaphysique que les hommes puissent se faire ; aussi n'est-il pas probable que les langues des peuples sauvages expriment des nombres séparés ; tout au plus peuvent-ils faire varier les terminaisons pour distinguer la pluralité ou la dualité, ou le trois dans le concret. Ainsi il est probable que ce mot si composé, qui, suivant La Condamine, exprimait trois dans la langue de ces sauvages de l'Amérique était un nom de nombre concret, comme qui dirait trois cailloux, etc. Les Grecs et les Latins n'ont exprimé les rapports les plus abstraits comme de, par, etc. et les nombres qu'en variant les terminaisons, il a fallu un plus haut degré d'abstraction pour

La résistance se répète, se reproduit sans cesse dans tout ce que nous palpons, et même, quoique plus obscurément ; dans ce que nous voyons, dans tous les pas, tous les mouvements que nous faisons hors de nous. Si nous écartons toute autre propriété sensible, pour ne considérer les corps que comme résistants ou capables de résister à notre effort, ils ne seront plus que des unités *numériques* (et l'idée de l'unité ne prend-elle pas en effet son origine dans une impression ou le souvenir d'une impression *indivisible* de résistance ?). Donnons un signe à l'unité ainsi conçue. Ce signe acquiert tout de suite la plus grande généralité, puisqu'il s'applique à tout ce qui résiste séparément, ou qui est un ; et cependant il conserve sa clarté, sa détermination parfaite.

Rapprochons maintenant ou considérons à la fois dans deux objets, un et un, ou 1 et 1, et exprimons cette collection par un nouveau signe deux ou 2 ; rapprochons encore un autre un, et désignons par l'articulation ou le caractère trois ou 3, la collection de 2 + 1... ainsi de suite jusqu'à 5 ou 6.

La simplicité du rapport que nous considérons nous permet d'embrasser ou de nous représenter simultanément tous ces uns ; nos premiers signes seront donc représentatifs ; mais ils cesseront de l'être dès que nous leur ferons exprimer des collections supérieures.

Que faisons-nous alors ? Nous arrêtant au dernier signe représentatif, nous confondons, ou supposons confondues en une seule, les unités qu'il exprime.

Nous avançons ainsi, en répétant les mêmes opérations, nous arrêtant toujours au nombre où la représentation cesse, pour en faire l'unité d'un ordre supérieur, qui sera notée par un signe indicatif de cet ordre, et analogue à celui de l'unité simple, etc. ; c'est ainsi que nous pouvons atteindre les combinaisons les plus élevées, sans perdre de vue la lumière directe qui nous éclairait dans les premières.

Les signes qui représentent chaque collection d'unités sont généraux comme celui de l'unité première ; ils n'expriment que la répétition d'une même propriété simple, qui se retrouve partout, dans tous les objets

---

considérer ces rapports séparément. (E)

Maine de Biran

qui s'offrent aux sens, comme distincts et séparés, quelles que soient d'ailleurs leur nature, leur dissemblance. Nous aurons donc à chaque instant l'occasion de répéter et d'appliquer les noms des nombres, et à force de les appliquer à tout, nous ne les appliquerons plus à rien ; ils se détacheront d'eux-mêmes des objets résistants, subsisteront isolément dans la mémoire. C'est alors que les signes, ayant passé du concret à l'abstrait, cessent vraiment d'être représentatifs ; tout roule sur le matériel des caractères qui s'adressent à l'œil ou à l'oreille. L'analogie parfaite que la nature du sujet a permis d'établir entre ces caractères et leurs diverses combinaisons, cette répétition continuelle d'un petit nombre de termes, ce cercle uniforme d'opérations et de formules, sont bientôt appropriés à la mémoire mécanique. Cette faculté peut diriger alors les calculs avec l'assurance, la rapidité et l'automatisme de ses habitudes ; et si l'on n'y prend garde, elle tend à obscurcir l'origine des premières idées de nombres, à cacher le vrai fondement des opérations, à ruiner enfin toute faculté de réflexion... Comment le calculateur routinier pourrait-il en effet soupçonner quelque mystère dans ces opérations, qu'il pratique en aveugle et avec tant de facilité ? Ce n'est pas à lui, ce n'est même pas toujours au mathématicien préoccupé des résultats, et peut-être aussi aveuglé en partie par l'habitude, qu'il est réservé de connaître les finesses de la langue du calcul, de percer jusqu'à ses racines, et de dévoiler la métaphysique, profonde par sa simplicité même, qui a présidé à sa construction.

Tels sont les avantages inhérents à la nature des idées de modes simples, mais aussi les inconvénients qui peuvent résulter de l'usage habituel de leurs termes : ces idées sont les plus claires, les mieux appropriées à notre faculté représentative, les plus susceptibles d'une exacte détermination ; mais, parce que leur objet est abstrait, l'idée se confond bientôt avec le signe (et l'habitude même tend à les identifier plus complètement) : puisque tout se rapporte aux signes, la mémoire mécanique y trouvera souvent un aliment ; et comme l'analogie qui règne entre eux ramène fréquemment les mêmes opérations, que les formules apprises ou retenues d'avance s'appliquent à peu près de même à tous les cas, l'emploi continuel des mêmes procédés, des mêmes formules, pouvant dégénérer en une sorte d'automatisme, n'exercera plus l'activité de la pensée, et laissera languir ou perdre ses forces.

Section II : Des habitudes actives

B) De toutes nos idées de modes simples, celles qui se rapportent à l'*étendue* ou aux propriétés uniformes de ce plan solide, que nous mesurons sans cesse par notre mouvement progressif, sont toujours les plus clairement circonscrites dans notre mémoire, les plus dociles à la représentation, les moins sujettes à s'obscurcir dans le vague des signes ou le mécanisme des opérations dont elles font l'objet.

Les idées de *nombre,* de *temps,* ne s'acquièrent que par abstraction. Toute la lumière et la réalité qu'elles peuvent conserver dans notre pensée, dépendent des signes qui les expriment. L'idée d'étendue ne suppose que notre mouvement, et en est inséparable. Sans signes numériques, il n'y a que des unités simples ou des impressions qui se succèdent irrégulièrement et sans uniformité : sans signes artificiels, il y a encore une étendue mesurée figurée, représentable au sens et au souvenir par des points de division fixes, des *marques,* des notes prises et conservées dans la nature même.

Les divisions et classifications numériques ne sont rien, sans l'opération qui rappelle la valeur conventionnelle des termes qui les expriment. Les divisions de la durée n'ont rien de fixe hors de l'étendue ; mais celles de l'étendue même sont actuelles, *permanentes* ; elles frappent le sens et se vérifient toujours exactement, par le concours des deux principaux organes de la perception auxquels elles s'adressent, du tact et de la vue [1]. Si l'on compare les idées abstraites des autres modes simples

---

1 Supposons l'être moteur parcourant l'étendue solide, et y laissant l'empreinte de ses pas ; qu'au premier mouvement qu'il fait, à la première impression de résistance qu'il éprouve, il articule ou note un ; au second mouvement, deux, etc., le dernier terme exprimera, dans la somme des mouvements et des pas qu'il a faits, les parties de l'espace libre qu'il a traversées, comme celles de l'étendue solide où il a empreint ses pas, et de plus le nombre d'impressions distinctes de résistance (ou d'effort) qui se sont succédé depuis qu'il a commencé de se mouvoir : il a donc, dans ses signes, trois expressions qui sont étroitement unies entre elles, et dont le mouvement perçu est le module commun. L'individu pourra s'arrêter à l'une de ces expressions, en faisant abstraction des autres : mais, s'il veut considérer les rapports des parties de l'espace ou de la durée, ce ne peut être que dans les signes qui servent de point d'appui aux souvenirs confus de ses mouvements ; il n'y a, hors de ces signes, aucune prise pour la perception, aucun moyen de division possible ; l'étendue solide lui offre seule, dans les traces ou les distances égales de ses pas, des divisions permanentes, qui sont les signes sensibles et naturels des mouvements qu'il a faits, des impressions qui se sont succédé, ou des parties de la durée comme de celles de l'espace libre traversé. La perception ou l'idée d'étendue solide, étant immédiatement connue par notre propre mouvement,

aux abstractions sensibles de l'étendue figurée, on verra combien ces dernières sont supérieurement appropriées à l'exercice de la mémoire représentative, et faites pour développer ses meilleures habitudes.

En séparant l'étendue des autres qualités du corps, on la dessine, on la représente à l'œil ; en contemplant ces images, nous ne sortons point du monde sensible ; il semble, au contraire, qu'on n'ait fait qu'écarter le voile qui offusquait le regard, pour lui faciliter une perception plus distincte [1] ?

Les rapports des figures peuvent être saisis et perçus assez exactement par la vue seule, et en s'exerçant à ces comparaisons, le sens acquiert plus de justesse et de précision et la pensée plus de rectitude.

C'est toujours sur les perceptions ou les idées mêmes qu'il s'agit d'opérer, et non point seulement sur les signes. Il n'y a pas là de formules toutes préparées, de termes évalués à l'avance ; tout ce qui est démontré, conçu, ne peut l'être que sur une représentation actuelle du sens, ou de la mémoire, et tout dépend de l'exactitude, de la fidélité de cette représentation, qui acquerra, sans doute, plus de promptitude et de facilité, par une répétition fréquente, mais que l'habitude ne saurait

fournit donc des signes sensibles à toutes les idées de modes simples, et a sur elles la supériorité de détermination et de clarté, que ces dernières ont sur nos autres idées mixtes (a). (G.)

L'activité de l'esprit humain ne se montre aussi clairement dans aucune autre branche de nos connaissances que ces combinaisons infinies des modes intelligibles de l'étendue que la pensée peut créer et construire. Les Cartésiens ont cru que les archétypes de nos idées mathématiques étaient innés ou tirés du soin de la divinité même. L'homme, disent-ils, n'est pas la cause de l'universalité, de l'éternité, de la nécessité des théorèmes de géométrie. Ce n'est point parce que je le *veux* qu'un triangle a deux de ses côtés plus grands que le troisième, que son air et est le produit de la moitié de sa base par sa hauteur, etc. Je ne suis point le créateur de ces vérités éternelles etc. L'idée du triangle étant conçue d'après l'expérience, les rapports de ses parties en sont une suite nécessaire. Si nous créons les idées, nous créons les rapports qui s'en déduisent, Il n'en est pas de même pour les vérités physiques, absolue. (E.)

1 Il y a encore ici des précautions à prendre pour passer du concret à l'abstrait. L'étendue et ses modifications considérées dans la nature ou sur la terre sont aux lignes tracées sur le papier ce que les nombres concrets sont aux nombres abstraits. Le carré champ ou jardin est une idée concrète sensible, le carré linéaire est une idée abstraite. Il faudra donc avant tout mesurer les terrains et ne se servir des figures sur le papier que comme moyens ou signes représentatifs ; c'est ainsi qu'on a commencé (voyez les éléments de géométrie de Clairaut). (E.)

Section II : Des habitudes actives

transformer en un pur mécanisme.

Les noms mêmes, associés aux figures, aux modifications diverses de l'étendue, servent à donner une prise utile, un appui nécessaire à la mémoire représentative. Ici le signe et l'idée sont si bien faits l'un pour l'autre, qu'une fois unis ils ne peuvent plus se séparer, leur correspondance mutuelle est toujours prompte, exacte, infaillible. La simplicité et la symétrie des figures frappent la vue aussi distinctement que le son frappe l'ouïe ; ces perceptions, également claires, deviendront également persistantes : aussi voit-on les plus jeunes enfants apprendre très aisément à retenir et à appliquer les noms des figures simples de la géométrie. Rappellent-ils ensuite le nom, on s'assure tout de suite s'ils ont l'idée, en leur faisant tracer son objet, avantage inestimable et particulier à ce système d'idées. Heureux les enfants qui auraient le premier fond de leur mémoire garni de mots, dont ils pourraient aussi figurer ou dessiner les représentations !... Dans des cerveaux qu'une première habitude aurait disposés de cette manière, les signes tendraient ensuite d'eux-mêmes à se rejoindre aux idées, comme les idées aux signes, les termes vagues ou vides ne trouveraient point de place pour s'y loger, et en seraient rejetés comme des matériaux hétérogènes.

II. – En parcourant les principales classes de nos idées, nous avons donc rencontré celles qui sont les plus propres à faire naître et à développer les habitudes de la mémoire représentative, à devenir, pour ainsi dire, le lait nourricier de l'intelligence. Cet objet est si important, que je demande la permission d'y insister encore quelques instants. Je ne crois point d'ailleurs m'éloigner de la question ni du but des philosophes qui l'ont proposée ; et à quoi doit nous conduire en dernier résultat la connaissance de nos habitudes, si ce n'est aux moyens d'en former de bonnes ?

Puisque l'intelligence est tout entière dans la faculté de représentation, c'est vers le développement de cette faculté que doit être entièrement dirigée l'éducation première ; il s'agit de faire une habitude, un *besoin* premier de son exercice.

En proscrivant avec le plus grand soin, tous signes, ou formules, et pratiques de récitation mécanique (comme tout ce qui pourrait donner à la sensibilité une impulsion précoce et dangereuse [1], porter, en quelque sorte, dans l'organe de la pensée un principe vicieux *d'irritation*, l'accoutumer au vague, au mystère, aux fantômes de toute espèce, etc.), la première éducation se trouverait naturellement circonscrite dans l'enceinte des idées simples, claires, déterminées, ou toujours susceptibles de la plus exacte détermination [2]. L'étude de l'arithmétique, de la géométrie élémentaire, jointe à la pratique constante du dessin (qui doit être la première langue écrite), fournirait la base fondamentale de tout l'édifice des connaissances subséquentes; mais il y aurait encore des précautions à prendre pour asseoir cette base ; ce n'est pas tout d'être fixé sur la qualité des matériaux, il faut, de plus, savoir les disposer convenablement entre eux.

Je voudrais, par exemple (et pour les causes précédemment énoncées), que les premières notions de géométrie précédassent la

1 L'étude des langues anciennes dont on s'occupait d'abord exclusivement dans les collèges, et la manière surtout dont on s'y prenait pour apprendre ces langues, étaient bien propres à faire une habitude de cette espèce de mécanisme dont nous avons parlé (chap. II). Après le rudiment, c'était la mythologie, puis les poètes qu'on faisait expliquer, apprendre par cœur, réciter... Des poètes tels que Virgile, par exemple, entre les mains des enfants de 8 ou 9 ans ! comment concevraient-ils quelque chose à ces figures, ces ellipses, ces inversions ? quel sens peuvent avoir pour eux ces expressions si fines, si délicates ou profondes du sentiment ? et si elles en avaient un, si leur imagination séduite par le merveilleux de la table et de l'épopée, commençait à prendre l'essor avant la naissance du jugement qui doit la régler ; si la mémoire *sensitive* enfin se transformait en habitude, ce serait bien pire encore (voy. le chap. III). Malgré le respect que j'ai pour Condilac, je ne saurais croire que la lecture habituelle d'un poète tel que Racine, faite par un enfant de 8 ans (c'était l'âge du prince de Parme son élève), pût avoir les bons effets qu'il en attendait, et elle pouvait en produire de très funestes. J'observerai encore à cette occasion que le cours de littérature devrait être le dernier dans l'enseignement *gradué* des écoles centrales ; on ne devrait au moins y parvenir qu'après avoir suivi les cours d'idéologie et de grammaire générale, et on serait conduit à ce dernier par l'étude préliminaire de l'arithmétique et de la géométrie élémentaire. Il serait même à souhaiter, que le professeur d'idéologie fût chargé de diriger ce cours, ou qu'il s'entendît au moins toujours avec celui qui le ferait : puisque c'est de la langue et des méthodes du calcul qu'il doit lui-même tirer ensuite les exemples les plus propres à éclaircir ou à confirmer la théorie des idées, du raisonnement et du langage.(C.)

2 *Geometria instruit etiam quos sibi non exercet ; in geometria partem fatentur esse utilem teneris ætatibus ; agitari namque animos atque acui ingenia, et celeritatem percipiendi venire inde, concedunt, sed prodesse eam non ut cæteras artes, cum præceptæ surit, sed cum discatur, existimant.*
QUINTILIEN, *Inst.* Lib, 1, cap. 18. (E.)

Section II : Des habitudes actives

connaissance et la pratique de nos signes ou des méthodes ordinaires de calcul ; les idées même des nombres pourraient être *représentatives* (en prenant, par exemple, une ligne pour unité, la divisant en parties égales, l'ajoutant à elle-même, etc.). La numération conçue, on ne s'arrêterait pas longtemps aux opérations sur les signes, crainte qu'elles ne dégénérassent en une routine aveugle. La théorie des proportions se démontrerait sur les figures mêmes, selon la méthode d'Euclide [1], qui pourrait être de beaucoup abrégée et simplifiée. En un mot, tout ce qui pourrait être démontré dans les perceptions ou les idées, le serait toujours de cette manière. On ne passerait de la représentation du sens, au signe de la mémoire, du concret à l'abstrait, qu'avec lenteur et circonspection, et le signe, devenu abstrait, serait encore souvent traduit et ramené au sensible, d'où il a tiré son origine.

Ce ne serait qu'après avoir mis ainsi à des épreuves continuelles la faculté représentative, après s'être bien assuré de son exercice, que l'on pourrait recourir, sans danger et avec succès, aux procédés expéditifs et faciles de nos méthodes de calcul. Ainsi les progrès de l'individu suivraient à peu près le même ordre que ceux de l'espèce savante ; la jeune intelligence étendrait tous les jours ses forces en les exerçant, et, quand elle viendrait à l'usage des *leviers,* on reconnaîtrait, à la manière dont elle saurait s'en servir, sa vigueur propre et naturelle.

Dans les démonstrations géométriques (dont on graduerait la longueur et les difficultés selon l'extension de la force pensante), je voudrais encore que l'élève, au lieu d'avoir toujours la figure sous les yeux, contractât l'habitude d'en percevoir les rapports dans le tableau conservé et retracé par sa mémoire. Il serait facile de juger (à la manière dont il s'exprimerait en démontrant) du degré de netteté et d'exactitude de ses représentations. C'est ainsi, et non pas seulement avec des mots, que l'on cultive la véritable mémoire.

Le même objet serait rempli par la pratique du dessin, si l'on exerçait l'élève à retracer ou à copier de *tête* les modèles qui l'auraient frappé dans la nature. Il se ferait ainsi une habitude de regarder plus attentivement, pour mieux retenir et mieux imiter ; ainsi la perception et la mémoire se soutiendraient et s'alimenteraient l'une par l'autre.

---

1 Voyez les *Éléments* d'EUCLIDE, liv. V et suiv. (D.)

Enfin, quel que fût le système d'idées dont on s'occuperait dans la suite, l'élève *de la raison* serait assujetti à retenir et à rendre toujours un compte précis et fidèle des idées même, de leur enchaînement, de leur ordre de filiation, sans jamais s'asservir aux expressions employées par les maîtres ou les auteurs, en écartant les récitations parement mécaniques avec autant de soin qu'une méthode pédantesque en met ordinairement à les multiplier.

Je demande grâce pour cette digression, si c'en est une, en faveur du motif qui l'a suggérée. Mais, avant de rentrer dans les bornes précises de mon sujet, je prie qu'il me soit permis de faire encore quelques réflexions sur les rapports que peut avoir l'usage d'une langue particulière avec les habitudes de la mémoire représentative.

III. – La pratique des langues qui réunissent la double analogie des signes entre eux et avec les idées, seconde de la manière la plus heureuse la formation et le développement des habitudes dont nous parlons. Lorsque *le mot peint l'idée* et que *l'idée peint le fait,* ces trois éléments, unis en un même faisceau, se prêtent un appui réciproque dans la pensée. Si les idées analogues sont représentées par les formes ou les désinences sensibles des termes articulés, si les combinaisons identiques des faits se peignent dans celles des mêmes caractères ou sons élémentaires, la mémoire suivra la pente facile des habitudes de l'oreille et de la voix. Il n'y a point ici de mécanisme à craindre ; lorsque le but est certain et que la route est sûre, que risque-t-on de s'y laisser entraîner ?

La langue de la chimie moderne est bien propre ici à nous servir d'exemple ; on en retient les termes avec autant de facilité qu'on saisit les idées ; jamais les unes ne s'isolent des autres, et l'on ne peut pas plus apprendre la langue sans la science, que la science sans la langue. Ainsi, plus l'on se familiarise avec cette dernière, et plus l'on se sent de dégoût pour les expressions vagues, trompeuses, insignifiantes de la vieille doctrine, plus on se fait une habitude, un besoin de la détermination exacte des signes qu'on emploie et des idées qu'elles expriment.

Aussi l'étude de la chimie pneumatique me paraît-elle devoir heureusement concourir avec les moyens précédemment indiqués pour former les habitudes de la mémoire représentative.

Quoique nos langues usuelles, destinées à représenter ou à exprimer toutes sortes d'idées et de combinaisons aussi étendues qu'hétérogènes, ne comportent point cette analogie exacte qui n'appartient qu'aux sciences dont l'objet est circonscrit dans une même espèce d'éléments ou dans un ordre uniforme de combinaisons et de rapports ; cependant, en comparant ces langues diverses, on s'aperçoit aisément qu'elles réunissent différents caractères, plus ou moins propres à seconder ou à troubler le calme et la netteté de représentation des idées.

Sagesse dans les tours, sobriété dans les figures, précision et clarté dans l'expression, uniformité dans l'ordre de construction; des articulations ni trop rudes, ni trop douces, ni trop flatteuses à l'oreille... des caractères semblables pourront renforcer la faculté représentative de tout ce qu'ils ôteront à la vivacité de l'imagination, à l'énergie du sentiment..

La fixité de construction doit avoir surtout une influence marquée sur les habitudes de la mémoire dont nous parlons. Cette faculté trouve en effet un double exercice dans l'opération qui consiste à rappeler en même temps et les mots et l'ordre dans lequel ils doivent être arrangés ; l'habitude de cet ordre fixe doit être même d'autant plus difficile à former, qu'elle tend à mettre un frein à l'imagination et à modérer ses saillies. Mais, dès qu'elle est contractée, la pensée s'asservit à la règle, la suit sans contrainte, et avec une sorte de nécessité. Sans doute, les avantages qui résultent de cet assujettissement volontaire sont bien préférables à une liberté désordonnée et licencieuse.

L'image principale se représentant d'abord par son signe (qui est amené le premier dans l'ordre *direct* de la construction), la pensée se fixe sur cette image et s'arrête à la contempler, comme l'oeil se fixe au dehors sur l'objet le plus frappant avant de parcourir les accessoires qui l'environnent. Les accessoires intellectuels se déroulent de même selon leur rang, dans le tableau de la parole, se réfléchissent à la lumière, sont examinés en détail et par ordre, sans que l'empressement, l'impatience d'arriver à un terme attendu, inconnu ou plus attrayant, portent à franchir les intermédiaires qui l'éloignent.

La sensibilité exaltée, l'imagination rebelle tendent-elles quelquefois à *bouleverser l'ordre de la raison* et à entraîner la parole, une habitude plus forte les contient, il s'élève un conflit momentané, et de l'opposition des forces résulte l'équilibre, le calme... On ne parle bien qu'en se possédant ; on apprend à se maîtriser en apprenant à bien parler, et la parole elle-même accuse le désordre et le vide de la pensée. Heureux le peuple chez qui les habitudes du langage peuvent s'identifier ainsi avec celles de l'ordre, de la sagesse et de la raison !

L'exercice répété de la mémoire représentative doit avoir sur les dispositions fixes de la pensée les mêmes effets qu'a en général, sur celles des organes sensibles et moteurs, un emploi modéré et justement *proportionnel* de leurs forces, qui n'en laisse aucune partie inactive, et qui jamais ne les excède. Comme la fonction propre de l'intelligence est de circonscrire nettement les images et de les rattacher à des signes, elle remplira toujours cette fonction d'une manière d'autant plus imperturbable, qu'elle s'en sera fait de bonne heure une habitude, une nécessité (or, c'est à ce but essentiel que tendent tous les moyens indiqués dans ce chapitre) ; la continuité d'un tel exercice met en valeur toutes les parties de l'organe central, multiplie et fortifie leurs communications, n'en laisse prédominer aucune, mais, au contraire, les maintient dans cet équilibre, cette correspondance exacte, qui constitue la vraie capacité intellectuelle, et forme, pour ainsi dire, le *tempérament tempéré* de la pensée.

Chapitre V
Comment les habitudes du langage
ou la répétition fréquente
des mêmes termes

fondent d'abord nos jugements d'« existence réelle »
et transforment ensuite ceux que nous pouvons porter
sur les rapports de nos termes ou de nos idées

Toutes les impressions contemporaines, tous les mouvements qui se sont constamment répétés ensemble, s'unissent si étroitement et contractent une telle adhérence, qu'ils ne peuvent plus s'isoler, mais s'appellent sans cesse, se remplacent, et souvent se confondent au regard de la pensée. La même loi d'association, le même pouvoir de l'habitude qui nous crée d'abord des signes naturels (voyez les chapitres II et III, Ire section), et puis nous en dérobe les fonctions, dirige et modifie de la même manière l'emploi des signes artificiels du langage.

I. – Ces derniers signes ne sont que des mouvements ou des caractères institués par nous, et surajoutés à nos impressions, pour mieux les distinguer, et surtout les approprier au *rappel* (voyez le chapitre Ier de cette section). Mais lorsqu'une longue et ancienne habitude a cimenté le lien, et *incrusté*, pour ainsi dire, l'étiquette dans l'objet qu'elle était destinée simplement à noter, l'articulation ou le rappel du mot, la perception de l'objet ou l'apparition de l'image, s'évoquent les unes les autres si infailliblement, et avec une telle rapidité, ils sont si bien enveloppés dans le même acte simultané de la force motrice, qu'ils paraissent s'identifier dans le même sujet et participer à la même *essence*.

C'est ainsi que des signes de convention semblent avoir le plus souvent, avec les objets ou les idées qu'ils expriment, ce même rapport *d'inhérence* qui nous fait juger la couleur dans l'étendue, et les modifications tactiles dans le corps résistant. C'est ainsi que cette syllabe *fer*, par exemple, paraît à l'homme irréfléchi aussi inhérente au métal que la solidité, la couleur terne, et autres propriétés dont ce mot exprime la collection ; et qu'enfin, comme l'a observé Locke, celui qui dit : Cela est du *fer*, croit exprimer quelque chose de plus qu'un nom, et désigner peut-être la nature intime de cette substance.

Si ce jugement illusoire, qui se fonde tout entier sur une ancienne habitude, peut identifier ainsi des signes arbitraires avec la nature des objets ou des impressions mêmes, qui ont un soutien dans la résistance, comment ne tendrait-il pas à confondre entièrement les idées abstraites et *archétypes* avec les termes qui leur servent en effet de support unique dans la mémoire ? C'est ici que, d'un côté, les signes prêtent aux idées une sorte de réalité matérielle, et que, de l'autre, les idées considérées comme des entités réelles, communiquent à leur tour un pouvoir magique à ces termes conventionnels, dont elles sont inséparables. C'est ainsi que l'individu pourra rappeler des mots, et croire recevoir des idées, comme par inspiration, opérer sur des signes à *vide*, et croire exprimer des vérités éternelles : c'est ainsi que l'on parviendra à oublier,

Maine de Biran

à méconnaître l'origine commune des signes et des idées ; que, fondus ensemble et masqués l'un par l'autre, le *fantôme* et son terme paraîtront également infusés dans nos âmes, ou descendre tout formés du sein de la Divinité.

Cette illusion ou ce préjugé, qui nous entraîne à réaliser hors de nous tout ce qui se trouve revêtu d'un signe dans notre mémoire, tient à la fois à une habitude profonde de nos jugements, aux premières associations de notre langage, et à ces formes usuelles que nous ne cessons d'employer, et dont la familiarité même nous cache les motifs.

Nos premiers signes (utiles et réels) n'ont été d'abord que de simples dénominations attachées aux objets sensibles ou directement représentables. Lorsque ensuite les progrès de nos facultés ont étendu les fonctions de ces signes, jusqu'à exprimer ce qu'on appelle *des vues de l'esprit,* fixer des résultats d'opérations, des notions abstraites ou complexes de tout genre, etc., le premier pli était formé, l'imagination avait contracté l'habitude de vibrer en quelque sorte sous la force pulsante des sons articulés ; elle tendra donc encore à se les approprier. Longtemps encore, et peut-être toujours, cette faculté mobile viendra altérer les *conceptions pures* de l'entendement, et répondra, par quelque représentation plus ou moins vague, aux termes écrits ou parlés qui les *sensibilisent* à l'œil ou à l'ouïe. C'est ainsi que les signes des idées les plus archétypes, les noms des substances spirituelles, des puissances invisibles, vont toujours se rallier dans le cerveau des enfants, des ignorants (et quelquefois même des savants), à quelque modèle sensible, à quelque image plus ou moins matérielle ; c'est ainsi encore que nous attachons involontairement une physionomie à la personne ou à l'objet inconnu, dont nous entendons prononcer les noms.

Mais, en vertu de la même habitude première (ou, si l'on veut, de notre manière naturelle de percevoir), nul objet ne peut se représenter avec quelque clarté ou quelque force à l'imagination, sans être mis ou supposé actuellement en relief hors du *moi,* qui le contemple dans quelque partie de l'espace ou du temps plus ou moins reculée, avancée, rétrécie, etc. De là, un premier motif suffisant pour fonder le jugement d'existence réelle, qui s'accréditera ensuite par la répétition des mêmes signes, comme nous allons le voir bientôt.

Section II : Des habitudes actives

Que l'on détache, par exemple, de plusieurs objets individuels comparés entre eux, un certain nombre de propriétés ou de qualités sensibles, pour en former le type commun d'une espèce, d'un genre, etc., le nouveau composé artificiel n'a plus aucun modèle réel, aucun *substratum* dans la nature : il n'a de soutien que dans le signe qui donne une prise à la pensée, et souvent un mobile à l'imagination. Dès que cette faculté s'empare du terme abstrait, elle le transforme de nouveau, le ramène au sensible, lui crée un autre *substratum,* qu'elle place hors du monde visible, dans ces régions des *essences,* des *formes substantielles,* etc., où les fantômes tiennent lieu de réalité. Les habitudes du langage, d'accord avec l'imagination qui les a fondées, donnent ensuite une grande consistance à tous les jugements illusoires qu'elle a motivés.

Nos termes abstraits entrent dans les formes de nos langues, de la même manière que les substantifs physiques. Sujets de la proposition, le *verbe* en affirme les mêmes attributs, les mêmes propriétés absolues, que des objets réels ; de plus, nos expressions, presque toujours figurées, leur donnent un corps pour les animer, nous les représentent [1] agissant, se mouvant et sentant comme nous. Comment cette similitude, constante dans les formes, ne séduirait-elle pas le jugement ? Comment les habitudes de la pensée ne se mouleraient-elles pas enfin sur celles de la parole ?

Combien de fois n'arrive-t-il pas que la formule déterminative de l'existence, d'abord appliquée à ce qui *est* comme à ce qui n'est point, à ce que nous percevons comme à ce que nous imaginons, aux produits réels de la nature comme aux créations les plus arbitraires de notre fantaisie, finit par entraîner nos jugements dans le mécanisme aveugle des mots, et base la *foi* sur la répétition ancienne et fréquente des plus vaines formules ?... Ici est la source trop féconde d'une multitude de préjugés ; ici l'habitude donne aux signes de la *mémoire* un pouvoir de la même nature, mais bien supérieur à celui qu'elle donnait aux signes de l'*imagination* (voyez chap. III, Ire section).

II. – Hors des signes du langage, les habitudes du jugement et de l'imagination doivent se conformer le plus souvent à celles que suit la

---

1 Dans des sortes de prosopopées. Aurait-on jamais sacrifié à la peur, si on ne l'eût personnifiée par les habitudes de la parole ? (E.)

nature dans la production des phénomènes. Il faut, sans doute, que les faits se soient accompagnés ou suivis un grand nombre de fois, et dans un ordre assez constant, pour que leurs images contractent entre elles cette association étroite et fixe qui détermine la *foi* pratique, tient lieu de tout raisonnement, de toute comparaison de chances, de tout calcul de probabilités.

L'intervention de la parole imprime un tout autre caractère à ces associations ; d'abord elle les accélère par l'effet direct qu'elle produit sur la pensée (voyez chap. Ier, 2e section) ; elle les cimente en suppléant, par son exercice disponible, à la rareté des phénomènes, en forçant, en quelque sorte, par ses répétitions volontaires, l'apparition fréquente de leurs images : enfin, elle donne un appui à l'énoncé du jugement, et la *copule,* qui unit deux faits contingents, leur communique en se répétant le caractère d'existence fixe, de liaison nécessaire. Alors le monde réel disparaît devant le monde imaginaire ; l'individu croit bien plus à ce qu'il dit, entend et répète sans cesse, qu'à ce qu'il voit et palpe. Tout est sous la puissance du *verbe* ! ...

Distinguons bien ici les cas où la force de l'adhésion et l'opiniâtreté du jugement se fondent en même temps sur les habitudes de la parole et sur celles de l'imagination (qui en reçoivent plus de vivacité et de persistance) (voyez chap. IV, Ire section et III, 2e section), de ceux où ces premières habitudes dominent seules, où une croyance mécanique repose uniquement sur la répétition fréquente, assidue des mêmes termes vides de sens.

Qu'un menteur, par exemple, finisse par être dupe de ses propres fables ; qu'un chef de secte, après avoir longtemps professé l'erreur avec connaissance de cause, devienne à la fin illuminé tout de bon et de la meilleure foi du monde ; ou bien encore que des bruits populaires, des nouvelles invraisemblables, des réputations sans fondement, etc., passent sans examen comme autant de points convenus, d'*articles de foi,* qu'il n'est plus permis de révoquer en doute, s'emparent comme par un pouvoir magique de l'esprit de tous, et y persistent uniquement parce que mille bouches les répètent, que l'oreille s'est accoutumée à les entendre, et l'imagination à les adopter... on reconnaît dans la plupart de ces exemples le fondement et le pouvoir d'une double habitude.

Section II : Des habitudes actives

Mais quelle sorte de racines peuvent avoir dans l'imagination ces formules, ces paroles bizarrement associées ensemble, qui, répétées dès l'enfance, et transformées en habitudes de la mémoire *mécanique* ou sensitive, deviennent l'objet d'une espèce de foi purement *verbale,* pour le soutien de laquelle on a vu des hommes se porter à tous les excès, et sacrifier jusqu'à leur vie ? Sur quoi fonder ce pouvoir de certains mots insignifiants que des sectaires ont sans cesse à la bouche pour corroborer leur foi, qu'ils proclament avec emphase, et lancent avec confiance à la tête de leurs ennemis, comme sûrs de les atterrer [1] ?

Pour concevoir ces effets extraordinaires, qui se rallient principalement aux habitudes du langage, rappelons d'abord ce qui a été précédemment observé (chap. III et au commencement de celui-ci) sur l'origine et la transformation de la plupart de nos termes abstraits ou archétypes ; c'est lorsque leur caractère conventionnel de *signes* est le plus oublié et méconnu, qu'ils acquièrent souvent une puissance qui tient du prodige, comme ces puissants ambitieux qui s'arrogent, sous un titre vague, une autorité illimitée, qu'ils n'obtiendraient point sous un nom déterminé et déjà connu.

Rappelons encore (et ceci s'appliquera aux cas les plus ordinaires et à l'influence exclusive de l'habitude) ce qui a été dit (chap. II) du mécanisme de la mémoire.

Qu'est-ce qu'un jugement énoncé avec des termes à *vide* ou auxquels on n'attache aucun sens, sinon un acte de la mémoire mécanique qui retrace ces termes avec l'assurance d'une ancienne habitude, dans le même ordre où ils se sont toujours suivis, dans cet ordre fixe, nécessaire, dont l'oreille et la voix ont si bien contracté la détermination, qu'on ne peut plus l'intervertir ni substituer un mot à un autre ; mettre par exemple le signe de la *négation* au lieu de *l'affirmation,* sans tourmenter

---

1 Cette opiniâtreté se rallie à plusieurs causes, d'abord à des craintes ou à des espérances, ensuite à l'esprit de contradiction, etc., etc. ; mais il faut bien distinguer les effets accessoires des passions que tels termes ou telles formules insignifiantes mettent en jeu, de la valeur profonde de ces termes ou formules. Considérés en eux-mêmes, ils appartiennent à la mémoire mécanique, mais par les passions qui s'y joignent, ils tiennent à la mémoire sensitive. Les deux espèces de mémoires ont, comme on sait, beaucoup de points communs. Les passions obscurcissent l'entendement et lui cachent la vérité, la fausseté ou l'insignifiance. (E.)

l'ouïe comme par une *dissonance*, ou sans produire cette surprise désagréable que l'on éprouve lorsqu'un mouvement d'habitude, qui avait déjà reçu son impulsion, se trouve brusquement arrêté [1] ?

Puisque, dans le cas dont nous parlons, les termes sont vides de toute idée pour celui qui les emploie, peu importe qu'ils soient susceptibles d'une acception réelle, d'une valeur représentative quelconque, dans l'usage ordinaire ou philosophique, ou qu'ils en soient absolument dénués par leur nature ; la forme du jugement sera dans les deux cas également mécanique (c'est ainsi que nous caractériserons dorénavant l'espèce de jugement dont il s'agit) [2].

1 Ceci conduirait à l'examen d'une grande question, savoir, s'il n'est pas des préjugés utiles dont l'empire est aussi heureux qu'inévitable et qu'il importe de distinguer des préjugés nuisibles, etc. M. Meister qui se déclare partout pour l'affirmative et qui prétend nous donner une *philosophie de la foi* ou un *art de croire*, confond perpétuellement la théorie avec la pratique, l'ordre de la science avec celui de l'action ; il transporte l'un dans l'autre et fait tout le contraire de nos philosophes. Il faut s'en rapporter à la nature, qui fait à l'homme un besoin d'agir avant d'examiner, sur les préjugés, la croyance, ou la foi pratique. Le nombre des préjugés nécessaires ne saurait diminuer malgré tous les efforts du philosophe qui lui-même est entraîné par eux, mais dans l'ordre de la science tout préjugé est nuisible. Il faut bien aussi distinguer le préjugé proprement dit des vérités que nous admettons ou d'après lesquelles nous nous dirigeons actuellement, sans les examiner, parce que nous nous les sommes démontrées autrefois.
On ne peut pourtant s'empêcher de reconnaître que cette opération de l'esprit ou ce sentiment, qui consiste à *croire*, diffère dans son objet et dans ses moyens de la démonstration acquise par le raisonnement. Il y a une évidence ou une croyance pour les choses de sentiment ou d'imagination. Ce serait à tort qu'on prétendrait ramener cette foi pratique aux procédés réguliers de la vérité théorique ou spéculative. Il est bien remarquable que les choses que nous croyons le plus ou mieux ne sont pas celles qui nous ont été le plus exactement démontrées, et il est une foule de résultats purement probables que nous saisissons beaucoup plus vite et que nous croyons beaucoup plus volontiers que les choses les plus rigoureusement démontrées, surtout si elles ne se trouvent point d'accord avec le témoignage sensible et grossier de notre sensation. Plusieurs vérités mathématiques sont du nombre de ces choses que notre instinct de crédibilité repousse quoique la raison soit forcée de les admettre. Il n'est pas aisé de nous prouver mathématiquement que nous existons. Je défie toutes les démonstrations des Euler, des Lagrange, de nous laisser une conviction plus intime. (E.)

2 « Le croire, que le papiste professe (disait un philosophe du XVIe siècle nommé Geoffroi Valès, ce n'était pas un philosophe moderne) et croit avoir, est professé en paroles, comme pourrait faire un perroquet et lui engendre-t-on de crainte et peur, dès le berceau, sans qu'il entende ou qu'on lui fasse jamais entendre ce que c'est que croire, car la peur qu'il a d'être présentement brûlé et la crainte après la mort d'être

Qu'un enfant, par exemple, *récite* son *catéchisme* ou la table de Pythagore, sans aucun principe de numération, il jugera ou articulera que 9 x 9 = 81 (comme on lui a appris à articuler), que trois ne font qu'un ; il jugerait de même que 9 fois 9 font un autre nombre quelconque, s'il avait répété cette dernière affirmation le même nombre de fois.

Observons pourtant que le jugement *mécanique* doit être distingué du simple rappel, ou de l'articulation matérielle des mots. Ce dernier acte, devenu, pour ainsi dire, automatique par l'effet de l'habitude, semble étranger aux fonctions propres de l'intelligence ; mais le jugement suppose toujours une sorte d'adhésion accordée à l'*énoncé*. La pensée l'adopte, se repose sur lui, en excluant son contraire : or, cette adhésion n'est pas seulement fondée sur l'acte présent et momentané du rappel, mais encore sur le *souvenir* d'avoir répété constamment et toujours de la même manière, dans toutes les circonstances, les mêmes termes, l'expression du même rapport.

Cela posé, on voit comment chaque répétition, se joignant à celles qui précèdent, entraîne le jugement avec cette somme de forces qui s'accroît à mesure qu'on avance. Lorsqu'on est loin de l'origine, on ne se souvient, on ne se demande pas si l'on eut jamais un motif pour juger ou croire de cette manière ; mais on sait seulement qu'on a toujours cru, et on continue sans avoir la puissance ni la volonté d'examiner... Ainsi les rapports cumulés de nos souvenirs déterminent la conviction de la même manière que plusieurs témoins concordants établissent un fait, quoiqu'ils ne le certifient souvent que sur la parole les uns des autres : dans les deux cas, on *compte* les suffrages qu'il faudrait *peser*... Ainsi naît et se fortifie cette croyance d'habitude, foi aveugle ! Foi opiniâtre ! Qui, à la honte de l'esprit humain, exerce une influence bien plus générale que l'autorité de la raison et tout l'éclat de l'évidence [1] !

---

damné s'il ne dit qu'il croit en Dieu, comme il a été instruit de ses père et mère, pense être le plus grand mal qui soit à tout le monde que de ne point croire en Dieu, et se peut dire en tout et de tout bête, ayant l'entendement tellement occupé du croire et de peur, qu'il ne lui reste que cet entendement bestial et terrestre dont on demeurera toujours tel, colère, fol, méchant et malheureux. » Tiré de l'*Examen du fatalisme*. (E.)

1 Il n'est aucune faculté ni même aucune condition, aucune modification de notre être qui n'ait avec toutes les autres une correspondance plus ou moins prompte, plus ou moins intime. Il est telle bizarrerie ou telle négligence de nos habitudes

On voit bien qu'un seul jugement mécanique, une fois adopté, doit en appeler, en attirer bientôt une multitude d'autres ; qu'ainsi, la disposition à juger sans examen, à croire à des paroles, se fortifiant sans cesse par la facilité, la commodité de son exercice, doit enfin devenir invincible [1]. Puisque c'est la mémoire des mots qui fournit à l'aveugle crédulité ses aliments propres, nous pouvons encore mieux voir maintenant combien doit être funeste à la raison cette culture exclusive dont nous parlions (chap. II).

III. – Lorsque l'association des signes et des idées a été régulièrement faite d'après les conditions exposées (chap. Ier et IV de cette sect.) ; lorsque l'emploi du terme abstrait ou complexe quelconque a été précédé des opérations réfléchies qui peuvent fixer son titre, circonscrire sa valeur ; ce n'est jamais en vain que ces signes, ces sons frappent l'œil ou l'oreille : ils retentissent jusque dans les profondeurs de l'organe de la pensée, en font jaillir les images ou termes élémentaires, confiés au dépôt de la mémoire représentative, qui, les restituant avec fidélité et pour ainsi dire en mêmes *espèces,* détermine des évaluations ou comparaisons nouvelles, et donne des motifs réels et solides à ces jugements que j'appellerai *réfléchis.*

Mais ces comparaisons, ces jugements, devront-ils toujours se fondre sur les mêmes opérations ; cette évidence précieuse, qui éclaire leur origine, peut-elle toujours les accompagner dans leurs répétitions ? Faudra-t-il donc revenir à vérifier sans cesse des éléments déjà connus et appréciés ? Mais, comment marcher, courir dans ce vaste champ ouvert à notre perfectibilité, s'il fallait toujours regarder en arrière et retourner sur ses pas ?

---

journalières qui risque de se communiquer au caractère individuel de nos sentiments et de nos idées, de le modifier quelquefois très insensiblement, mais d'entraîner ainsi des conséquences des plus sérieuses. MEISTER, p. 490. (E.)

1 Un moyen infaillible de faire des fanatiques, c'est de persuader avant que d'instruire. Quelquefois même certains prêtres ont pu être la dupe des oracles qu'ils rendaient, et qu'ils faisaient rendre, semblables à ces empiriques, dont les uns participent à l'erreur publique qu'ils entretiennent ; les autres en profitent sans la partager (D'ALEMBERT, *Éloge de Dumarsais*). Ces réflexions judicieuses prouvent combien est funeste la culture prématurée de l'imagination. (E.)

Qu'est-ce qui suppléera donc à ces opérations régulières, à ces premiers motifs du jugement, quand l'habitude les aura fait disparaître ? Qu'est-ce qui pourra tenir lieu de l'intuition passée de la vérité quand d'autres besoins pressants auront éloigné de la source et ne permettront pas d'y remonter ?

Dans la répétition du *jugement mécanique*, le souvenir d'avoir toujours cru sans aucune preuve tient lieu d'évidence ; dans la répétition du *jugement réfléchi*, le souvenir d'avoir une fois perçu cette évidence en remplace le sentiment immédiat ; et l'individu qui juge sur l'étiquette croit encore sans examiner, parce qu'il se rappelle avoir déjà examiné, apprécié, connu, et que cette première autorité suffit à sa conviction. Ici donc, comme dans l'autre cas, la croyance se fonde sur le rapport d'une suite de *témoins* ; mais le premier affirme ce qu'il a vu, il est digne de foi ; du reste, il n'y a que l'origine de changée, et la confiance s'accroît toujours en raison du nombre des témoignages. Il n'est peut-être pas de philosophe qui ne croie plus fermement l'ancienne vérité, qu'il a souvent répétée (quoique sans démonstration actuelle), que dans l'instant même où il venait de se la démontrer : il entre donc toujours un peu de mécanisme dans ces jugements, et l'habitude ne saurait perdre tout à fait ses droits.

Mais nos jugements réfléchis ne s'affermissent pas seulement en se répétant ; on voit de plus, par ce qui vient d'être dit, qu'ils changent de nature en changeant de motifs. Si la perception de l'évidence constituait le *jugement réfléchi*, l'habitude, qui substitue les souvenirs à la perception, le transformera en jugement de *réminiscence*.

Cette transformation me paraît être soumise à deux modes d'influence de l'habitude que nous avons déjà reconnus dans d'autres classes de phénomènes.

1° La possession non contestée amène à sa suite l'indifférence : quel que soit le but auquel nous tendions, l'activité est tout entière dans la poursuite ; elle languit et s'éteint dans la jouissance. Cela est vrai [1]

1 Nous faisons abstraction ici de la variété des moyens et de la nature des objets ou du but, qui donnent une constance particulière à nos jouissances intellectuelles (*a*). (C.)
Les plaisirs intellectuels exigent un progrès continuel d'un degré de connaissance à un

dans le monde intellectuel et moral, comme dans le monde sensuel et physique.

L'acquisition de cette vérité, qui a excité de si vifs transports, coûté tant de soins et de travaux, va bientôt n'attirer que l'attention la plus superficielle ; elle était but et deviendra *moyen, instrument* ; elle était sur l'autel, et ne servira plus que de marchepied ; les termes qui l'expriment, au lieu d'exciter cette action énergique qui tenait à leur *étrangeté,* glisseront au regard de la pensée, comme ces objets familiers sur lesquels l'œil distrait ne daigne plus s'arrêter ; à peine détermineront-ils ce léger jugement de réminiscence (voyez la fin du chap. III de la Ire section) qui précipite la course au lieu de la suspendre [1].

2° La confiance que nous accordons à ce que nous avons souvent répété comme à ce qui s'est toujours reproduit à nos yeux de la même manière, nous fait considérer comme absolument inutile tout examen nouveau, et repose notre consentement pratique sur une base tout à fait étrangère à la réflexion. L'habitude modifie encore ici les jugements qui ne sortent pas de l'enceinte de nos idées, comme ceux que nous portons sur les faits du monde extérieur.

Nous attendons avec une parfaite sécurité les phénomènes qui se sont constamment succédé ; les qualités trouvées plusieurs fois dans un corps sont censées y résider toujours. Nous employons l'instrument qui nous a servi à produire certains effets, avec la certitude d'en tirer toujours le même parti, etc. Qu'est-il besoin de calculer les chances contraires, de faire de nouvelles expériences, d'examiner encore avant d'agir ?

De même ces termes où nous avons reconnu tels éléments, tels rapports, par une première analyse, bien ou mal faite, n'ont-ils pas conservé invariablement la même valeur comme les mêmes formes extérieures [2] ? Pourquoi perdre le temps à des vérifications inutiles qui

---

degré plus élevé parce que les mêmes idées agréables perdent leur agrément peu à peu par la répétition, de sorte qu'il en faut toujours de nouvelles et des plus composées. (B.)

1 C'est dans ce sens que Leibnitz disait que la mémoire est comme un médecin empirique qui agit par expérience, sans théorie. (E.)

2 Ces formes, ces caractères matériels des signes écrits, ou parlés, sont des impressions associées, par simultanéité, à un faisceau d'idées ou de termes, et

Section II : Des habitudes actives

ne pourraient nous apprendre que ce que nous savons déjà ? Il est bien plus simple de s'en rapporter au témoignage de nos souvenirs.

Nous discuterons dans le chapitre suivant les résultats de cette précipitation, de cette confiance d'habitude ; distinguons ici généralement les cas où elle peut être fondée, de ceux où elle offre plusieurs sortes de dangers.

Lorsque les termes sont susceptibles d'une exacte et facile détermination, que l'homogénéité de leurs éléments a permis d'établir entre eux une analogie plus ou moins parfaite, que les séries, les opérations où ils entrent, portent en elles-mêmes leurs moyens de vérification ; lorsqu'enfin il ne s'agit que de déterminer les rapports de nos signes entre eux ou avec nos idées, sans aucune application à ce qui existe hors de nous, l'immutabilité de ces rapports, la valeur réelle et constante de ces termes, régulièrement institués, peuvent nous dispenser de rentrer dans les détails de leur première formation, et donnent le plus souvent à la simple réminiscence une autorité aussi légitime qu'à la perception immédiate.

C'est alors que nos premiers jugements prennent un caractère de fixité, de nécessité absolue, qui détermine leur extension à une multitude de cas particuliers, sans qu'il soit nécessaire de scruter sans cesse dans leur fondement originaire. Alors, les opérations qui les motivent sont souvent entraînées, sans danger, par un mécanisme rapide, aussi sûr que l'instinct, et les habitudes, secondées par une précieuse analogie, peuvent elles-mêmes devenir moyens, instruments de la science.

Mais, dans la plupart des cas, et dans presque toutes les classes d'idées, hors celle des modes simples (voyez chap. IV), la diversité, la complexité des éléments, qui se réunissent sous des termes individuels, le vague et l'indétermination, dont la nature de leur objet les rend susceptibles, commandent toujours la méfiance, exigent une attention d'autant plus soutenue, des évaluations d'autant plus fréquentes, qu'il y a plus de chances pour l'erreur cachée, dans la première institution des signes, plus de danger d'inconstance dans leur emploi successivement répété.

remplissent les fonctions de ces signes d'habitudes dont nous parlions (chap. III de la première sect.) ; le jeu ou le mécanisme est absolument le même dans les deux cas. (C.)

Or, l'habitude qui exclut cette attention, pour lui substituer souvent un aveugle mécanisme, pourra nous égarer de plusieurs manières.

Si nous avions pris d'abord un rapport vague, une fausse lueur, pour l'évidence même, le souvenir qui tient lieu dorénavant de toute autre preuve, reproduisant la même illusion, lui donnera plus de consistance, et nous enlèvera, par suite, tout moyen de la reconnaître, de la dissiper. Le premier jugement réfléchi a-t-il été fondé sur une évidence réelle ? Les termes qui l'expriment peuvent avoir changé de valeur ; en se répétant, peut-être ont-ils perdu quelqu'un de leurs anciens éléments, ou en ont-ils admis de nouveaux. Alors, d'un côté, l'habitude fait supposer l'immutabilité des rapports perçus en premier lieu, de l'autre, un jugement contradictoire s'établit sur des rapports différents exprimés cependant par les mêmes termes. Le *pour* et le *contre*, opposés l'un à l'autre avec des forces égales, se neutralisent ; et le scepticisme triomphe.

La conversion trop prompte de nos jugements réfléchis, en réminiscences, est donc bien plus souvent nuisible qu'avantageuse à nos progrès (comme nous le verrons encore mieux dans le chapitre suivant). Que craignons-nous de ramener souvent à un nouvel examen nos motifs de croyance ? Nous les consoliderons, s'ils sont fondés ; nous les redresserons s'ils appuient à faux ; nous sauverons dans tous les cas l'indépendance de nos jugements, en les arrachant à une pente trop rapide, qui tend toujours à les entraîner ; et l'habitude opiniâtre ne nous forcera pas à mal juger toute la vie, parce que nous jugeâmes mal une première fois [1].

---

1 Fontenelle admira Newton, mais il n'eut pas le courage d'abandonner les romans de Descartes. Il faut reconnaître que l'homme est particulièrement et exclusivement doué d'une faculté active de réflexion qui le retire sans cesse du cercle des habitudes mécaniques et étend indéfiniment sa perfectibilité. Les animaux se trouvent quelque temps après leur naissance enfermés pour toujours dans cette enceinte de l'instinct ou de l'habitude qui n'en diffère pas ; mais l'habitude a beau étendre sa sphère pour y concentrer toutes nos facultés, il reste toujours une puissance qui brise ses entraves et surmonte sa force d'inertie pour tendre à de nouveaux actes. (E.)

Section II : Des habitudes actives

Chapitre VI
Continuation du précédent

De la répétition des mêmes suites de jugement. Influence de
l'habitude sur les opérations et les méthodes du raisonnement.
Conclusion de l'ouvrage

1. – On ne peut raisonner [1], comme calculer, qu'avec le secours des signes conventionnels ; cette vérité a été mise dans un trop grand jour par Condillac et les philosophes qui l'ont suivi, pour avoir besoin de nouvelles preuves. Rappeler les signes dans leur ordre, et avec la valeur précise qui leur a été auparavant assignée, voilà donc en quoi consiste toute opération du raisonnement ; opérer, c'est agir ; agir, c'est mouvoir ; or, l'individu meut quand il rappelle, et il ne rappelle qu'en mouvant.

Le jugement n'est pas l'opération même, il en diffère comme la direction de l'organe diffère de la perception, l'effort de son produit ; mais l'individu méconnaissant sa propre action, devenue extrêmement rapide et facile, la confond sans cesse avec son résultat : telle est la loi de l'habitude ; la langue des métaphysiciens en est elle-même une preuve parlante.

Ce qui est vrai d'un seul jugement, l'est aussi d'une suite quelconque de jugements liés entre eux. Il n'y a jamais que la faculté active du rappel, ou la mémoire, qui soit vraiment en exercice. Elle seule dirige tous nos raisonnements, suivant ses habitudes ; et cela justifie l'importance que nous avons attachée à bien connaître ces différentes habitudes, puisque de là dépend tout ce qui nous reste à dire.

---

1 L'habitude fait que le raisonnement proprement dit qui se compose de *déductions* réelles et peut encore s'y ramener nous semble à présent identifié avec les jugements simples et les idées complexes qui paraissent même simples à l'irréflexion... C'est qu'un seul mot a résumé les résultats de nos jugements ou raisonnements devenus instantanés. Il est vrai de dire sous ce rapport que le raisonnement prend part à la formation de presque toutes nos idées, par exemple nos idées de causalité extérieure. L'idée que nous nous faisons d'un moi, d'une volonté semblable à la nôtre dans les êtres qui nous ressemblent par l'organisation extérieure, sont autant de déductions d'habitude qui deviennent en apparence de simples objets de perception. Et les vrais objets de perception quelconque, que sont-ils, sinon autant de jugements ? La fonction de juger entre partout. Aussi bien des philosophes l'ont considérée comme innée. *Reid.* (E.)

Maine de Biran

Dans le rappel des séries ordonnées de termes ou d'idées, nous n'avons guère considéré jusqu'ici les effets de la répétition que dans les modes de succession, les degrés de facilité et de promptitude, la circonscription nette ou confuse de ces termes, pris individuellement dans la chaîne dont ils font partie : appliquons maintenant ces premiers résultats au rapprochement des mêmes termes, à leurs comparaisons, à la perception de leurs rapports, à la *sommation* de leurs séries.

1° Dans l'exécution de tout mouvement volontaire, il est un degré modéré d'effort, qui rend l'action précise et facile, sans la voiler à la conscience, et un degré supérieur qui, cachant à l'individu la part qu'il y prend, tend à la convertir en automatisme. Il en est de même du rappel des suites des signes : une certaine vitesse dans la succession, un certain effort facilitent les rapprochements et la perception des rapports, donnent à la pensée l'activité nécessaire ; mais, au delà d'un certain terme, tout s'obscurcit et se confond, les opérations comme les jugements ou les suites de jugements qui en résultent.

Lorsque nous exécutons une opération, ou que nous voulons suivre un raisonnement pour la première fois, notre mémoire mal assurée ne s'exerce d'abord qu'avec peine et lenteur ; préoccupée en même temps du rappel des signes, de l'ordre à observer entre eux, et de leur valeur intrinsèque, elle se trouble et s'égare dans ce simple travail [1] : comme la force motrice se déploie trop sur chaque terme, il ne lui reste pas assez d'énergie pour les saisir ensemble et les envelopper dans une action commune ; ou bien ces termes, étant séparés par de trop grands intervalles, l'un est déjà loin de la pensée, lorsque l'autre l'occupe et la remplit. Dans ces deux cas, il peut bien y avoir des termes isolément distincts, mais point de rapports perçus, point de suites de jugements liés entre eux, points de déductions.

En répétant plusieurs fois la même opération, le jeu de la mémoire s'affermit et s'accélère ; le simple rappel des signes n'est plus un travail ; ils se rapprochent, se présentent d'eux-mêmes en quelque sorte sous

1 Tout ceci s'applique de même à la manière dont nous apprenons à parler, à lire, à écrire ; c'est toujours le même instrument, la même force en action ; l'habitude la développe, la modifie de la même manière, dans tous les systèmes possibles d'opérations, de mouvements les plus simples comme les plus composés. (C.)

Section II : Des habitudes actives

leurs faces homologues, leur intervalle se comble : ils sont déjà dans ce point de vue, dans ce juste degré de proximité, qui permettent de les comparer, de les encadrer dans le même tableau : bientôt ils vont se *pénétrer,* rentrer les uns dans les autres ; ce ne sera plus une série ou un ensemble de termes distincts, mais un seul tout, une masse concrète, dont les éléments, étroitement agrégés, seront peut-être ensuite réfractaires à nos moyens d'analyse.

C'est ainsi que, dans le raisonnement le plus composé, et d'abord le plus, laborieux, après une répétition fréquente, le *principe* et la *conclusion* semblent se toucher et tenir immédiatement l'un à l'autre, tant la chaîne intermédiaire est devenue mobile, tant sont grandes la promptitude, la facilité dont elle est parcourue ! Ainsi, fort de ses habitudes, heureusement *persistantes,* le génie parcourt, avec la rapidité de l'aigle, les plus longues suites de propositions, rapproche des masses d'idées, les cumule, et, nouveau géant, escalade les cieux... Ne nous exagérons pas trop pourtant cette force du génie [x] ; sans doute il embrasse une multitude d'objets d'un seul regard, mais il en suppose peut-être encore plus qu'il n'en voit ; il compte sur les nombreux rapports de ses souvenirs ; ce sont autant de témoins dont il a éprouvé plusieurs fois la fidélité, et qui le dispensent de nouveaux examens.

En réunissant ce qui précède avec ce qui a été dit sur le même sujet, dans le dernier chapitre, nous voyons comment l'habitude modifie et transforme les suites de jugements réfléchis, tantôt en accélérant et facilitant les opérations qui les précèdent et les motivent au point de les rendre insensibles et d'en confondre plusieurs dans une seule, tantôt en annulant tout à fait ces opérations et n'en laissant subsister le résultat que comme simple *réminiscence.* Ces deux effets, qui concourent sans cesse à accroître la promptitude et la légèreté du raisonnement, nous expliquent encore pourquoi nous sommes si souvent aveuglés sur sa nature et ses formes, sur la réalité et la nécessité des opérations qui le régularisent.

2° Lorsqu'un raisonnement nous est devenu très familier par une fréquente répétition, nous négligeons les opérations qui l'ont motivé dans l'origine, et, à force de les négliger ou de les traverser rapidement, nous finissons par les oublier, les méconnaître ou les considérer comme absolument inutiles. C'est là ce qui autorise tant *d'ellipses dans* les formes du raisonnement comme dans celles du discours usuel et familier.

Qu'importe, en effet, de s'appesantir sur une longue série de termes, lorsqu'on est accoutumé à s'entendre dès le premier mot ; l'impatience d'arriver à une conclusion attendue ou prévue à l'avance, et vers laquelle on peut s'élancer d'un seul bond, peut-elle souffrir tous ces détours, tout cet échafaudage d'intermédiaires ? On les supprimera donc d'abord à dessein, puis involontairement, et les prémisses iront se fondre dans la conséquence, de même que plusieurs mots se sont réunis en un seul par un long usage. Mais n'est-il pas dangereux que ces omissions, consacrées par l'habitude, n'introduisent dans les fondements de la logique les mêmes abus, les mêmes obscurités, le même oubli des principes, qu'elles ont souvent occasionnés dans les formes et les racines de nos langues ?

Comment atteindre ensuite ce qui s'éloigne de la portée de notre perception immédiate, après avoir brisé les échelons qui pouvaient sûrement y conduire, trouver des évaluations bien précises, quand on a perdu la mesure commune ? Comment dévoiler le sophisme, le paradoxe, qui se cachent en se resserrant, montrer le vide de ces graves maximes qui semblent dire beaucoup en peu de mots, et qu'il ne faudrait le plus souvent que développer, traduire en formes exactes, pour en connaître le vague ou l'insignifiance, etc. ?

3° S'il n'y avait pas de termes complexes, il n'y aurait point de raisonnement utile, de déduction réelle.

Toute la difficulté de ces opérations consiste toujours à revenir de l'expression composée à ses éléments, comme d'une équation à ses racines, d'une fonction quelconque à ses dérivés (ou réciproquement, etc.). Cette difficulté disparaîtrait si l'on savait ou si l'on pouvait, dans tous les cas, observer et noter également ce qui s'est passé dans la combinaison régulière des premiers éléments [1].

1 Le calcul des permutations, et l'heureuse idée qu'eut Harriot, de considérer toute équation comme le produit d'un nombre de facteurs égal au plus haut exposant de l'inconnue, ont donné, comme on sait, des ailes à l'algèbre. Une fois qu'on connaît en effet tous les modes de combinaisons d'où peut résulter une idée complexe, il n'y a plus de difficulté au sujet de cette idée ; mais tant qu'on ignore quelqu'un de ces

Section II : Des habitudes actives

Or, la préoccupation nous empêche d'abord de faire toutes ces remarques, et l'habitude y apporte ensuite un obstacle invincible, par la promptitude et le mécanisme qu'elle introduit dans les opérations (voyez l'article Ier).

Que sera-ce donc, si nous avons reçu ces termes complexes tout formés, s'ils nous sont devenus extrêmement familiers par une longue répétition, si nous les avons considérés et toujours employés en *masse*, pour ainsi dire, sans songer à descendre dans les détails de leur composition, peut-être même sans la soupçonner ? Comment alors ce terme, qui est articulé en un instant, ne paraîtrait-il pas simple à la pensée, comme il est un pour la voix et l'ouïe ? Comment pourrait-il jamais devenir le sujet d'une *analyse* ? Et c'est là, en effet, ce qui rend l'usage de cette méthode si laborieux, si dégoûtant pour la plupart des hommes ; pour y recourir, il faudrait qu'ils commençassent par se méfier de leurs habitudes et combien cette méfiance est peu commune !

Lors même que le terme complexe a été régulièrement formé, la pensée s'est attachée, sans doute, à un certain ordre fixe de combinaisons, la mémoire s'y est assujettie ensuite par des répétitions fréquentes, et a contracté l'habitude de retracer toujours dans le même ordre les éléments combinés ; en vertu de cette habitude, il n'y aura plus dorénavant que cette seule méthode de composition ou de résolution qui paraisse praticable. Parmi toutes les autres combinaisons possibles des éléments 2 à 2, 3 à 3, etc., on ne saura plus voir que celle que l'on est accoutumé à suivre. Ainsi, avec une connaissance assez complète des éléments qui composent une idée ou un terme, on peut être réellement très éloigné d'en apprécier toute la fécondité, de même que le possesseur d'un champ fertile et étendu en reconnaît les richesses, lorsqu'une routine aveugle dans le mode d'exploitation l'empêche d'en tirer parti.

Combien de fois ne peut-il pas arriver qu'avec toutes les données, pour résoudre une question, on manque le but, parce que la véritable route qui pouvait y conduire se trouve différente de celle que l'habitude indique comme la seule bonne, et où une sorte de routine aveugle entraîne opiniâtrement ?

---

modes, il y a des découvertes à faire, des obstacles à surmonter. (C.)

Maine de Biran

Celui, par exemple, qui aurait toujours considéré le nombre 9 comme résultant de la combinaison 5 et 4, pourrait ignorer qu'on y parvient également par celle de 6 et 3, et rejeter ces derniers nombres comme n'étant pas propres à former celui qu'il veut obtenir, etc. [1]. Il est donc encore dangereux de s'asservir, dans la composition des termes ou des idées, à un ordre trop uniforme ; car, une fois qu'il serait transformé en habitude, en mécanisme, il deviendrait absolument exclusif, nous tiendrait renfermés dans la sphère étroite des mêmes opérations, et bornerait là tout progrès ultérieur. Nous sommes si enclins à mesurer les possibles sur l'échelle de nos habitudes, et à croire qu'il n'y a rien au delà de notre système familier !

Nous apercevons encore mieux ici combien peut être funeste à nos progrès cette prompte conversion de nos jugements réfléchis en réminiscence simple, cette confiance absolue dans nos souvenirs, cette indifférence pour d'anciens principes que nous tenons pour assurés et parfaitement connus, parce qu'ils ont été fréquemment répétés. Ce que nous pouvons connaître, comme l'a dit Condillac, est renfermé dans ce que nous savons déjà : c'est donc là qu'il faut le chercher. Mais, d'après tout ce que nous venons de remarquer sur les effets de l'habitude, on voit bien que c'est elle qui met les plus grands obstacles à cette recherche. Indifférence pour les idées acquises, légèreté, promptitude extrême en les parcourant ou les traversant, aveuglement sur leur complexité ou sur les variétés des combinaisons dont leurs éléments sont susceptibles, asservissement absolu aux mêmes routines... Est-ce ainsi que nous pourrons puiser de nouvelles connaissances dans celles que nous avons, y prendre des points d'appui pour nous élever plus haut ?

4° Si le mécanisme, dans lequel dégénèrent incessamment toutes nos opérations répétées, n'en obscurcissait pas l'origine, la nature et le nombre ; si la familiarité des termes ne se confondait pas illusoirement

---

1 Voilà pourquoi un grand maître recommande expressément d'accoutumer ceux qui commencent le calcul à former d'abord chaque nombre simple par toutes les combinaisons dont il est susceptible (voyez l'excellent petit ouvrage du grand CONDORCET, intitulé, *Moyens d'apprendre à compter sûrement* et avec facilité). Heureux si nous pouvions suivre cette méthode dans tout système d'idées ! Ce serait un excellent moyen de dérouter le mécanisme de l'habitude et d'exploiter véritablement le champ de nos connaissances dans toute son étendue. (C.)

Section II : Des habitudes actives

avec une connaissance exacte, infaillible ; si l'indépendance du jugement pouvait se concilier avec la facilite et la promptitude qui l'entraînent, sans doute l'influence de l'habitude sur tous nos progrès serait assurée, pure et sans mélange. Mais pourquoi faut-il que ce qui se gagne en vitesse, en surface, se trouve si souvent perdu en force et en profondeur ? Pourquoi, après avoir rattaché des ailes à la pensée, l'habitude ne lui permet-elle pas de se diriger elle-même dans son vol, au lieu de la retenir opiniâtrement fixée dans la même direction ?

Tel est, en effet, le résultat le plus funeste d'une répétition longue et trop exclusive des mêmes opérations, des mêmes procédés quelconques; la pensée ne peut plus changer son allure habituelle et résiste à tout ce qui pourrait l'en écarter, comme le pendule ne s'écarte point de l'arc déterminé auquel la pesanteur le ramène.

C'est par une telle chaîne que l'habitude retient un si grand nombre d'individus servilement attachés aux pratiques, aux maximes, aux méthodes dont ils se sont fait des routines; c'est elle qui, joignant sa force d'inertie à l'activité de l'intérêt et de l'amour-propre, excita tant de préventions contre les découvertes les plus utiles, en retarda si souvent les heureux effets, suscita les haines, les persécutions contre ces génies, honneur de leur espèce, qui, forçant la barrière de vieux préjugés, surent établir des principes nouveaux sur de nouveaux faits, ou démêler dans les principes et les faits anciens, que l'on croyait bien connaître, une foule d'aspects différents qui en étendirent la fécondité. C'est l'habitude qui après avoir fondé les principes abstraits sur la répétition mécanique des mêmes formules, les mets ensuite hors de toute discussion, crie sans cesse qu'il faut bien se garder de les soumettre à un nouvel examen, consacre ainsi toutes les conséquences erronées des faux principes, ou resserre dans des bornes étroites les applications de ceux qui peuvent être vrais et utiles à eux-mêmes.

C'est l'habitude qui, accréditant par un long usage tant de méthodes vicieuses de classifications, fit si souvent mesurer la nature sur une échelle imaginaire ; et, après que de fausses observations avaient fixé l'erreur dans la nomenclature ou la langue d'une science, c'est encore l'habitude qui perpétuait l'erreur par la répétition du langage.

Maine de Biran

C'est elle enfin qui, s'emparant des produits de l'imagination, de ces idées vraiment *archétypes,* auxquelles des esprits systématiques contraignent les faits à venir se plier, donne souvent à de vaines hypothèses une consistance, un ascendant que toute l'évidence de là réalité, les témoignages les plus authentiques des sens et de la raison, ne sauraient balancer.

5° Autant l'habitude communique d'inertie à la pensée pour tout ce qui s'écarte de sa direction, autant elle lui donne d'activité pour saisir et s'approprier tout ce qui s'en approche. On dirait que le noyau d'idées, formé et incrusté, pour ainsi dire, dans l'organe central, attire, par une sorte d'affinité, tout ce qui soutient avec lui quelques rapports d'analogie, comme il exerce une force répulsive sur ce qui lui est hétérogène.

Rappelons ici ce que nous avons déjà observé (chap. II de cette section). Le passage d'une suite d'idées, de termes ou, en général, de mouvements, à une suite nouvelle et différente, ne peut être facilité que par l'analogie ou l'identité partielle qui règne entre les termes élémentaires des deux séries. L'individu alors, opérant ou mouvant en partie comme il vient d'opérer, n'a pas à déployer des efforts tout nouveaux et trouve le repos dans l'uniformité.

La mémoire retiendra et apprendra donc à retracer avec d'autant plus de facilité les éléments d'une idée complexe donnée, que cette idée sera plus analogue ou qu'elle contiendra un plus grand nombre d'éléments identiques au système d'idées le plus familier ; par la même raison, les rapports de la nouvelle idée seront déterminés avec plus de promptitude et de précision ; car autant il se présentera, dans sa résolution, de termes identiques à ceux qui sont déjà connus et antérieurement vérifiés, autant de jugements de *réminiscence* qui, s'intercalant entre les jugements *réfléchis,* reposeront l'attention et entraîneront, avec la rapidité des habitudes acquises, vers le dernier résultat ou la conclusion finale.

C'est ce qui arrive, surtout dans les opérations que nous exécutons sur les idées complexes de modes simples : comme dans ce cas tous les éléments sont homogènes, on est conduit aisément d'une combinaison à une autre, par la grande chaîne de l'identité ; veut-on décomposer ou comparer entre elles des idées d'un ordre supérieur, on ne manque pas d'arriver bientôt à des termes déjà évalués auxquels on s'arrête, ou que l'on emploie comme connus, dans la suite de l'opération qui peut acquérir ainsi une promptitude indéfinie.

C'est donc par l'analogie, et par elle seule que la sphère de nos habitudes s'étend, et embrasse successivement différents systèmes d'idées ; c'est l'analogie qui rend si douce la pente qui mène du connu à l'inconnu, de ce qui est familier à ce qui est nouveau, que la pensée y glisse pour ainsi dire sans s'en apercevoir : on apprend et on croit ne faire que se ressouvenir, on est dans un monde nouveau, et il semble qu'on ne soit pas sorti de l'enceinte de ses habitudes. C'est ainsi que les bons maîtres, imitant la sage nature, nous conduisent, par degrés, de l'ombre à la lumière, et accoutument insensiblement nos faibles yeux à fixer la vérité. C'est ainsi que Socrate, *accouchant les esprits,* crut à la préexistence de ce germe intellectuel que la puissance de son art faisait éclore [1].

Mais, indépendamment de cette analogie ou identité partielle qui unit, par des habitudes communes, les différents systèmes d'idées, et prépare le passage facile de l'une à l'autre, n'y aurait-il pas encore une autre sorte d'analogie ou de ressemblance dans l'ordre, l'arrangement de ces idées ou de leurs termes, qui se reproduisant d'une manière uniforme dans l'expression de tous nos jugements ou raisonnements quelconques, nous fît une habitude générale de l'art de raisonner, comme de celui de calculer ? N'y a-t-il pas des *méthodes,* des instruments, dont nous pouvons acquérir l'usage par un exercice répété, et qui nous servent ensuite comme de leviers propres à soulever, pour ainsi dire, toute espèce de masses, à rapprocher de notre entendement et à lui approprier toutes sortes de matériaux ? En quoi consistent ces méthodes ? Quels sont les cas où elles peuvent nous guider dans la bonne route, ou nous entraîner dans de fausses directions, faire naître et fortifier les bonnes habitudes intellectuelles ou en produire et alimenter de mauvaises ? Tels sont les objets importants que j'aurais voulu examiner avec quelques détails, et que mes forces ne me permettent plus que d'effleurer dans ce dernier article.

---

1 Le manuscrit de l'Académie comporte ici un long 6°, qui a été corrigé, puis barré, et non remplacé. Cf. pp. 205-206.

Maine de Biran

II. – Dans tout raisonnement, toute déduction régulière, la mémoire remplit deux fonctions essentielles, mais très distinctes, comme nous l'avons observé déjà ; savoir : de rappeler ou de représenter, avec chaque signe, le faisceau d'idées, ou du moins les idées principales qu'il exprime ; en second lieu, de rappeler les séries de signes dans un ordre déterminé.

L'une de ces fonctions peut s'exercer sans l'autre, comme il arrive en effet trop souvent : les signes peuvent être rappelés dans leur ordre très régulièrement, sans être liés à aucune idée ; dans ce cas, la mémoire et le jugement sont *mécaniques.* Au contraire la mémoire est *représentative,* et les jugements sont *réfléchis,* lorsque les termes sont rappelés avec leur valeur, quoiqu'ils puissent ne pas être régulièrement enchaînés entre eux.

L'ordre ou l'arrangement des termes constitue la *forme* du raisonnement, la représentation des idées, liées aux signes, en est l'essence ou le *fonds.*

Comme on peut adapter diverses paroles à un même air, plusieurs tableaux au même cadre, une foule de mots vides ou significatifs au même ordre grammatical ; le *fonds* du raisonnement peut varier d'une infinité de manières, en conservant toujours une *forme* convenue.

Or, ce qui demeure toujours le même au sein des variations, ne peut manquer d'être considéré comme *substantiel* ; et cela nous explique l'importance excessive attachée à la *forme* du raisonnement, qui presque toujours finit par l'emporter sur le *fonds* [1].

De même encore que le *rythme,* qui se reproduit constamment dans

---

[1] Ce fut, sans doute, un effort du génie, que de saisir et de noter à part les diverses formes du raisonnement ; mais, comme Aristote n'avait point distingué les *signes* des *idées,* ses successeurs, ou les scholastiques qui abusèrent de sa doctrine, confondirent entièrement la *forme* et le *fonds.* Les *catégories* ou formes syllogistiques, apprises d'abord pour elles-mêmes et considérées indépendamment de toute application, acquièrent une importance excessive ; c'étaient comme autant de cases vides, qui devaient être régulièrement remplies par un certain nombre de mots, dont on ne songeait point à déterminer la signification ; on voit quelles sortes d'habitudes devaient résulter de l'usage continuel de cette prétendue logique. (C.)

Section II : Des habitudes actives

chaque vers, est retenu avant les paroles, la forme du raisonnement peut aussi devenir d'abord une habitude de la mémoire, et s'y fixer, pour ainsi dire, comme une pierre d'attente à laquelle le *fonds* viendra se joindre ensuite, quand il pourra...

Mais tous les termes qui sont dans la mémoire, séparément des idées, appartiennent au mécanisme de cette faculté, nous pouvons donc dire que la forme du raisonnement, et toutes les opérations habituelles dont elle est l'objet exclusif, constituent la partie vraiment *mécanique* du raisonnement ; tandis que le *fonds*, supposant toujours quelque retour sur la valeur intrinsèque des signes (et une évaluation que l'habitude rend plus ou moins rapide, mais qui ne peut jamais être considérée comme mécanique) en est la partie essentiellement *réfléchie.*

Cela posé, si dès que nous avons une fois lié nos idées aux signes, nous pouvions être dispensés de tout retour sur la valeur de ces derniers; si, toujours précis et distincts entre eux, ils conservaient et représentaient fidèlement à l'œil ou à l'oreille, les différences, comme les analogies qui pourraient exister entre les idées ; enfin, si ces idées étaient toutes d'une même espèce, et circonscrites par leur nature, comme dans leurs signes... alors la forme et le fonds du raisonnement pourraient se confondre ; le rappel des termes dans un ordre donné et constant, devenu bientôt une habitude, tiendrait lieu de la représentation des idées, ou la dirigerait avec assurance et facilité ; on pourrait se laisser aller sans crainte au mécanisme de la mémoire qui conduirait infailliblement vers le but ; et il y aurait ainsi une *habitude générale de raisonner,* comme il y en a une de calculer, en suivant des méthodes certaines et des opérations vraiment *mécaniques* ; mais la méthode peut-elle être la même, lorsqu'il existe une différence essentielle dans les sujets ?

Les signes de la quantité ont, par la nature même de leur objet, une capacité représentative, indéterminée ; ce sont les *signes* par excellence. Nous appliquons également les termes numériques à tout ce que nous pouvons concevoir comme distinct ou séparé ; aussi ces termes passent-ils très promptement du concret à l'abstrait ; comme les nombres abstraits se convertissent, se transforment eux-mêmes dans les signes encore plus généraux de l'algèbre, qui indique seulement les rapports de quantité que l'arithmétique doit évaluer, ou que la géométrie doit construire.

Cet état d'indétermination et de *mobilité* des signes permet de les étudier en eux-mêmes, sans les appliquer actuellement à rien de ce qui existe. On parcourt toutes les combinaisons, les transformations et les divers modes d'arrangement dont ils sont susceptibles, on en dresse des tables ; on les représente dans des formules symétriques que la mémoire apprend à retracer avec promptitude. Passe-t-on ensuite aux applications, il ne s'agit plus que de rattacher aux objets réels ces *étiquettes* familières, et comme on n'examine encore dans les objets que la seule espèce de rapports exprimés et déterminés d'avance par les signes, ce sera toujours sur ces derniers, et non point réellement sur les *idées,* que l'on aura à opérer : donc, en vertu des habitudes acquises par la pratique isolée de la méthode, les opérations du raisonnement seront et demeureront mécaniques jusqu'à la fin, puisqu'il ne s'agira jamais que de l'ordre de succession des termes, de leurs transformations, etc., et non de leur valeur intrinsèque.

Nous n'avons et ne pouvons point avoir, dans nos langues usuelles, de signes *mobiles* ; chaque terme représente ou doit représenter une idée fixe et déterminée, ne peut devenir hors d'elle le sujet d'aucune opération utile, ne doit jamais en être isolé ni dans l'origine, ni dans son emploi subséquent, sous peine de ne pouvoir plus s'y rejoindre : de plus, comme les idées sont d'espèces très différentes, tous leurs rapports ne sauraient être évalués ni indiqués dans des expressions, ou formules simples et invariables ; la plupart de ces rapports sont d'ailleurs de telle nature qu'ils ne sont point susceptibles d'être *mesurés,* ni exactement circonscrits ; le rappel des signes ne peut donc point nous tenir lieu ou nous dispenser absolument de la représentation des idées, et la *forme* du raisonnement ne peut aller sans le *fonds.*

Lorsque nous raisonnons avec des mots, nous avons donc toujours les deux sortes d'opérations précédentes à exécuter : celle qui consiste à rappeler les signes dans un certain ordre (donné par la construction de la langue dont nous nous sommes fait une habitude) ; cette opération est *mécanique* et peut être assimilée aux procédés du calcul; l'ordre de construction peut favoriser la représentation des idées, comme nous l'avons vu (chap. IV), mais il ne nous occupe plus actuellement, nous

Section II : Des habitudes actives

entraîne plutôt que nous ne le dirigeons, et laisse toutes les forces de notre pensée en réserve pour la seconde opération : celle-ci consiste à apprécier actuellement, et à mesure que nous avançons, la valeur des termes, et à faire un retour sur les idées qu'ils doivent exprimer; retour plus ou moins léger, rapide et facile, selon que les idées sont plus ou moins familières, mais qui ne saurait jamais être entièrement remplacé par les habitudes mécaniques, sans les dangers que nous avons reconnus auparavant.

Enfin dans le calcul, et particulièrement dans les procédés de l'analyse algébrique, il suffit de penser en commençant l'opération, en arrangeant ou en traduisant les données du problème ; la méthode exécute ensuite tout le reste, sans que nous ayons besoin d'y songer; c'est elle seule qui opère les transformations, le dégagement des inconnues, etc.

Dans nos raisonnements avec les mots, nous ne pouvons avancer utilement que par le secours de la mémoire représentative ; ce n'est pas assez qu'elle fournisse les termes dans un ordre déterminé par l'habitude; interrogée sur leur titre, elle est encore forcée chaque fois à en rendre compte. Autant il y a de jugements ou de propositions différentes dans le même raisonnement, autant de *problèmes* à mettre en *équation* et à résoudre ; l'attention ne se repose un instant sur le pouvoir de la méthode habituelle, que pour s'éveiller l'instant d'après.

Concluons : puisque nos raisonnements ne sont pas uniquement dans la *forme*, ils ne sauraient donc être conduits par des opérations absolument mécaniques. Il n'y a donc point *d'habitude générale* qui nous dirige, ou qui puisse nous diriger dans l'art de raisonner, comme il y en a une dans l'art de calculer.

Si le projet d'une langue universelle, calquée sur l'algèbre, ou d'une sorte de *spécieuse générale* (tel que Leibnitz [1] et d'autres savants l'avaient conçu) pouvait jamais s'effectuer, c'est alors que les opérations du raisonnement pourraient devenir, comme celles du calcul, purement mécaniques : c'est alors que, réduits à prendre toutes les proportions, à mesurer tous les rapports sur les signes uniquement, et non plus sur les idées mêmes, par le moyen des signes, comme dans l'état actuel des

---

[1] Voyez les *Lettres de Leibnitz et l'éloge de ce grand homme*, par BAILLY. (D.)

Maine de Biran

choses, nous aurions une méthode générale, qui, convertie en habitude, nous dirigerait dans la résolution de toute espèce de problèmes, sans que nous eussions besoin d'y penser, avec cette assurance, cette rapidité que l'habitude donne aux procédés de l'analyse algébrique. Mais je crois qu'il est démontré aujourd'hui (et tout ce qui a été dit en dernier lieu, comme dans je cours de ce mémoire, sur les différentes fonctions de nos signes, tend bien à confirmer) qu'une telle langue ne peut se concilier ni avec la nature de nos idées mixtes, ni avec les besoins de nos diverses facultés, ce qui nous ramène toujours à la même conséquence.

Nous sommes peut-être, quant à la pratique de nos langues, tout à la fois usuelles et scientifiques, dans une position comparable à celle des anciens géomètres, qui, sans connaître notre algèbre, n'en faisaient pas moins de très grandes choses, en réunissant la synthèse et l'*analyse* géométriques [1]. Ils opéraient sur des figures comme nous opérons sur des idées ; leurs raisonnements avançaient toujours en se développant et se composant ; leur mémoire devait porter en même temps le double fardeau des signes et des idées. Ils ignoraient l'usage de ces instruments, de ces leviers qui centuplent les forces de la pensée en les ménageant ; ils n'avaient pas trouvé l'art de renfermer dans des formules abrégées les résultats des plus longues déductions, d'exprimer les rapports composés des parties de l'étendue, par des rapports très simples, qui reposent les sens et donnent des ailes à la mémoire ; mais précisément parce qu'ils manquaient de leviers, leur tête devenait plus forte. Aussi les productions des anciens portent-elles l'empreinte d'une énergie, d'une vigueur, qui nous étonnent et nous surpassent: et pendant que des enfants résolvent d'un trait de plume les problèmes que ces génies livrés à leurs forces propres ne pouvaient atteindre, ou n'atteignaient qu'avec les plus grands efforts, les maîtres, à leur tour, ont quelquefois bien de la peine à suivre jusqu'au bout la chaîne synthétique de leurs idées. Aussi, c'est en marchant d'abord sur les traces des inventeurs, c'est en s'exerçant de la même manière, que la plupart de nos grands géomètres se sont formés ; c'est cette méthode ancienne qu'ils recommandent, comme par reconnaissance ; c'est celle enfin que le grand Newton trouva seule digne de servir d'interprète à son génie !...

1 C'était une *analyse* réelle qui était pratiquée dès l'école de Platon : on y supposait le problème résolu, ou certaines lignes tirées suivant des conditions données, puis on vérifiait la supposition, etc. (voyez l'*Histoire des mathématiques* de MONTUCLA, liv. III). (C.)

Section II : Des habitudes actives

Si la langue universelle [1] pouvait un jour convertir le raisonnement en calcul, substituer un mécanisme facile et assuré, à la représentation lente et souvent incertaine des idées ; sans doute l'art de raisonner éprouverait une révolution aussi heureuse que celle que les sciences exactes doivent à l'application de l'algèbre à la géométrie. Mais autant le perfectionnement des connaissances humaines s'étendrait tout d'un coup, autant le génie acquerrait de puissance, en joignant sa force propre à celle d'un nouvel instrument ; autant peut-être la perfectibilité se resserrerait par la suite ; autant les facultés du commun des hommes perdraient de leur activité, par l'extrême facilité de leur exercice. Ce serait le triomphe de l'habitude !... Alors, sans doute, il s'élèverait des philosophes, qui chercheraient à *enrayer* ce mécanisme, reviendraient à l'ancienne méthode, en recommanderaient la pratique, y traduiraient leurs résultats, après les avoir trop aisément obtenus dans la nouvelle (*ut lumen publicum sustinere valerent,* comme dit Newton lui-même, en parlant de la traduction synthétique).

Alors ceux qui auraient exclusivement pratiqué la *spécieuse générale,* et qui s'en seraient fait une habitude, résoudraient sans peine plusieurs problèmes de morale et d'idéologie, autour desquels nous tournons si laborieusement, et se croiraient peut-être des hommes supérieurs, tandis qu'ils ne pourraient soutenir, sans avoir des *éblouissements,* la lecture des profonds penseurs de nos jours. Les leviers de l'esprit sont comme les leviers physiques ; ils nous aident, mais quelquefois trop, en empêchant le développement de nos forces naturelles. Aussi, dès qu'ils nous abandonnent, nous demeurons livrés sans ressource à toute la faiblesse qui provient de leur usage habituel. Tout ceci nous ramène à la méthode et aux moyens indiqués (dans le chap. IV de cette section) dans l'objet de développer les bonnes habitudes de la mémoire, de former et de maintenir ce juste tempérament, cet équilibre des forces de la pensée. Exercer (par des moyens appropriés) toutes ces forces, mais graduellement, et sans jamais les excéder : faire une habitude, un besoin de la représentation claire des idées, et de leur ralliement aux signes : nous préserver de l'entraînement des mots, et des formes

1 La langue universelle suppose une classification de nos idées et des signes très généraux, très abstraits. Les jugements exprimés avec de tels signes auraient l'inconvénient et les dangers que j'ai remarqués, en parlant des signes généraux de nos idées mixtes (voyez le *Mémoire sur la décomposition*). Avantages d'une langue savante écrite. Facilité d'abuser de la parole. Habitude. Imagination, etc. (E.)

Maine de Biran

purement mécaniques : telles sont les conditions premières que devrait remplir une méthode, pour atteindre le but proposé ; or, on ne saurait disconvenir que la *synthèse* ne soit celle qui y tende d'abord le plus directement. Ce n'est point cette méthode *ténébreuse,* justement proscrite par Condillac, qui ne *compose* qu'avec des chimères, part de principes vagues ou abstraits [1] comme de la source de l'évidence, les

---

1 Comme dans notre conduite nous avons certains principes, certains raisonnements d'habitude qui, se succédant avec une extrême rapidité, nous entraînent souvent, sans que nous nous en apercevions, à adopter tel ou tel parti, à nous tourner d'un côté ou d'un autre, il y a toujours, même dans la spéculation, quelques principes avec lesquels on s'est familiarisé, et qui, se présentant d'abord à la pensée, lui donnent la première impulsion, et déterminent à commencer le raisonnement de telle manière : or, c'est du *commencement* que dépend tout le reste.

Un *métaphysicien* qui serait prévenu, par exemple, de l'opinion que les idées générales sont l'origine et le fondement de toutes les autres, aurait sa mémoire remplie de termes abstraits, d'*axiomes*, etc., etc., qui ne manqueraient pas de se retracer les premiers dans toute question proposée à résoudre : il faudrait donc, ou dénaturer la question pour la rapprocher de ces principes abstraits qui en sont si éloignés, ou établir une chaîne artificielle, longue, embrouillée, laborieusement tissue, et qui souvent ne conduirait encore qu'à des mots. Cependant si le métaphysicien était de plus géomètre, s'il était accoutumé à chercher et à atteindre infailliblement la vérité, en suivant un certain ordre de déductions, dans un système d'idées dont les signes sont naturellement déterminés, et où la forme du raisonnement est identifiée avec le *fonds* ; l'habitude lui ferait préjuger la même détermination des signes, transporter les mêmes formes (avec le sentiment de l'évidence qui s'y trouve associé) dans des questions où cette confiance dans les termes est très dangereuse, et où l'on peut s'égarer très méthodiquement. Il lui suffirait donc d'avoir procédé, par *axiomes, demandes, théorèmes* : d'avoir établi dans l'ordre familier (auquel l'habitude attache une importance exclusive), de longues suites de raisonnements, sur des définitions de mots, ou des hypothèses creuses, pour donner ensuite et considérer lui-même ses rêves, comme des lois de la nature, ses identités verbales comme des démonstrations réelles.

Le philosophe, au contraire, qui est accoutumé à ne puiser ses principes que dans la nature des choses sensibles, dans le sein même des idées qu'il veut connaître, qui n'a pas toujours raisonné avec des signes bien déterminés, et qui a appris à se méfier des formes, concentre d'abord son attention sur la valeur des termes, rassemble toutes les données qu'il peut avoir sur leur composition intrinsèque (*a*), les refait pour peu qu'il s'en méfie ; et trouve ainsi ordinairement, dans la comparaison exacte et détaillée des éléments dont une question se compose, le vrai résultat qu'il voudrait obtenir.

Il n'affecte le plus souvent aucun ordre, mais il suit toujours le véritable, celui de la génération et de la liaison naturelle des idées.

Dans les deux cas, c'est l'habitude qui détermine la manière dont on commence le raisonnement spéculatif, comme l'action pratique ; c'est elle qui étend les leçons de l'expérience à des cas où elles ne sauraient s'appliquer. Le géomètre métaphysicien est, à l'égard des signes, comme un homme qui n'aurait jamais vécu que dans une société

Section II : Des habitudes actives

cumule les uns sur les autres, et tourne sans cesse laborieusement dans la sphère creuse des identités verbales ; mais cette synthèse, que notre maître commun a lui-même souvent pratiquée sous un autre nom ; celle qui se conforme à l'ordre direct de la génération des idées, n'admet d'abord que les éléments les plus simples, c'est-à-dire, les plus clairs et les mieux déterminés (voyez chap. IV), les combine successivement entre eux, ne fait les signes qu'en faisant les idées, et s'impose toujours la loi nécessaire de les retracer ensemble. Cette méthode, avec laquelle la pensée sait toujours d'où elle vient et où elle en est, avance lentement, mais avec assurance, sans jamais s'oublier ni se perdre de vue ; peut s'arrêter à volonté ou continuer sa marche ; passe de l'ombre à la lumière par des gradations bien ménagées, est conduite enfin sans être entraînée, éclairée sans être éblouie.

C'est la pratique d'une telle méthode qui conserve à la pensée son heureuse indépendance, la prémunit contre la pente si dangereuse des habitudes mécaniques, lui inspire cette méfiance qui n'admet aucuns termes, aucuns éléments douteux, les ramène souvent à l'examen, les refait ou les vérifie : méfiance salutaire, dont les vrais philosophes nous donnent l'exemple et le précepte, seul contre-poids de l'aveugle habitude, source de la sagesse et cause active de tout progrès réel [1] ! ...

d'amis et de gens sûrs ; il commettrait bien des fautes et des indiscrétions, quand il passerait dans une société étrangère et corrompue. Le vrai métaphysicien est comme celui qui, entouré de bonne heure d'ennemis, forcé de se tenir toujours sur ses gardes, a contracté l'habitude très utile de la réserve et de la circonspection. (C.)

C'est là ce que Condillac a nommé analyse et qui serait plus proprement nommé synthèse ; à moins qu'on ne fît consister expressément la caractère de la méthode d'analyse à chercher toujours dans le sens même des idées dont il s'agit de connaître les éléments ou d'évaluer les rapports, les moyens qui peuvent servir à cette connaissance, tandis que la synthèse tendrait à remonter de prime abord à des éléments ou des principes conventionnels pris hors des idées mêmes dont il s'agit, et composés entre eux, jusqu'à ce qu'on parvînt aux résultats observés. (E.)

1 Habitudes des différentes facultés intellectuelles examinées les unes par rapport aux autres. Influence particulière et réciproque de la réflexion sur les habitudes morales. Jusqu'à quel point les habitudes de l'imagination peuvent-elles devenir nuisibles ou utiles ? N'est-il pas quelquefois nécessaire d'exciter l'organe de la pensée ? Les habitudes de méditation ne peuvent-elles avoir des inconvénients ? Opposer les occupations intellectuelles les unes aux autres, n'est-ce pas un moyen d'entretenir la santé de l'esprit, etc. ?

Il faut examiner particulièrement l'influence des habitudes intellectuelles, du géomètre, du métaphysicien et du poète et les comparer les unes aux autres, apprécier les avantages des études métaphysiques et leur influence sur les autres études.

Maine de Biran

Conclusion

L'idéologie peut s'élever au-dessus de la *grammaire générale* et pénétrer des formes extérieures de la pensée ou des signes dont elle se revêt, jusqu'à ces modifications plus intimes, plus profondes dont les signes se tirent uniquement de la connaissance des lois de notre organisation, de *l'étude* ou du *sentiment,* de cette connexion étroite qui existe entre le *physique* et le *moral* de notre être. Cette connexion peut être, en effet, *sentie ou observée* : elle est sentie par ces individus qu'un tempérament délicat, une sorte de gêne dans les fonctions vitales ramènent sans cesse au-dedans d'eux-mêmes, qui entendent, pour ainsi dire, crier les ressorts de la machine et sentent que la pensée se tend ou se relâche avec eux. Elle est observée et démontrée avec évidence par ces philosophes qui ont saisi et comparé la nature sensible dans ses divers états, suivi la marche des affections et des idées dans les variations organiques correspondantes aux âges, aux forces, aux tempéraments, etc. ; eux seuls « ont *vu les phénomènes,* la machine alternativement tranquille ou furieuse, faible ou vigoureuse, saine ou brisée, délirante ou réglée ; successivement imbécile, éclairée, stupide, bruyante, muette, léthargique, agissante, vivante, morte » [1].

Pour bien traiter la question proposée, il aurait fallu posséder d'abord, dans toute son étendue, cette grammaire générale ou science de nos idées et de nos signes considérés dans leurs rapports mutuels ; car les formes extérieures de la pensée sont jetées dans le moule des langues ; les termes dont ces langues se composent se répètent à chaque instant, et nos habitudes les plus nombreuses, les plus frappantes, se rallient à leur usage.

Mais il aurait fallu surtout joindre au *sentiment* de ces modifications intimes, de ces profondes habitudes de la pensée, la connaissance des signes propres à les exprimer ; il aurait fallu avoir par-devers soi les termes de rapports nécessaires pour comparer l'influence de l'habitude dans le physique et le moral, dans les opérations de la vie et celles

---

L'habitude de se rendre compte de la nature du sujet quelconque qu'on étudie et de remonter en tout aussi loin qu'il est possible dans l'origine des idées n'est-elle pas une habitude précieuse ? (E.)

1 Voyez l'art. LOCKE, *Encyclopédie ancienne.* (G.)

de l'intelligence, dans les fonctions des organes moteurs et sensibles et celles d'où dépendent les modes divers de la pensée. La question appelait d'elle-même ces rapprochements; elle fournissait la plus belle occasion de *transporter la physiologie dans l'idéologie*, ou de resserrer encore plus étroitement les liens qui doivent désormais unir ces deux sciences. J'ai osé envisager ce but dans le lointain, j'ai fait mes efforts pour en approcher, j'ai puisé dans les sources qui pouvaient m'en fournir les moyens... C'est à des hommes plus éclairés, à des têtes plus fortes que la mienne qu'il appartiendrait d'effectuer ce que j'ai entrevu.

1º Les physiologistes distinguent les forces vivantes en *sensitives* et *motrices*. En méditant les données de mon sujet, j'ai reconnu ou cru reconnaître qu'il était nécessaire d'introduire la même distinction dans l'analyse des impressions et des idées.

Ce que des signes extérieurs, des expériences tentées directement sur les parties sensibles et irritables, manifestent au physicien, se dévoile d'une autre manière à la conscience de l'observateur réfléchi, qui se compare à lui-même dans l'exercice des fonctions de ses sens il se sent passif dans certaines impressions, actif dans d'autres il reconnaît qu'il y a en lui une force qui sent et une autre qui *meut* (*sentiment* et *volonté*), que ces deux forces combinées prédominent tour à tour l'une sur l'autre et concourent, d'une manière très inégale, dans les diverses impressions qu'il reçoit.

En examinant d'abord les sens externes, on voit que les uns sont doués d'une mobilité particulière, tandis que les autres sont ou paraissent tout à fait immobiles; ceux-ci ont un sentiment plus exquis, leurs impressions sont toutes excitatives ; ceux-là sont plus délicats que *sensibles*, et leur sensibilité même semble être subordonnée au mouvement qui la dirige et la tempère : l'individu *perçoit* par ces derniers organes ; il est affecté, il sent (dans toute la force du mot) par les autres ; la *sensation* diffère de la *perception*.

L'être réduit à des organes passifs immobiles, ou dont il ne percevrait pas, ne dirigerait pas les mouvements, serait borné aux facultés *instinctives*, il n'y aurait point en lui de *personnalité* distincte ; par l'odorat seul, par exemple, son existence serait peut-être comparable, à celle de l'huître ou du polype, bien loin qu'il fût capable de former des *combinaisons*, des *abstractions* [1], etc. Toute faculté active et perfectible commence à la perception, au mouvement *volontaire* (nous avons expliqué ce mot *volontaire*).

L'action de la pensée, en l'absence des objets, n'est que la répétition de celle qui a été exercée par les sens sur ces objets. L'organe central peut en conserver la détermination et l'effectuer de la même manière, par une activité qui lui est propre ; mais il n'agit directement pour élaborer, combiner et reproduire que les impressions transmises par des organes mobiles, ou soumises à l'action volontaire. Il n'y a donc point *d'idées correspondantes* aux *sensations pures*, mais seulement aux *perceptions*. Les idées sont images ou copies : les unes se *reproduisent* spontanément, les autres se rappellent par un acte renouvelé de la volonté qui concourut à les former. Il n'y a de *rappel* que des mouvements et des impressions qui leur sont associés ; ces mouvements sont les *signes* des impressions : les signes sont *naturels* ou *artificiels* selon que l'association s'est formée, dans l'acte même de la perception, par le concours des organes moteurs et sensibles, ou par une détermination réfléchie et postérieure de la volonté.

La faculté de *rappeler* constitue ce que nous appelons en général *mémoire* ; son exercice se fonde essentiellement sur les mouvements ou signes associés.

L'imagination consiste dans la reproduction spontanée des images. Les objets mêmes, associés dans une perception commune, remplissent pour elle l'office de signes ; elle est mise aussi en jeu par les organes internes, et en reçoit souvent des lois. L'imagination diffère de la mémoire, comme la sensation diffère de la perception.

2° La sensation, continuée ou répétée, se flétrit, s'*obscurcit* graduellement, et finit par disparaître sans laisser après elle aucune trace. Le mouvement répété devient toujours plus précis, plus prompt et plus facile : la facilité croissante correspond à l'affaiblissement de l'*effort* ; et si cet effort devenait nul, il n'y aurait plus de *conscience* du mouvement,

---

1 Comme l'ont supposé CONDILLAC et BONNET (voyez le *Traité des sensations* et l'*Essai analytique sur l'âme*). (C.)

Conclusion

plus de volonté ; mais, à quelque degré de facilité que le mouvement parvienne, il reste presque toujours un *souvenir,* une *détermination* de l'effort premier ; et lors même que l'action motrice est devenue presque insensible à l'individu qui l'exécute, son produit n'en est que plus assuré et plus distinct.

Si toutes nos facultés et opérations, sous quelque nom qu'on les distingue, ne sont que des modifications de celles de sentir ou de mouvoir, elles devront participer à l'une ou à l'autre de ces deux influences de l'habitude ; s'altérer, se dégrader (et dans certains cas s'exalter) comme *sensations* ou *sentiments,* se développer, se perfectionner, acquérir plus de précision, de rapidité et de facilité dans leur exercice, comme *mouvements* : l'influence de l'habitude est une épreuve certaine, à laquelle nous pouvons soumettre ces facultés, pour reconnaître l'identité ou la diversité de leur origine : toutes celles qui seront modifiées de la même manière, en passant par cette espèce de creuset, devront être rangées dans la même classe, et réciproquement, etc.

Pendant que la sensation répétée s'affaiblit dans l'organe ou la partie excentrique quelconque, immédiatement excitée, le principe sensitif, ou le système, peut en conserver la détermination, tendre à l'effectuer dans les intervalles accoutumés, réclamer les mêmes mobiles d'irritation, s'exaspérer contre leur absence... De là le désir, produit de l'instinct des organes, qui donne des lois à la volonté sans en recevoir, et pourrait avoir lieu sans volonté, sans mouvement, sans puissance. C'est ainsi que des sensations, tout en s'affaiblissant par l'habitude se transforment pourtant en besoins impérieux.

Si la cause excitante quelconque était immédiatement appliquée à un centre ou foyer de sensibilité, les affections, loin de s'affaiblir, ne feraient que croître en énergie ; ainsi toutes les passions, naturelles ou factices, tous les sentiments, éveillés d'abord par des images ou produits, et fixés ensuite par les dispositions des organes intérieurs, ces images mêmes, lorsqu'elles naissent de l'exaltation continuée de la sensibilité cérébrale, etc., ne font que se fortifier par la durée ou la répétition de leurs causes productives.

Maine de Biran

Les organes de la sensation ou de l'appétit, se blasent plutôt qu'ils ne se perfectionnent par la répétition de leur exercice. Si leurs impressions (dans certains cas) paraissent conserver ou recouvrer toujours la même fraîcheur, c'est qu'elles sont ravivées par les dispositions périodiquement renaissantes des centres qui leur correspondent ; hors de là, leur sensibilité propre s'émousse en s'exerçant, et leurs mouvements, qui se sont exécutés dès la première fois avec assurance, n'acquièrent guère plus de perfection en se répétant.

L'habitude influe d'abord sur les organes de la perception, en modérant leur sensibilité trop délicate dans l'origine. Cet effet même prépare et contribue à favoriser le développement de leur motilité propre. C'est là que commence un véritable progrès dans les opérations et les facultés immédiatement liées à l'exercice des sens. Mais plus les mouvements deviennent faciles, plus la perception qui en dépend acquiert de précision et de clarté, plus aussi l'individu méconnaît la part qu'il y prend, plus son activité s'enveloppe : le sujet et le terme de l'action, l'effort et la résistance se trouvant enfin presque identifiés, tout semble revêtir le caractère passif de la sensation.

Une foule d'opérations, de jugements se pressent autour de cette perception, devenue si rapide et si simple en apparence. Ici il faut nécessairement remonter du jeu partiel des sens externes à celui de l'organe central, qui réunit, combine leurs impressions, les transforme, les échange les unes dans les autres.

De deux ou plusieurs perceptions différentes, séparées dans leurs organes, mais qui se répètent constamment ensemble, résulte presque toujours une seule impression mixte, qui doit être considérée comme une véritable résultante de toutes celles qui la composent, puisqu'elle tient de toutes à la fois, sans être aucune d'elles en particulier. De là, il arrive premièrement, qu'une impression qui, si elle était isolée, se rapprocherait du caractère passif, acquiert l'activité qui lui manquait, par sa combinaison avec une autre, dont la motilité prédomine. Cet effet se manifeste dans l'association intime de la vue avec le tact, et surtout de l'ouïe avec l'organe vocal. Un homme qui entendrait sans avoir la faculté de parler, ne distinguerait presque point les sons, et assurément il ne les rappellerait pas.

Conclusion

Il arrive en second lieu que les impressions, ainsi associées et transformées dans un centre commun, ne reçoivent plus leur caractère de l'action même des sens qu'elles intéressent directement, mais bien du feu intérieur de l'organe central, qui, réagissant avec la somme de ses déterminations acquises, change, complique, rectifie et quelquefois dénature les rapports simples des sens externes, substitue les souvenirs à la perception, et réalise ce qui a existé, plutôt qu'il ne perçoit ce qui existe. De là la confirmation de cette sentence d'une grand philosophe : *Omnes perceptiones tàm sensùs, quàm mentis, sunt ex analogiâ hominis, non ex analogiâ universi*, etc. De là la rapidité et l'assurance dont nous percevons ou croyons percevoir actuellement par un sens ce qui n'est point de son domaine, ou qui excède évidemment sa portée ; de là une multitude d'illusions d'autant plus difficiles à détruire qu'elles sont plus anciennes, et que les témoignages les plus authentiques, les expériences les plus répétées semblent déposer constamment en leur faveur ; de là l'ordre établi par les habitudes de l'imagination, confondu avec la nature des choses ; la supposition d'une existence fixe et nécessaire, là où il n'existe qu'un concours fortuit et passager ; la généralisation des expériences particulières, la conversion du relatif en absolu, des faux rapports *d'essentialité* dans les impressions habituellement simultanées, ceux de *causalité* dans l'ordre familier des successives.

De là la sécurité avec laquelle nous attendons les phénomènes qui se sont toujours également suivis ; l'imprévoyance des chances contraires, le trouble, la surprise, l'admiration ou la crainte qu'elles inspirent en se réalisant, l'émotion dans le changement, l'indifférence dans l'uniformité ; de là enfin cette multitude de jugements qui se confondent pour nous dans la sensation même, et toujours (par la même cause) parce que les mouvements nombreux, tant internes qu'externes dont ils dépendent, sont devenus extrêmement rapides, faciles ; et que l'attention n'étant plus excitée par *l'effort,* ou le mouvement même qu'elle dirigeait dans le principe, demeure inactive, et abandonne tout à l'entraînement de l'imagination et de l'habitude.

L'habitude influe sur notre faculté perceptive, comme sur les forces motrices simples. Cette faculté prend donc sa première origine dans le mouvement. Si, comme l'a dit Bonnet, *la perception ne différait de la sensation que par le degré,* elle devrait tendre toujours également à s'obscurcir ou à s'exalter, et ne serait susceptible d'aucun progrès.

III. – Toutes les opérations quelconques, lorsqu'elles sont fréquemment répétées, cessent de procurer à l'organe moteur central cette activité qui, lui donnant la conscience de ses forces, faisait en quelque sorte sa vie propre.

Les mouvements premiers, associés aux impressions, se répétant continuellement depuis l'origine, deviennent insensibles par suite du perfectionnement même des organes ; leurs fonctions naturelles de signes sont absolument oubliées ou méconnues ; il n'y a plus de rappel disponible ; tout est sous le pouvoir de *l'imagination.*

Les signes secondaires du langage viennent heureusement enrayer cette mobilité de l'habitude, révéler à l'individu l'espèce d'empire qu'il peut exercer sur plusieurs de ces modifications, lui créer une seconde *mémoire.*

Parmi les mouvements volontaires qui peuvent également servir de signes de rappel, ceux de la voix, outre la disponibilité et la commodité parfaite de leur exercice, ont l'avantage unique et infiniment précieux de rendre l'individu doublement présent à lui-même, par l'effort qu'ils déterminent et l'impression qu'ils produisent ; ils justifient la préférence qui leur est accordée dans les communications mentales ou sociales.

L'individu note par des signes articulés tout ce qu'il sent, perçoit ou imagine en lui ou hors de lui. Mais la nature des impressions auxquelles il associe ses mouvements vocaux, la manière dont il forme ces premières associations, celle dont l'habitude vient à les modifier par la suite, mettent des bornes à l'utilité générale qu'il s'en promettait, ou en corrompent les premiers fruits.

Le son articulé est une perception, il ne pourra contracter de lien étroit et fixe qu'avec les impressions d'une nature homogène à la sienne propre.

Les sensations, les modifications obscures ou fugitives, les sentiments variables, les *fantômes,* les idées réellement archétypes, tous ces produits vains et illusoires d'un cerveau exalté, ne recevront aucune lumière, aucune fixité réelle (mais trop souvent une consistance trompeuse) des notes vocales destinées à les exprimer ou à les rappeler.

En second lieu, quoique les perceptions dénommées soient circonscrites et persistantes en elles-mêmes, il arrive souvent que l'attention ou la force motrice ne les développe pas dans un acte commun, ne se partage pas assez également entre les signes et les choses ; alors l'association est irrégulière ou nulle, le signe demeure seul ou à vide dans la mémoire, ou bien l'idée est isolée dans l'imagination et échappe ensuite au rappel actif.

Enfin l'extrême facilité dans l'articulation ou le rappel (mécaniques) des signes, provenant de la répétition la plus fréquente pourra finir par altérer leurs fonctions les plus utiles (de la même manière qu'elle avait annulé déjà les fonctions des signes premiers) et livrer encore une fois l'imagination sans frein à ses propres saillies.

De quelque cause que provienne l'isolation du signe, toutes les fois que son rappel est vide de représentation, la mémoire est *mécanique.*

Si, par la nature des modifications associées, le signal n'a qu'un pouvoir excitatif dans un degré quelconque, sans aucune valeur déterminée ou déterminable, la mémoire est sensitive.

Dans les cas uniques où l'association régulièrement formée avec des perceptions distinctes, donne aux signes le pouvoir infaillible d'évoquer les idées ou images, la mémoire est représentative.

L'habitude influe sur la mémoire mécanique, comme sur la faculté de mouvoir simplement; sur la mémoire sensitive, comme sur celle de *sentir* ; sur la mémoire représentative, comme sur celle de percevoir.

Dans le premier cas : suite de mouvements prompts, faciles, inaperçus, et à la fin presque automatiques ; dans le second, suite de modifications, de sentiments ou de *fantômes* évoqués par les sons articulés ; tantôt affaiblissement, tantôt exaltation dans l'effet sensitif, vicissitudes perpétuelles dans la chose signifiée, permanence du signe, jugement illusoire qui transporte à l'une toute la fixité de l'autre.

Dans le troisième cas : suite de signes et d'idées, tissés ensemble dans la même chaîne ; rappel plus prompt, plus assuré, plus facile (et peut-être trop facile) des uns, mais toujours fidélité, clarté de représentation des autres ; seule mémoire utile, base unique de l'intelligence humaine.

Dans la mémoire mécanique, le mouvement absorbe toutes les forces de l'organe pensant ; la sensitive fait prédominer la sensibilité sur les forces ; la dernière forme et entretient ce juste équilibre d'où dépend la raison au moral, comme la santé au physique.

La répétition fréquente des mêmes signes articulés modifie, d'une manière bien remarquable, les jugements que nous portons sur les faits, comme sur les rapports de nos idées entre elles, ou des termes entre eux, ou des unes avec les autres.
Une habitude première ne nous permet guère de concevoir un objet, une idée quelconque, sans rappeler le *signe* qui l'exprime (quoique l'effet soit bien loin d'être réciproque) : à force de les percevoir, de les contempler ainsi l'un l'autre, nous finissons bientôt par ne pouvoir plus absolument les isoler. Ils nous semblent participer à la même essence. C'est surtout dans l'emploi des termes archétypes que ce jugement est entraîné par une force invincible ; le signe paraît tenir alors dans la mémoire la place de la résistance au dehors. Ce sont deux liens qui unissent également des impressions associées par simultanéité, deux habitudes presque aussi anciennes, presque aussi profondes. De là le pouvoir magique des termes de *substance, d'essence,* etc. ; la réalisation des noms abstraits ou généraux ; les longues erreurs des scolastiques et des métaphysiciens (jusqu'à Locke) ; de là l'extrême difficulté qu'il devait y avoir à séparer dans la suite les signes et les idées. Honneur au philosophe qui compléta le premier cette séparation et parvint à dissoudre cet agrégat, cimenté par les habitudes des siècles ! Il fut vraiment le créateur de la logique et de l'idéologie.

Toutes les formes habituelles de notre langage nous entraînent à réaliser des abstractions, et quoique en théorie nous sachions très bien à quoi nous en tenir, les meilleurs esprits peuvent être déçus dans la pratique par cette illusion d'habitude, comme ils le sont en rapportant les couleurs aux objets.

Malheur à la raison, quand le langage a consacré des expressions insignifiantes, des jugements faux ou bizarres ! Leur répétition continuelle les transforme en habitudes de l'oreille ou de la voix, et dès lors les termes acquièrent un titre de créance, qui, éloignant d'eux toute suspicion, les fait passer aveuglément, et sans le moindre examen : telle est la force des habitudes de la parole, qu'il n'est peut-être pas d'absurdité dont on ne finit par se convaincre, en répétant souvent et longtemps les signes qui l'expriment !...

Nos jugements sont mécaniques, lorsqu'ils ne se fondent que sur la répétition des mêmes termes vides de sens. Le souvenir d'avoir toujours cru ou articulé les mêmes paroles, tient lieu de toute autre preuve, et cette confiance routinière, cette foi machinale s'accroît précisément comme le nombre des répétitions augmente ; son opiniâtreté est proportionnée à son aveuglement: l'une et l'autre prouvent toute la puissance de l'habitude.

Les titres les mieux fondés comme les plus chimériques, les plus réels comme les plus faux, les jugements *réfléchis* enfin, comme les jugements mécaniques, acquièrent un nouveau poids par le seul fait de leur répétition. Mais tout ce qui passe exclusivement sous l'empire de l'habitude, doit perdre de son autorité aux yeux de la raison.

L'habitude substitue encore de simples souvenirs à la perception immédiate de l'évidence, qui fonda d'abord le jugement réfléchi; elle transporte aux uns la confiance légitime dont jouissaient les autres, nous cache leurs motifs réels, et s'oppose avec une force croissante à de nouvelles vérifications, remplace le doute de la sagesse par une aveugle présomption, le besoin de connaître par l'apathique indifférence pour les vérités connues ; c'est ainsi qu'elle dissimule souvent nos premières erreurs et les perpétue, couvre de nuages la source des vérités, et en circonscrit l'influence.

Dès que nous ne jugeons plus que sur des *réminiscences,* les plus longs raisonnements doivent acquérir une rapidité égale à celle de la simple succession des termes dont ils se composent. Or, les habitudes de la mémoire tendent à accroître indéfiniment cette rapidité. Alors la réflexion s'éloigne, l'attention n'est plus, tout est livré de nouveau à un pur mécanisme.

Les opérations les plus compliquées s'exécutent, il est vrai, avec assurance et facilité, mais la pensée sommeille et perd ses forces dans l'inaction. L'analyse philosophique peut naître au sein de cet entraînement général, comme les plus puissantes ressources de l'industrie dans les grandes nécessités ; mais elle cherche des éléments et ne trouve que des masses fortement agrégées ; elle cherche un *fond* où pouvoir s'attacher, et ne trouve que des *formes* légères qui lui échappent ; elle veut diriger, montrer la bonne route, et tout fuit devant elle dans la pente la plus rapide ; alors, changeant de titre comme de fonctions, cette *analyse* ne sera plus celle qui *sépare,* mais celle qui *recompose.*

Conclusion

Notes additionnelles

Page 46

C'est sans doute en vertu des mêmes conditions organiques que la sensation se transforme en perception, la perception en idée, le mouvement en signe. Qu'il me soit permis d'exposer quelques conjectures sur ce sujet qui échappe à l'observation et dont nous sommes sans doute condamnés à ignorer le *comment*.

Pour que la sensation se transforme en perception, il faut un premier avertissement transmis directement au centre cérébral et une réaction de ce centre pour mouvoir ou tendre l'organe, ce qui suppose que ce dernier est doué d'une certaine mobilité, que les nerfs par lesquels il sent et se meut en même temps, prennent immédiatement leur origine dans le cerveau et y aboutissent d'une certaine manière, peut-être dans un tel état de division, sans être trop pressés ou confondus dans leur cylindre, etc.

Dans ces deux actes simultanés ou rapidement successifs du même centre pour sentir et mouvoir, l'individu prend connaissance de lui-même comme moteur et sentant, comme *agent* et *patient*. Si l'action sensitive était seule, le moi serait absolument simple, il n'y aurait point de personnalité. Au contraire dans le mouvement même, il y a double impression, celle qui provient de l'action du centre sur l'organe mobile, à laquelle correspond ce que nous appelons *volonté,* et celle qui résulte de la réaction de l'organe sur le centre, que nous avons nommée effort. Si les phénomènes du mouvement et du sentiment dépendaient de quelque fluide, on pourrait supposer avec vraisemblance qu'au moment du passage du fluide des nerfs dans les muscles, et de la contraction de ces derniers, il se fait un changement, soit dans la combinaison chimique du fluide, soit dans sa direction et sa vitesse. Ce changement donne à l'individu la conscience d'effort, il connaît par là quelque chose qui résiste ; c'est ainsi que nous ne nous apercevons point de l'existence du fluide électrique, tant qu'il circule sans obstacle dans les mêmes canaux ; mais lorsqu'il passe de l'un à l'autre, il se manifeste par le bruit et la lumière. (Un des effets de l'habitude ne serait-il pas de rendre ces canaux plus continus et de ramener ainsi l'individu à l'état de simplicité ?)

Comme le centre cérébral exerce une double action, il contracte aussi deux correspondantes (*sic*) l'une au sentiment, l'autre au mouvement. Ces déterminations en s'effectuant dans son sein même, produisent les idées ; si la détermination motrice prévaut, l'individu rappelle ; si c'est la sensitive il imagine.

Quant aux sensations purement affectives, si elles intéressent le centre cérébral, ce n'est qu'en vertu de la solidarité de tout le système dont ce centre est le principal point d'appui, mais non point comme se rapportant à ses fonctions propres; des observations assez positives démontrent que l'intervention du cerveau n'est pas toujours indispensablement nécessaire pour les fonctions du sentiment proprement dit ; les gros troncs nerveux, les plexus en sont le siège particulier.

Voilà donc pourquoi les sensations qui se rapportent surtout aux organes internes sont si confuses, si fugitives, c'est que rien ne peut être distingué, fixé, sans se rattacher à un signe, à un mouvement. Or les mouvements instinctifs qui ont lieu dans ces organes, ne sont point directement dépendants du cerveau, et s'exécutent sans effort, sans volonté, et il me semble que tout cela concorde assez bien avec nos principes, quoique le fondement idéologique soit indépendant de ces conjectures.

Page 189

6° Mais indépendamment de toute analogie, n'y aurait-il pas une habitude de juger, de raisonner qui facilite en général la perception de toute espèce de rapports, quel que soit le système d'idées auquel on s'applique ? Cette question est bien vague. Tâchons de la déterminer davantage.

Si l'habitude n'est qu'une disposition acquise par la répétition des mêmes actes, il est bien évident que son influence ne peut s'étendre au delà de ces actes répétés et de ceux qui leur sont analogues ou qui dépendent d'une disposition intellectuelle semblable ; aussi comme nous l'avons observé précédemment, lorsqu'on se restreint dans un

Notes additionnelles

cercle uniforme d'opérations, plus on le parcourt avec facilité, plus on s'y attache opiniâtrement au point qu'il devient impossible d'en sortir. L'expérience confirme bien cette vérité. Les hommes les plus habiles dans la profession ou la branche de connaissances qu'ils ont adoptée et dont ils se sont fait une habitude exclusive, ressemblent souvent à des enfants, lorsqu'ils veulent s'appliquer à tout autre objet. S'il est quelques génies universels qui pénètrent et portent la lumière dans tout ce qu'ils embrassent, c'est sans doute à une heureuse organisation, jointe à de bonnes habitudes premières et non à l'habitude seule qu'ils doivent cette capacité supérieure et universelle. Cependant si nous considérons la pensée comme une fonction du centre cérébral et les différentes facultés ou opérations, comme autant de modes particuliers de cette fonction générale, on pourrait sans doute supposer avec fondement qu'il existe entre ces modes intérieurs diverses analogies qui nous échappent et dont l'espèce de *liaison même* ou d'analogie extérieure que nous remarquons (et que nous avons établie nous-même) entre nos termes ou nos idées n'est qu'une expression très imparfaite ; il peut donc y avoir une certaine disposition du cerveau, acquise par la répétition de tel exercice, de tel genre d'idées, qui détermine le passage facile à d'autres genres assez éloignés et qui paraissent hors de la loi d'identité ; il peut y avoir aussi une force pensante développée, sinon créée par d'excellentes habitudes premières, une capacité générale d'attention qui s'est accoutumée de bonne heure à *pointer* toute sorte d'objets, et a acquis le pouvoir de les pénétrer, comme un estomac fortifié par un bon régime, finit par tout digérer, hors les poissons ; l'organe de la pensée, convenablement exercé (voy. chap. IV), soigneusement préservé de tout écart de régime (voy. chap. II et III), finirait par assimiler à sa substance tous les éléments *sains* et acquérrait une extension de forces, de facultés dont notre mauvaise éducation n'a pu que rendre jusqu'à présent les exemples infiniment rares.

Il serait donc très possible qu'une culture appropriée, quoique circonscrite d'abord dans une certaine sphère d'idées, pût étendre au loin et indéfiniment l'influence des premières habitudes et produire cette disposition du cerveau tout à la fois énergique et flexible, qui universalise l'intelligence. Mais comme nous manquons des connaissances et des observations nécessaires pour tracer la ligne de démarcation qui sépare le pouvoir de la nature de celui de l'éducation ou de l'habitude, comme nous ignorons absolument ce qui se passe dans les profondeurs du cerveau, quels peuvent être les ressorts, les mouvements générateurs de la pensée, comment ils se communiquent, se lient, se succèdent, se combinent, forcés de nous arrêter aux formes extérieures et aux résultats de notre expérience, nous ne pouvons voir, ni démontrer clairement hors de l'analogie ou de l'identité apparente des termes, les liens physiques qui unissent nos idées et qui déterminent la communauté d'habitudes entre un système et un autre.

Mais, indépendamment de cette analogie...

(1) Il y a cependant des modes d'exercice de la pensée qui doivent s'exclure, parce qu'ils dépendent probablement d'un mécanisme contraire. Dans l'exercice de l'imagination par exemple, le cerveau soit être mis en action par l'influx des centres sensibles avec lesquels il est en rapport ; dans la conception des idées abstraites et dans les opérations dépendantes des facultés méditatives, tout se passe dans lu profondeurs de l'organe cérébral qui demeure livré à ses propres forces. Les deux modes fondamentaux de notre être sont le sentiment et le mouvement; il est impossible de mener de front les facultés qui se rallient plus exclusivement à l'une ou à l'autre de ces sources, et leurs habitudes tendent à se repousser; aussi voyons-nous que les hommes qui cultivent les arts d'imagination et qui y réussissent le mieux sont ordinairement sujets à tous les orages des passions. Le foyer de ces passions ut le même que celui de leur génie et ils tendent sans cesse à l'alimenter. Au contraire les organes du sentiment et de l'appétit sont subordonnés dans les philosophes qui s'occupent habituellement de méditations abstraites et surtout de spéculations géométriques, et comme rien n'excite ces organes ou ne les alimente, ils finissent pas perdre toute influence. Quel empire exerçaient-ils par exemple sur cet Archimède qu'il fallait presser pour l'engager à satisfaire aux premiers besoins de la vie, sur ce grand Newton, dont on s'informait curieusement s'il margeait. De tels hommes ne vivaient plus que par la tête. C'est bien d'eux que l'on pourrait dire : *credibile est ilos partiter vitiisque jocisque altius humanis exeruisse caput.*

Rapport des citoyens

Cabanis, Ginguené, Réveillère-Lépeaux, Daunou et Destutt-Tracy

chargés par la classe des Sciences morales et politiques

d'examiner les sept mémoires envoyés au concours

sur la question proposée en ces termes :

Déterminer quelle est l'influence de l'habitude sur la faculté de penser ; ou, en d'autres termes, faire voir l'effet que produit sur chacune de nos facultés intellectuelles la fréquente répétition des mêmes opérations.

Par M. DESTUTT-TRACY

Rapport de M. Destutt-Tracy

La classe avait proposé ce sujet de prix dès le 5 vendémiaire an VIII. Mais, à la séance du 15 germinal an IX, il fut décidé qu'aucun des concurrents n'avait pleinement rempli les vues de l'Institut ; et un nouveau concours fut ouvert sur la même question. C'est de ce second concours que je suis chargé de vous rendre compte. La commission dont je suis l'interprète a été unanime sur tous les points.

D'abord sur les sept mémoires qui ont été soumis à son examen, elle a jugé à propos d'en écarter cinq, savoir : les nᵒˢ 1, 2, 4, 6 et 7. Les auteurs, ou n'ont pas bien entendu la question, ou ne l'ont pas suffisamment approfondie ; et nous n'avons pas cru devoir vous en rendre un compte détaillé.

Le n° 5, portant cette devise : *L'habitude est une seconde nature*, sans être très satisfaisant, a paru cependant mériter davantage de fixer votre attention. – Il est divisé en deux parties. La première traite des connaissances que l'homme puise dans la nature, sans le secours de la communication des idées ; la deuxième de la communication des idées.

La Première Partie est subdivisée en deux sections : l'une du système des connaissances évidentes, l'autre du système des connaissances de fait ; et cette première contient deux chapitres : l'un des faits dans l'ordre physique, l'autre des faits moraux. Cette distribution n'a pas été approuvée. Elle semble supposer que toutes les connaissances dont il est parlé dans la Première Partie pourraient s'acquérir sans le secours des signes, ce qui serait étrangement méconnaître leur influence. Aussi l'auteur paraît-il ne les regarder guère que comme des moyens de communiquer ou tout au plus de classer nos idées et ne pas sentir assez combien ils sont nécessaires pour les former et les fixer dans nos têtes. Il paraît inadmissible aussi de mettre les connaissances évidentes, pour ainsi dire, en opposition avec les connaissances de fait. Il résulte de là que nos différentes opérations intellectuelles sont confondues ; et que la marche de l'esprit humain n'est pas tracée avec assez de netteté.

En tout, quoique ce mémoire soit recommandable par des idées ingénieuses et prouve de la capacité, il montre que son auteur n'a pas assez médité son sujet, qu'il a trop compté sur sa facilité, et qu'il n'est même pas suffisamment au fait de ce qui a été écrit sur ces matières. On ne peut que l'exhorter à se livrer à cette science, et alors il est vraisemblable qu'il lui fera faire des progrès.

Reste le no 3, ayant pour devise cette phrase de Bonnet : *Que sont toutes les opérations de l'âme sinon des mouvements et des répétitions de mouvements ?* Il a déjà obtenu une mention très honorable au concours de l'année dernière. L'auteur l'a retravaillé ; il a profité des conseils qui lui furent donnés alors par l'Institut, et cette fois il a réuni tous les suffrages. Comme nous sommes tous d'avis qu'il mérite le prix, je devrais aux termes de votre règlement, me borner à vous proposer d'en entendre la lecture, mais comme il est très volumineux, je vais essayer de vous en donner une idée sommaire, quoi qu'il soit très difficile, je dirai même impossible de faire une analyse satisfaisante d'un ouvrage de ce genre.

Nul ne réfléchit l'habitude, a dit Mirabeau (Conseils à un jeune prince). Cette maxime a vivement frappé notre auteur, et il en a fait le début de son ouvrage.

Il voit dans cette observation profonde la cause pour laquelle la connaissance de notre intelligence devait être la dernière de nos connaissances qui se perfectionnât ; pourquoi il était très difficile d'imaginer de commencer cette étude ; pourquoi, dans cette recherche, l'esprit d'analyse devait être arrêté successivement à chaque pas ; enfin pourquoi il devait avoir déjà découvert beaucoup de choses relatives aux formes et aux produits de nos raisonnements, avant d'avoir démêlé la génération de nos idées, qui en sont les éléments ; en un mot, pourquoi l'esprit humain a toujours mieux connu les choses, à proportion qu'elles étaient toujours plus loin de lui, et moins intimement unies à son existence et à ses actes les plus fréquents.

Il trouve encore, dans cette réflexion si vraie, ce qui a obligé les créateurs de la science des idées (Condillac et Bonnet) à étudier l'esprit humain dans un fantôme hypothétique, fruit de leur imagination. Cette marche ne doit plus être suivie, mais elle était nécessaire en commençant. Ce sont les travaux de ces premiers maîtres et ceux de leurs successeurs, qui nous mettent aujourd'hui en état de déterminer les effets de l'habitude, cette cause générale de tous nos progrès d'une part, et de notre aveuglement de l'autre. Mais pour le faire avec précision, il faut commencer par présenter une analyse sommaire de nos facultés intellectuelles et des impressions que nous leur devons. C'est ce que l'auteur fait tout de suite après ces observations préliminaires qui montrent déjà combien il est maître de son sujet. Suivons-le dans cet examen.

Il préfère d'appeler *impression*, ce que nous nommons ordinairement *sensation*. La raison en est que, de ces sensations, quelques-unes, telles que celles qui nous viennent de nos organes internes, sont uniquement et presque uniquement dues à la faculté de sentir ; d'autres, telles que celles que nous cause le simple mouvement de nos membres, sont uniquement ou presque uniquement dues à la faculté de nous mouvoir ; et enfin, presque toutes sont, à différents degrés, composées des effets de ces deux facultés réunies. Or de même que les physiologistes distinguent les forces sensitives et les forces motrices, bien qu'ils leur reconnaissent une origine commune, et qu'ensemble elles composent la force vitale ou le phénomène de la vie ; de même il pense qu'en idéologie, il faut distinguer dans l'*impression* ce qui appartient à la *sensibilité* et ce qui appartient à la *mobilité*, la passion et l'action ou plutôt l'activité sensitive et l'activité motrice, la partie purement affective et la partie perceptive, en un mot, la *sensation* et la *perception*.

Il se sert de ces mots *partie perceptive* et *perception*, pour désigner la portion de l'impression qui dérive de la faculté de nous mouvoir, parce qu'il pense que c'est à celle-là et à la conscience d'un mouvement volontaire que nous devons toutes nos connaissances, même celle de notre *moi*, et que les impressions purement *affectives*, purement *sensitives*, ne nous mettraient jamais à même de porter aucun jugement, pas même celui de *personnalité*, celui qui consiste à percevoir que c'est nous qui existons, qui sentons.

Voilà ce qui justifie, ou du moins motive l'emploi du mot *impression* substitué à celui de *sensation*. Après cette distinction des parties de l'impression, il examine, dans l'exercice de chacun de nos sens, quelle est la part du sentiment et celle du mouvement.

1° Le tact

Dans les impressions tactiles, il est aisé de distinguer le tact passif et le tact actif, c'est-à-dire celui qui se borne à recevoir les affections des corps qui s'approchent de l'organe, et celui qui va les chercher au moyen d'un mouvement volontaire et senti ; et dans ce dernier tact on discerne facilement l'effet de la force *sensitive* de celui de la force *motrice*... C'est à la mobilité qu'est due la perception d'effort qui se compose du moi qui veut se mouvoir et de l'être qui s'y oppose et consiste dans le jugement que nous en portons. C'est là le premier de nos jugements, la première de nos connaissances et l'origine de toutes les autres ; c'est en même temps la base de toute existence réelle. L'organe principal du tact étant la main, c'est celui de tous nos sens dont en général la sensibilité est la moins vive et la mobilité la plus grande. C'est pourquoi c'est celui qui nous instruit le plus et qui instruit tous les autres sens. Quand sa sensibilité est trop vive, il n'a plus cette prérogative, nous sommes tout à la sensation, la perception disparaît. C'est une règle générale que partout où le sentiment prédomine, il n'y a plus de connaissance.

2° La vue

Notes additionnelles

L'organe de ce sens est beaucoup plus sensible et moins mobile que celui du tact. Cependant il y a encore lieu de distinguer la vue passive et la vue active, c'est-à-dire les cas où nous ne faisons que recevoir les impressions visuelles, et ceux où, par différents mouvements, nous nous dirigeons vers elles, et modifions l'organe de manière à les recevoir d'une façon plutôt que d'une autre. Il y a différence entre regarder et simplement voir, comme en être heurté et tâter. On doit donc reconnaître, dans l'exercice de la vue active, l'action des forces sensitives et celle des forces motrices : sentiment et mouvement. En conséquence, l'auteur pense que la vue active toute seule procurerait l'impression d'effort, donnerait lieu à la connaissance du moi, et par celle-là à plusieurs autres, ferait naître des jugements, en un mot, produirait des perceptions, quoiqu'en moindre nombre que celle du tact. Mais suivant lui, la plus grande utilité de la mobilité, propre au sens de la vue, est de se mettre à même d'associer ses opérations à celle du tact, dont les perceptions sont bien plus distinctes et plus persistantes, parce que la résistance extérieure s'y trouve substituée à la simple résistance musculaire. « C'est ainsi, dit-il, que tout organe peu mobile, qui s'il était isolé, ne comporterait que des impressions plus ou moins passives et confuses, peut acquérir l'activité qui lui manque, par son association ou sa correspondance avec un organe supérieur en mobilité. »

3° L'ouïe

La réflexion précédente s'applique de la manière la plus heureuse, au sens de l'ouïe. L'organe de ce sens est très sensible et peu mobile ; et bien qu'il y ait, entre entendre simplement et écouter, une différence qui tient à la mobilité interne des muscles de l'oreille, cependant l'ouïe devrait être purement passive et sensitive ; et pourtant elle nous procure une multitude de perceptions très fines et très distinctes. Mais c'est qu'elle s'associe à un organe éminemment mobile, celui de la voix, lequel répète et reproduit intérieurement tous les sons dont l'ouïe est affectée, et par là nous les fait distinguer et percevoir ; aussi percevons-nous toujours les sons et les articulations d'autant plus distinctement qu'ils ont plus de rapports avec ceux que nous pouvons imiter et reproduire ; et la finesse et la délicatesse de l'ouïe sont toujours proportionnelles à la souplesse et à la flexibilité de l'organe vocal. Toutes les observations, dans les différentes espèces d'animaux et dans les différents états de l'homme, confirment cette importante réflexion. L'association de la voix avec l'ouïe est donc analogue dans ses effets à celle qui existe entre le tact et la vue. C'est là, suivant nous, une très belle idée, et qui donne beaucoup de poids à la théorie de notre auteur.

4° Le goût

L'organe du goût n'est pas dépourvu de mobilité. Le goût n'est pas complètement passif ; il y a différence entre sentir simplement une saveur et la savourer. Mais le goût est éminemment affectif ; les impressions qu'il reçoit émeuvent un organe interne important (l'estomac). Elles ébranlent puissamment tout le système sensitif. D'ailleurs, la résistance que présente le corps savoureux est très transitoire ; la sensation doit donc prédominer dans le goût, et la perception y être presque nulle ; aussi les saveurs sont-elles peu distinctes et peu susceptibles de rappel ; aussi ont-elles peu de noms dans les langues, ou des noms analogues à ceux des qualités tactiles, comme ceux des odeurs sont tirés des objets visibles. Seulement les saveurs des corps solides sont un peu moins confuses que celles des fluides. Elles approchent plus de la perception, ce qui confirme le principe que toute connaissance vient de la mobilité.

5° L'odorat

L'odorat est encore plus passif que le goût, avec lequel il a beaucoup de connexion. Il y a bien encore une légère différence entre sentir et flairer ; mais la mobilité de ce sens ne consiste presque que dans le mouvement de la respiration, mouvement continu, nécessaire, et par conséquent profondément habituel et très peu volontaire. D'ailleurs il met en jeu plusieurs organes internes et tout le système sensitif. Aussi les impressions de l'odorat, comme l'indique le langage, sont presque toutes en sensation et presque point en perception. Aussi sont-elles affectives, confuses, impossibles à nommer et à rappeler, ni divisibles, ni perceptibles, ni instructives.

6° Le sens organique

Notes additionnelles

Enfin viennent les impressions que nous éprouvons dans les parties internes du corps. Celles-là sont de pures sensations. La force sensitive y est seule en jeu. Point d'effort perçu, point de distinction, nul vrai souvenir ; toute connaissance s'éclipse avec l'absence du mouvement volontaire.

Donc toute impression est plus ou moins propre à être *perçue* ou *sentie* suivant qu'elle est plus ou moins liée à un mouvement volontaire, et que sa propriété affective est plus ou moins dominante.

Sur cette explication des fonctions de nos sens se fondent des développements ultérieurs.

L'effet des impressions sur les organes n'est pas uniquement momentané ; elles y laissent des traces durables. Or, ces modifications persistantes des organes, l'auteur les appelle des *déterminations* : il dit qu'une détermination s'effectue quand l'organe se remet dans le même état où il était en vertu de l'action première.

Puisqu'il y a deux sortes d'impressions, ou plutôt puisque l'impression renferme deux choses différentes, la *sensation* et la *perception*, il doit y avoir deux sortes de déterminations, la *sensitive* et la *perceptive* ou *motrice* ; c'est-à-dire que les déterminations que contractent les organes *sensitifs* ne doivent pas avoir les mêmes propriétés que celles que contractent les organes moteurs.

Que la détermination sensitive s'effectue par l'action renouvelée de l'objet ou spontanément en son absence, l'auteur pense que la sensation ne sera pas reconnue pour être la même que la première, qu'il n'y aura pas lieu à ce qu'il appelle réminiscence.

Au contraire, que la détermination motrice s'effectue à l'égard du même objet, l'individu a conscience d'un effort renouvelé et plus facile ; il se reconnaît lui-même comme sujet voulant, et par suite il reconnaît l'impression précédemment éprouvée. Si c'est spontanément, et en l'absence de la cause première, l'individu n'éprouvant pas la même résistance, doit distinguer que c'est un souvenir et non l'impression première.

Maine de Biran

Ce souvenir n'est qu'une copie de la perception première. L'auteur l'appelle *idée* : il n'y a de différence entre l'idée et l'impression originaire que la partie sensitive qui ne se renouvelle pas.

Donc sans la détermination motrice il n'y aurait ni *réminiscence* ni *idées*.

Il n'y aurait non plus ni *signes*, ni *mémoire* ; car, suivant notre auteur, ce sont les mouvements volontaires qui sont les signes naturels puis artificiels des impressions ; et la mémoire est la faculté de rappeler en mouvant, en faisant un effort.

Il appelle *imagination* la faculté de reproduire involontairement certaines impressions. Il appelle ces reproductions non pas idées mais *images*. On prend ces images pour des réalités, parce que la conscience de leur partie motrice a disparu par l'habitude, et qu'on n'est plus frappé que de leur partie sensitive. Il croit que les impressions visuelles sont plus souvent dans ce cas que d'autres, et que ces images sont les produits les plus immédiats de l'activité propre du centre cérébral : de là les visions.

Il faut convenir que cette dernière partie de l'introduction ne présente pas le même degré de lucidité que celle qui contient l'analyse des sens. Peut-être est-ce qu'il aurait fallu faire une analyse expresse de nos facultés intellectuelles, et peut-être encore aurait-il mieux valu ne pas réunir sous le nom unique d'*impressions* la pure sensation avec la *perception* ; car, dans le vrai, cette partie perceptive de l'imagination consiste dans des jugements portés qui, joints à la partie affective de la simple sensation, la font devenir une idée composée, Or, en parlant de cette simple sensation, et exposant successivement tous les degrés de composition et de complication par lesquels elle passe, l'explication des opérations intellectuelles subséquentes aurait peut-être pu être plus claire. Au reste, la suite répandra du jour sur ce point obscur. Il nous faut suivre notre auteur dans les deux sections de son ouvrage, l'une qui traite des habitudes passives et l'autre des habitudes actives. Elles sont pleines de vues fines et de détails curieux.

Notes additionnelles

Section 1
Des habitudes passives

Un fait bien général et bien connu, c'est que toutes nos impressions quelles qu'elles soient, quand elles sont continuées ou fréquemment répétées, s'affaiblissent graduellement, à moins que l'organe ne soit lésé ou détruit. Mais en s'affaiblissant, les unes s'obscurcissent toujours davantage ; les autres deviennent souvent plus distinctes.

Quand j'éprouve souvent le même degré de température ou la même odeur, j'en suis moins affecté ; quand je l'éprouve longtemps de suite, je finis par ne rien sentir.

D'autres impressions, telles que celles de la vue, celles de l'ouïe s'affaiblissent aussi par leur répétition ou leur continuité, mais elles deviennent plus distinctes : c'est qu'elles renferment sensation et perception, et que tandis que la sensation s'efface, la perception s'éclaircit.

Le premier chapitre qui traite des sensations continuées et répétées est destiné à expliquer le premier de ces deux effets. L'auteur se rend compte ainsi de l'action de la force sensitive.

Il dit : Le mouvement vital entretient incessamment, dans toutes les parties de l'être vivant, un certain degré de sensibilité propre du tout et de chacune de ses parties. Quand ce *ton* général ne reçoit aucune altération, l'être vivant peut et doit avoir un sentiment obtus de son existence, mais il n'a point de sensation proprement dite. Quand il reçoit un accroissement ou une diminution générale, ou une altération subite dans quelques parties, il y a sensation, mais, dans ce dernier cas, l'organe irrité réagissant sur les autres, l'équilibre se rétablit graduellement, et tout au plus le ton général demeure augmenté ou diminué, quelquefois même il est encore l'un ou l'autre quand, par la cessation de la cause irritante, l'organe qui l'a altéré est déjà revenu à son état antérieur ; ce qui produit une nouvelle inégalité en sens inverse.

Cette manière de considérer le principe sensitif, dont je ne puis donner ici qu'un aperçu, explique assez bien pourquoi la même cause affective ne produit pas toujours les mêmes effets sur nous ; pourquoi nous ne nous apercevons pas des changements lents et graduels qui s'opèrent en nous ; pourquoi la sensation continuée s'altère ou disparaît; pourquoi, quoique moins sentie, elle devient souvent plus nécessaire à l'être sentant, etc. En un mot, elle rend un compte satisfaisant des divers phénomènes de la sensation proprement dite. Mais la partie perceptive de nos impressions ne suit pas les mêmes lois : elle est l'objet du chapitre suivant.

Tandis que la sensation répétée ne fait que s'obscurcir et s'éteindre, tout ce qui tient à l'action de nos organes moteurs se perfectionne par l'exercice, et toutes les opérations de nos sens actifs deviennent plus faciles, plus rapides, plus distinctes à mesure qu'elles sont plus souvent répétées ; ce sont elles qui produisent la perception ; c'est à elle que nous devons tous nos progrès et nos erreurs. L'auteur assigne trois causes de leur perfectionnement : 1° L'affaiblissement de l'effet sensitif ; 2° La facilité croissante des mouvements ; 3° Leur association dans le centre cérébral à d'autres mouvements ou d'autres impressions qui leur servent de *signes*. Nous ne le suivrons point dans le développement des effets de ces causes; il faut voir dans l'ouvrage l'énoncé des faits qui manifestent l'action de chacune d'elles ; mais, dans le chapitre troisième, on examine spécialement les perceptions associées et les divers jugements d'habitude qui en résultent.

Bacon a remarqué, avec une bien grande sagacité, que l'intelligence humaine est comme un miroir inégal qui mêle sa nature propre à celle des objets qu'il reproduit. Et notre autour ajoute que la nature de l'entendement n'est autre chose que l'ensemble des habitudes propres de l'organe cérébral, qu'il regarde comme le sens universel de la *perception*, tandis que les sensations sont les effets des sens particuliers et des organes externes. Les déterminations, les habitudes contractées par cet organe central, et persistantes dans son sein, constituent ce qu'il appelle notre imagination ; et c'est cette faculté qui, réagissant sur les produits des sens externes, devient le *miroir inégal* de Bacon. C'est elle qui, à propos d'une des perceptions qu'elle a associées ensemble, reproduit à l'instant toutes les autres, en sorte qu'elles se servent réciproquement de signes, en conséquence des liaisons habituelles qu'elles ont eues précédemment. De là la multitude et la rapidité de nos jugements, mais aussi leur témérité ; de là vient que l'enfant appelle tout homme *papa*, et que l'homme suppose une volonté comme la sienne à tout ce qui agit. L'auteur considère les effets de l'imagination dans les perceptions qu'elle a associées par simultanéité ou dans l'ordre successif. Il en remarque les différentes conséquences, et il conclut que, dans l'état actuel de nos facultés, toute perception est composée d'une foule de jugements d'habitude devenus rapides, faciles et, par cela même indifférents jusqu'au point d'échapper à la conscience de l'individu dans le cerveau duquel ils s'effectuent.

La plus grande preuve que l'on puisse donner de l'existence de cette multitude de jugements souvent inaperçus, qui font que l'impression qui nous semble la plus simple est réellement une perception très compliquée, c'est le sentiment de surprise que nous éprouvons toutes les fois que leur liaison ordinaire se trouve dérangée dans un phénomène qui sort de l'ordre commun.

L'auteur en prend occasion d'expliquer spécialement, dans le chapitre IV, les effets de l'habitude sur les sentiments moraux qui résultent de ces perceptions, lesquels sentiments il regarde comme les sensations propres à l'organe cérébral et à l'imagination ; il découvre surtout les causes des idées superstitieuses et des déterminations instinctives. Ce chapitre est rempli de très belles observations.

Là finit la première section, intitulée : *Des habitudes passives*. Pour ne pas trouver qu'elle renferme des choses étrangères à ce que promet ce titre, il faut se rappeler que, si on y traite non seulement de la sensation ou partie passive de l'impression, mais encore de la perception, qui en est la partie active, c'est parce qu'elle entre dans la composition des produits de l'imagination, que l'auteur regarde comme la sensibilité propre de l'organe cérébral. Il y a peut-être là quelque chose d'hypothétique qui n'est pas suffisamment justifié par les observations physiologiques, et dont on aurait pu se passer, comme je l'ai déjà indiqué, en envisageant sous un autre aspect la formation de la perception. Mais cette manière de considérer les phénomènes amène des développements si intéressants et si instructifs, qu'on ne saurait y avoir regret. Continuons donc de vous rendre compte de l'ouvrage et de la seconde section, qui traite des habitudes actives.

Maine de Biran

Section II

Des habitudes actives ou de la répétition des opérations qui sont
fondées sur l'usage des signes volontaires et articulés

Cette Seconde Partie est presque uniquement l'histoire des signes
articulés et des différents effets que leur usage répété produit sur nos
divers genres d'impressions. L'auteur commence par reconnaître deux
espèces de signes naturels ; toute impression même purement sensitive,
associée par l'habitude à d'autres impressions, en devient le signe, et
réciproquement, c'est-à-dire qu'elle les réveille et est réveillée par elles.
Mais ces sortes de signes ne sont point disponibles, ne dépendent
point de la volonté de l'individu ; ce sont ceux au moyen desquels on
est affecté : on imagine sans connaître, sans percevoir, sans pouvoir
s'assurer de la réalité de l'impression qu'on éprouve. Ils ne laissent point
lieu à l'action de la réflexion ; leur effet est machinal et forcé. Ce sont,
suivant l'auteur, les signes de l'imagination ; c'est pourquoi il appelle
l'imagination une faculté passive, comme la sensibilité.

Une autre espèce de signes naturels, ce sont les mouvements
volontaires associés par la nature à nos impressions qui en constituent
la partie perceptive. Ceux-là produisent connaissance, perception,
jugement, parce qu'ils sont accompagnés de l'impression d'effort qui est
le produit du sentiment du *moi*, de celui de résistance et d'un jugement.
Ceux-là dépendent de l'individu ; ils sont à ses ordres, ils donnent lieu
au rappel volontaire, ils sont la base de la mémoire proprement dite.

Mais l'effet de l'habitude est de faire disparaître graduellement la
conscience de l'impression d'effort, et en rendant toujours plus faciles
ces signes volontaires de la mémoire, de les rapprocher toujours plus de
l'état des signes passifs de l'imagination. Quand la faculté motrice est
arrivée à ce degré de perfectionnement d'une part, et d'aveuglement
dans son exercice de l'autre, l'individu demeure passivement livré
à l'impulsion des causes externes, des dispositions organiques, des
saillies involontaires et des retours périodiques de la sensibilité ; il vit
dans une sorte de somnambulisme ; il n'a plus la force de réagir sur ce
qui le meut ; il n'a plus de capacité de réflexion ; il est retombé sous
l'empire absolu de son imagination.

Notes additionnelles

La conversion de certains mouvements volontaires, de certains signes naturels de la mémoire, en signes artificiels, fait renaître la capacité perceptive ; elle redonne une nouvelle énergie à la mémoire. Les mouvements volontaires de l'organe vocal ont surtout beaucoup d'avantages pour produire cet effet ; mais bientôt l'habitude vient encore dénaturer ces nouveaux signes et les rapprocher de l'état automatique.

D'ailleurs ils ne peuvent pas avoir une égale influence sur les impressions de divers genres auxquels on les unit. Ils ne peuvent pas faire revivre également les sensations et les perceptions ; la mémoire n'est pas toujours complètement représentative, dont il examine successivement les effets.

Les sons ou tons articulés, abstraction faite de leur valeur représentative, ne sont que de simples produits de la force motrice. Cependant sous le rapport de la mémoire, ils ont un grand avantage sur les autres mouvements purement musculaires ; c'est que non seulement ils se manifestent à la conscience comme eux, par l'impression de l'*effort* nécessaire pour le produire, mais encore ils sont sensibles à l'individu par la perception que l'ouïe en reçoit. Les gestes ont un avantage analogue en ce qu'ils frappent la vue. C'est pourquoi, pour retenir une suite de gestes, il est utile de les voir en les faisant ; pour retenir les mots, il est bon de les entendre en les articulant, de les prononcer tout haut. Toutefois, retenir des mots, ce n'est que retenir une suite de mouvements, ce n'est là qu'une mémoire mécanique. Elle ne devient représentative que quand on retient en même temps les perceptions auxquelles ces mots sont attachés. Alors seulement elle est utile. La manière maladroite dont on exerce la mémoire mécanique des enfants, en leur faisant apprendre par cœur beaucoup de mots qu'ils comprennent peu ou mal, est donc bien capable d'accroître cette mémoire, car tous les mouvements deviennent plus faciles par l'exercice, mais elle n'est pas propre à la rendre représentative. La peine que donnent à prononcer les mots d'une langue trop dure, le plaisir trop vif que causent des sons trop harmonieux, le choix arbitraire des mots dépourvus d'analogie, sont autant de circonstances qui, en attirant trop exclusivement l'attention sur le signe et en la détournant de la perception, contribuent à empêcher la mémoire de devenir réellement représentative. Quoi qu'il en soit, voilà ce que notre auteur appelle la mémoire mécanique.

Il la nomme sensitive quand le signe sert à réveiller l'image de ces sentiments, de ces affections de la sensibilité qu'il a dit, dans la Première Partie, n'être pas susceptibles d'être reproduits réellement, ou quand il devient le moyen de rappel de ces idées vagues et confuses qui n'ont jamais été accompagnées d'une perception réelle, ou dont elle a disparu. Dans ces deux cas le signe est bien moins un vrai signe qu'un moyen d'excitation tumultueuse et presque fortuite, qui devient facilement fantastique. La mémoire de ce genre ne diffère guère de ce qu'il appelle l'imagination. L'emploi vicieux des mots, l'usage immodéré des métaphores, des allusions, des tropes, des figures de tout genre, est propre à la faire naître. Ceux chez qui elle prévaut sont tout à la passion et étrangers à la réflexion : elle produit l'entraînement de la volonté et l'incapacité du jugement. L'auteur a comparé la mémoire mécanique à la constitution où la force musculaire prédomine. Il compare la mémoire sensitive à celle où la force sensitive est trop exaltée. C'est de l'équilibre et de la juste combinaison de ces deux forces, que se forme un bon tempérament et une mémoire vraiment représentative. C'est de celle dont il nous reste à parler.

L'idée est la copie de la perception, et, suivant notre auteur, nous n'avons de perceptions réelles que celles des formes, des figures et des sons, et celles qui en dérivent, parce que ces impressions sont les seules qui soient liées à l'action de la force motrice et de nos sens actifs ; nos autres impressions ne sont que des sensations, sont passives, et par cela même ne sont pas susceptibles d'être reproduites à volonté, par *levibus ventis volucrique simillima somno.*

Ainsi la vraie mémoire se borne à la *représentation* des formes et des figures au moyen du *rappel* des sons. En effet, la mémoire représentative est celle où le signe et l'idée sont bien liés et se reproduisent toujours ensemble, celle où le signe fait renaître toute l'idée. Mais pour que cela soit possible, il faut que l'idée soit formée tout entière de parties susceptibles d'être reproduites. Or, sa partie perceptive est seule dans ce cas. Sa partie affective, le sentiment qu'elle produit, n'y est pas. Il peut être excité par le signe tantôt plus, tantôt moins, toujours tumultueusement, irrégulièrement ; le tout en vertu de circonstances variables ; mais il ne peut pas être véritablement représenté ; et c'est pourtant là le seul effet du signe vraiment utile à notre perfectionnement. Telles sont les bases sur lesquelles se fondent les réflexions de l'auteur sur les propriétés de nos idées abstraites et de celles des modes mixtes et des modes simples, relativement à la mémoire représentative, sur les méthodes propres à faire naître cette espèce de mémoire, et sur la qualité des langues qui la favorisent ; enfin sur les moyens de faire que le mot, l'idée et le fait se prêtent toujours un appui réciproque, et soient unis d'un lien indissoluble dans notre esprit ; car c'est là à quoi il faudrait parvenir. Ce chapitre est fort intéressant et n'est pas susceptible d'extraits ; il faut le lire.

Après avoir parlé de la mémoire en général, de ses différentes espèces, et des modifications qu'elle reçoit de l'usage continuel des signes artificiels, il était bien nécessaire de faire voir l'influence de ces mêmes signes et de leur fréquente répétition sur nos jugements, et de montrer comment nous sommes entraînés à donner sans nous apercevoir une espèce de vertu occulte aux signes de nos idées et une existence réelle hors de nous à tout ce qui se trouve revêtu d'un signe dans notre mémoire. Ce préjugé, presque invincible et inhérent à la nature humaine, tient à la réunion de trois causes : les effets directs de l'habitude sur nos jugements, la nature des signes et des idées associées et les formes du langage.

Nos premiers signes ont été attachés à des objets sensibles et réels ; quand nous les unissons à des objets intellectuels, nous sommes portés à regarder ces objets comme aussi réels que les premiers.

Ces objets sensibles et réels, nous sommes habitués à les sentir, à les voir existants hors de nous ; bientôt nous rapportons aussi hors de nous ces objets intellectuels que nous jugeons aussi réels. Cela leur donne un nouveau caractère d'existence.

Enfin nous y sommes portés aussi par les formes de langage. Quand nous les avons personnifiés par un signe, ils deviennent les sujets de nos propositions, les soutiens de beaucoup de qualités ; ils parlent, ils agissent, ils sont modifiés. Tout ce que nous disons d'eux est autant de prosopopées qui ne peuvent manquer de les réaliser tout à fait pour nous, dès que la mémoire, que nous en avons, cesse un moment d'être pleinement représentative, et qu'elle incline à devenir ou purement sensitive ou purement mécanique. Or, combien cela n'est-il pas aisé lorsqu'il est question d'idées de modes mixtes, qui sont formées de tant d'éléments hétérogènes, qu'il est très difficile de n'en pas laisser échapper beaucoup, ou lorsqu'il s'agit de jugements dont nous avons oublié la démonstration, si jamais elle a existé dans nos têtes, et dont par conséquent l'évidence n'est plus pour nous une affaire de conscience, mais seulement de réminiscence ! Alors, comme le dit si énergiquement notre auteur, tout est sous la puissance du verbe.

Telles sont les principales causes du pouvoir funeste des mots et de notre attachement vraiment fanatique au sens apparent de certaines locutions qui véritablement n'ont point de sens réel. Mais si l'empire des mots est tel sur nos jugements, combien ne doit-il pas être plus grand sur ces suites de jugements que nous nommons *raisonnements* et où tous les inconvénients doivent se multiplier en raison du nombre des opérations intellectuelles qui se réunissent ou se succèdent. Ici l'incertitude de l'esprit humain et sa facilité à s'égarer deviennent vraiment effrayantes, et elles dérivent de la même source à laquelle il doit tous ses progrès, de l'habitude, cette portion si essentielle de sa nature, qui le constitue tout ce qu'il est. – Notre auteur, dans son dernier chapitre, nous donne sur ces dangers et sur les moyens de s'en garantir, les plus beaux développements que malheureusement nous ne pouvons pas transporter dans cet extrait. Bornons-nous à conclure avec lui que, bien que le calcul et le raisonnement soient absolument la même opération, il n'y a que dans le calcul, dans la combinaison des idées de quantité, que nous puissions sans danger employer des méthodes purement mécaniques, et négliger impunément les idées pour ne nous occuper que des signes, parce qu'il ne s'y agit jamais que d'idées d'une seule et même espèce ; mais que dans toutes les autres déductions où il entre toujours des idées de tous genres, rien ne peut nous dispenser du soin de ramener continuellement le signe à la vertu représentative, de peur que la véritable représentation ne nous échappe ; que nous devons toujours comme il l'a dit, porter en même temps le double fardeau du signe et de l'idée, de peur que la liaison ne se rompe ; et que tout projet de méthode tendant à nous débarrasser de cette obligation tel que la *spécieuse générale* de Leibnitz ou autres semblables, est une pure chimère. Voilà pourquoi les combinaisons mathématiques exigent le moins de force de tête, et sont celles qui ont dû faire les plus grands progrès ; et pourquoi, pour les autres genres de recherches, il n'y a qu'un certain degré d'habitude dans nos jugements qui soit vraiment utile. Quand ces jugements ne sont pas assez habituels, l'esprit est distrait par le sentiment de la peine qu'il éprouve. Quand ils le sont trop, leur facilité excessive empêche d'avoir la conscience des éléments qu'ils renferment. Ces derniers mots sont l'histoire abrégée de tous les effets de l'habitude sur nos opérations intellectuelles. Observons, en finissant, que ce dernier chapitre nous a paru le plus satisfaisant et le plus lumineux de tout l'ouvrage, et ajoutons à sa louange, que quand c'est à la fin de sa course, et lorsque son sujet devient plus étendu et plus compliqué qu'un auteur paraît le plus sûr dans sa marche et le plus maître de son sujet, c'est qu'il en a bien trouvé le fond, et qu'il a bien choisi son point de départ. Cet intéressant mémoire est terminé par un résumé excellent, mais qu'il faudrait bien se garder de lire d'abord ou tout seul ; car, ne présentant pas le tableau des éléments qu'il réunit, il n'offrirait que des signes qui pourraient bien n'être pas compris, ou, pour exprimer cet effet dans le style de l'auteur, il donnerait lieu à l'exercice de la mémoire mécanique, mais non à celui de la mémoire représentative.

Tel est, citoyens, le précis du *Mémoire* que nous vous proposons de couronner ; vous trouverez sans doute bien des choses à désirer dans cette analyse ; mais encore une fois, les ouvrages sur ces matières, s'ils sont bien faits, ne sont pas susceptibles d'être resserrés, et il est impossible, dans un rapport, de présenter complètement les idées de l'auteur. La commission n'a point prétendu prononcer sur tous les points de la théorie de celui-ci ; elle n'a pas même cru qu'il ne puisse pas encore ajouter de nouveaux perfectionnements à sa manière de la présenter : mais elle a jugé que cet écrit était plein de sagacité et riche en observations fines et profondes, qu'il prouvait beaucoup de connaissances et de talent, qu'il jetait de grandes lumières sur le sujet, et qu'il était très capable de faire faire encore de nouveaux progrès à la science. Par tous ces motifs, elle le regarde comme un ouvrage très remarquable et très utile.

Maine de Biran

Appendices

I

Les facultés d'un être sont les principes de ses forces et de ses actions. Nous nous élevons à cette idée abstraite en considérant dans l'être actif les alternatives de repos et de mouvement, et concevant, quand une opération est interrompue, la possibilité de la reprendre ou de la continuer ; ainsi nous séparons la force du principe virtuel qui peut la produire, la changer, la suspendre et en varier l'exercice.

Le nombre des facultés ainsi considérées peut être multiplié comme celui des actions, mouvements ou opérations distinctes ; mais la plus légère observation a suffi, pour faire apercevoir la ressemblance de plusieurs de ces opérations ; alors on les a classées par ordre, et on a rapporté chaque classe à son principe. Il est évident que ces dénominations abstraites de forces ou de facultés ne servent qu'à désigner d'une manière plus abrégée et sans circonlocution la cause inconnue, le principe occulte d'un certain nombre d'effets homogènes qui se manifestent aux sens externes ou au sens interne que nous nommons conscience ; elles servent aussi de lien commun à ces effets en les faisant apercevoir sous les rapports qui les unissent, mais sans nous éclairer en aucune manière sur la nature de cette liaison ni sur celle de la cause qui est censée les produire.

La diversité et le nombre de ces principes occultes annoncent dans les sciences où ils sont admis, un état d'enfance et de ténèbres. La philosophie a pour but premier et essentiel de les réduire. Non contente d'observer l'ordre successif des phénomènes et d'en lier un certain nombre à un premier fait, elle tâche encore de subordonner ces faits premiers dans leur ordre à un autre encore plus général, et s'élevant ainsi d'échelons en échelons, elle tend à remonter vers cette cause, cet anneau premier auquel va se rattacher la chaîne qui unit tous les êtres et qui dans ses circonvolutions infinies embrasse la nature entière ; mais cette liaison des faits premiers entre eux offre des difficultés souvent insurmontables ; elle est même un écueil contre lequel échouent les forces de l'intelligence.

L'homme trouve bien plus de facilité pour séparer et analyser que pour composer et édifier. L'observation et l'expérience le dirigent dans le premier objet ; l'imagination le conduit et souvent l'aveugle dans le second ; et l'unité, la simplicité qu'il tend à établir dans son monde systématique se trouve presque toujours en opposition avec l'unité et la simplicité des principes qui dirigent le monde réel. C'est ainsi que les lois du mouvement impulsif, trop généralisées et appliquées exclusivement aux phénomènes astronomiques, ont produit le système frivole des tourbillons, et que les hypothèses compliquées, que l'on a imaginées depuis pour réduire l'attraction à l'impulsion et l'impulsion à l'attraction, n'ont point jusqu'à présent été confirmées par les phénomènes, ni avouées par la raison.

La généralisation des phénomènes est donc proscrite par la saine philosophie toutes les fois qu'elle n'est pas indiquée et forcée même par l'observation exacte des faits. Cette sage circonspection nécessaire dans les sciences qui ont un objet fixe extérieur, qui offre des prises nombreuses à l'observation et à l'expérience, est bien plus impérieusement commandée dans l'étude des phénomènes qui ne sont percevables à l'homme que par la lumière si souvent obscure, si sujette aux éclipses, qu'il porte au-dedans de lui. C'est ici surtout qu'il doit se tenir stricte-ment renfermé dans l'observation et que cette observation même devient si laborieuse, est si peu proportionnée à notre nature que les philosophes, qui s'y sont appliqués, ont mérité le nom de *sages* par excellence, et se sont acquis une gloire immortelle pour avoir seulement découvert et fidèlement exposé des faits simples que chacun, ce semble, pouvait découvrir comme eux sans sortir de lui-même ; c'est ici que l'analyse devient difficile, parce que tout se complique, tout se confond dans un sujet qui semble animé par plusieurs principes de mouvements, doué de facultés essentiellement différentes dont le développement tantôt prompt, uniforme, général, nécessaire, est assujetti à des lois fixes et invariables, et tantôt, tardif, irrégulier, varie selon des circonstances fortuites, est susceptible d'une foule d'anomalies et paraît plutôt un effet du hasard qu'un résultat essentiel de la nature de l'être.

La difficulté de ramener à une source commune les phénomènes divers, qu'offrait l'étude de l'homme physique et moral, s'est montrée dans le nombre même des facultés distinctes et séparées que l'on a de tout temps reconnues en lui. Au physique, ce sont des facultés sensitives, motrices, appétitives, vitales, organiques, mécaniques, etc. Au moral, des facultés de sentir, de percevoir, de vouloir, de se ressouvenir, de juger, de raisonner, etc., multipliées comme les produits ou les nuances des opérations aperçues par la conscience. Ces dernières distinctions cependant étaient fondées et pouvaient même devenir lumineuses, comme produits et moyens d'une analogie plus ou moins exacte, lorsqu'on aurait montré la dépendance réciproque de ces opérations et la source commune d'où elles dérivent, et qu'on les aurait rattachées à un principe général, dont chacune ne serait qu'une transformation ou une modification particulière – alors la science de l'homme s'élevait au niveau des sciences physiques positives et rentrait dans le domaine propre de la philosophie.

Cette entreprise, indiquée par Bacon, exécutée en grande partie par Hobbes, dont les ouvrages métaphysiques n'ont peut-être pas été assez médités, parut recevoir son complément dans l'ouvrage admirable De l'entendement humain.

Toutes les théories erronées, tous ces fruits de l'imagination des philosophes, disparurent devant un principe simple, évident, tiré de la poussière de l'école, où il était confondu parmi un tas de rêveries et d'absurdités, avec lesquelles l'œil pénétrant de Descartes ne sut pas les distinguer. Il fut démontré que toutes nos idées réfléchies étaient originaires des sens, et la double lumière de l'analyse et de la synthèse, suivant les idées les plus abstraites et les plus composées depuis la source où elles prennent naissance jusqu'au point où elles en sont les plus éloignées, montrant leurs matériaux séparés et réunis, ne laisse plus aucun doute sur leur origine. On sait comment d'excellents esprits parmi nous s'emparant de ce principe l'ont confirmé, étendu, précisé par des analyses plus exactes, comment enfin par les travaux successifs de philosophes, la sensibilité physique est devenue le fait général, la faculté première à laquelle sont venus se rattacher tous les phénomènes, toutes les lois particulières qui régissent les êtres intelligents.

Ainsi la sensibilité est pour ces êtres, qui portent en eux le principe de leurs mouvements, ce qu'est l'attraction pour la matière considérée comme inerte et passive. Ces deux grandes lois se partagent le système entier des êtres ; le monde physique et le monde moral ne sont peut-être séparés que par elles. Mais si l'attraction a donné la clef générale de tous les phénomènes astronomiques et leur a servi de lien commun, c'est que par les travaux réunis des observateurs et des géomètres on est parvenu à recueillir d'un côté une très grande quantité de faits, et de l'autre à montrer par le calcul que chacun de ces faits comme chaque classe entière se rapportait parfaitement au même principe et trouvait en lui une explication complète ; c'est en multipliant ainsi le nombre des applications, en faisant voir que, comme un grave tend vers le centre de la terre, les planètes tendent vers le soleil, les satellites vers leurs planètes, sans doute aussi les mondes vers des nébuleuses ; c'est en agrandissant la sphère et trouvant partout l'identité des rapports que le sublime principe de Newton a vraiment acquis toute sa généralité.

En portant un œil philosophique sur la seconde loi, on est forcé de convenir qu'il s'en faut de beaucoup que ses applications soient aussi exactes, aussi générales et surtout que les divers phénomènes qui s'y rapportent directement aient été étudiés et liés les uns aux autres avec cette sévérité. On sait comment d'excellents esprits, s'emparant de ce principe, l'ont confirmé, étendu par des analyses plus exactes, comment les moralistes et les métaphysiciens disciples de Locke ont fait des efforts constants pour rattacher à la sensibilité physique toutes les lois qui régissent les êtres intelligents. Mais pour subordonner une ou plusieurs classes de phénomènes à un fait que l'observation et l'expérience ont constamment offert comme premier et général dans une succession donnée, on ne saurait trop multiplier les observations et varier les points de vue et les rapports sous lesquels ce fait peut être envisagé. Ce n'est même que par ce moyen que l'on peut vraiment s'assurer de sa généralité. Sans ces précautions, il est à craindre ou que l'on donne au fait principe une latitude qu'il ne comporte pas, en lui subordonnant des phénomènes qui n'ont avec lui qu'une liaison imaginaire, ou qu'on lui attribue en le considérant sous un rapport particulier des effets qui ne lui appartiennent que sous un rapport différent, ce qui entraîne des erreurs aussi considérables. C'est précisément dans ce dernier écueil qu'ont donné les métaphysiciens qui n'étant remonté au principe de la sensibilité physique qu'en suivant une branche de faits, celle des idées que nous recevons par les sens externes, se sont hâtés de généraliser le principe pris sous ce rapport et ont hardiment prononcé que la sensation qu'ils limitaient à des organes particuliers, était la source exclusive de toutes les déterminations, de toutes les idées, de tous les appétits même des êtres sensibles et *enveloppait* toutes les facultés de l'être intelligent.

Ce résultat d'une analyse séduisante par sa clarté et son exactitude apparentes a entraîné les philosophes qui l'ont suivi à des conséquences évidemment erronées et qui rendent le principe d'autant plus suspect qu'elles en sont plus rigoureusement déduites. En effet, s'il est vrai que les impressions faites par les sens externes soient les matériaux exclusifs des idées, le seul mobile des penchants et des déterminations des êtres sensibles et intelligents, en un mot si la sensibilité physique est tout entière dans les cinq sens connus et n'existe que dans les impressions qu'ils éprouvent, il s'ensuit que rien n'est antérieur à leur exercice et comme cet exercice n'a lieu que par une suite d'actes répétés, qui forment l'expérience de l'individu, tout est en lui le résultat de l'expérience, tout est acquisition et habitude ; les déterminations instinctives se confondent avec les déterminations fortuites qui suivent le développement des facultés et l'action des causes externes ; l'appétit se confond dans la source avec la connaissance et les actes réfléchis par lesquels l'entendement, qui conçoit des fins et des moyens, dispose volontairement des uns pour atteindre les autres, ne diffèrent pas de cette appropriation passive des organes à l'action première des objets, de cette tendance énergique quoique aveugle et destituée de toute cause déterminante connue, que la nature imprime à l'individu naissant vers les premiers objets de ces besoins ; en second lieu, puisque la base des facultés de l'entendement humain n'est que dans l'exercice des sens externes, les hommes ne peuvent différer entre eux que par la plus ou moins grande finesse de ces sens ; mais nous n'apercevons pas que l'intelligence se proportionne à cette cause, donc les facultés intellectuelles ne dépendent point de l'organisation ni des causes physiques ; et tous les hommes ont la même disposition à l'esprit, la même capacité absolue. Cette conséquence, déduite par un philosophe que d'absurdes théologiens ont accusé de matérialisme, pouvait fournir au contraire des moyens de défense aux spiritualistes, qui doivent être bien embarrassés de la correspondance parfaite, montrée par l'expérience, entre les modes et les nuances diverses de la pensée, et les dispositions purement organiques.

C'est ainsi que pour soutenir un principe vrai en lui-même, mais qu'on rendait faux en lui donnant des limites trop étroites, des philosophes très estimables ont été forcés de combattre l'expérience la plus évidente, la plus commune, de confondre ce que le bon sens avait toujours distingué jusqu'à eux, et de choquer enfin toutes les vraisemblances. Comment pouvoir en effet se dissimuler que les mouvements compliqués, les penchants déterminés, qui se manifestent soit dans l'individu naissant, soit dans l'adulte à l'époque de la maturité de certains organes, qui est pour ainsi dire une nouvelle naissance, que ces procédés uniformes qui s'exécutent dans chaque espèce, chaque genre d'animaux, avec une précision égale dans l'enfance comme dans la vieillesse des individus, antérieurement à toute expérience possible, en l'absence et indépendamment de toute cause instructive ordinaire, décèlent un principe tout différent de celui des habitudes, par le moyen desquelles l'éducation artificielle de l'homme ou les chances du hasard développent la perfectibilité des êtres, que leur nature en rend susceptibles. Comment dissimuler, pour peu qu'on se soit observé soi-même ou qu'on ait observé la nature organisée et sensible dans divers états, qu'il existe une correspondance parfaite entre les dispositions des organes internes, leur excitation par des moyens appropriés, leur lésion dans divers états de maladie, leur développement naturel ou leur mutilation, les variations enfin de quelques-uns de ces organes ou de leur ensemble par des causes accidentelles ou naturelles et les penchants, les modes de la sensibilité, l'apparition de telles images, la tournure des idées, toutes les nuances enfin, tous les degrés de force ou de langueur dans les facultés intellectuelles.

Ce parallélisme entre les dispositions purement organiques d'une part, et le sentiment de l'existence, les modes et la capacité de la pensée de l'autre, si sensible à tous les hommes d'un certain tempérament, qui ont contracté l'habitude de s'observer attentivement sous le double rapport du physique et du moral, prouvé d'ailleurs par les observations de la physiologie sur l'état des viscères correspondant à la folie, la manie, aux vapeurs, etc., ce parallélisme, dis-je, porte tous les caractères suffisants pour démontrer une liaison de cause et d'effets entre la manière dont s'exécutent les fonctions et les facultés intellectuelles, puisque nous n'avons pas d'autre moyen, en physique, pour déterminer cette relation que la concomitance ou la succession constante de deux ordres de phénomènes.

Bien loin donc de considérer les impressions reçues par les causes externes comme les causes exclusives des déterminations, des appétits, des penchants des êtres sensibles et de l'homme en particulier, il faut concevoir au contraire que ces impressions ne servent qu'à donner la forme à un fonds primordial. déterminé par l'organisation intérieure et l'ensemble des dispositions, que le système sensitif porte en lui-même, soit qu'elles lui aient été imprimées par la génération ou pendant la gestation, soit qu'elles résultent d'une activité propre à ce système, en vertu de laquelle il élève ou abaisse la sensibilité, développe dans des périodes fixes et selon un mode préordonné des forces cachées au-dedans de lui, ou enfin de causes intestines appliquées à quelqu'unes de ses parties et qui influent sur toutes à raison de leur solidarité.

Les impressions qui viennent du dehors se coordonner à ces dispositions antérieures, qui sont avant elles, qui, même dans certains cas, produisent elles seules des effets marqués ; les mouvements et les sentiments, qu'elles excitent dans le système, se proportionnent à l'activité de celui-ci ; ils ne dépendent point des lois mécaniques que suivent les objets dans leur action mais bien du mode de réaction exercé par le système dans quelqu'un de ces centres, conformément aux dispositions. Les images mêmes qui apparaissent dans le cerveau, et surtout les combinaisons particulières, si variables, qui s'y forment, proviennent bien moins de l'action répétée des objets sur les sens extérieurs que de l'état, des modifications actuelles de tels organes internes et de leur irradiation vers le cerveau, c'est de ces causes principales que dépendent la direction de la volonté, la force des passions et l'énergie de certaines idées dont on chercherait vainement au dehors les causes. Ces vérités exposées sous le jour le plus heureux par le savant auteur de l'*Histoire physiologique* seront développées dans le cours de ce *Mémoire*. Elles donnent au principe de la sensibilité physique et aux divers ordres de phénomènes qui en dérivent une connexité, une latitude, une généralité, une précision qu'on chercherait vainement dans les ouvrages des philosophes qui ont précédé. Elles dévoilent d'une manière admirable les points de contact et la liaison intime qui existe entre la physiologie et la métaphysique. Il doit nécessairement changer la face de cette dernière en lui offrant un champ non moins grand, mais plus riche peut-être que celui que Locke a ouvert, que Condillac a suivi et que nos idéologistes modernes ont parcouru dans ses nombreux détails.

L'omission d'un principe aussi important que celui de l'influence des organes internes sur la pensée, la restriction vicieuse donnée à la sensibilité physique par les analystes qui, voulant y ramener toutes les classes des phénomènes, ne l'ont considérée que dans les impressions des sens externes, enfin les conséquences évidemment fausses qui ont été déduites de cette théorie, auraient dû, ce semble, entacher toute la science idéologique, et répandre sur l'ensemble des résultats l'inexactitude et les vices du principe. Cela serait arrivé, si à l'exemple de Bonnet, nos analystes, partant des considérations sur le physique de l'homme, eussent tenté d'expliquer par des moyens du même ordre les opérations de l'intelligence et mis pour ainsi dire la pensée en relief en représentant tous ses modes, tous ses progrès par le mécanisme dont ils dépendent.

La route que les analystes ont suivie, en les écartant de la source première de nos facultés et des produits immédiats de la sensibilité, a rendu leur marche indépendante de toute considération sur la physique de l'homme et l'espèce de faits qu'ils se sont attachés à analyser n'offrant que des résultats plus ou moins compliqués de l'intelligence, déjà développée par l'usage des signes artificiels, ils se sont accoutumés à traiter les facultés intellectuelles, en faisant abstraction de l'influence qu'ont sur elles les facultés organiques, et abandonnant celles-ci à la physiologie, ils ont continué leur marche, sans croire avoir besoin du secours de cette science.

En effet, dès que l'influence des signes du langage sur toutes les opérations de l'entendement eût été démontrée par Condillac et pré-entée sous les applications les plus intéressantes, les diverses espèces de ces signes, considérées dans leur réunion en systèmes, parurent offrir un modèle fixe et subsistant de tous les procédés que suit l'entendement dans sa marche régulière comme dans ses écarts. On y trouva la source unique des progrès de l'esprit. Entraînés par l'importance des découvertes, les métaphysiciens, plus occupés des matériaux qui s'offraient devant eux que de ceux qu'ils laissaient en arrière, ne songèrent plus qu'à composer et décomposer les signes de nos idées de tous les genres, pour en connaître les éléments, à observer et comparer l'ordre successif des signes dans les constructions des langues, pour apprécier la manière la plus naturelle dont ces idées peuvent se lier entre elles, et former des tableaux réguliers et complets. Ainsi la pensée fut considérée comme un art qui suit les mêmes progrès que l'art de parler et est identique avec lui. Ainsi l'idéologie fut transportée tout entière dans la grammaire générale ; ainsi l'analyse des termes fut substituée à celle des facultés ; ainsi la formation de nos idées abstraites fut éclaircie, précisée, et la théorie du raisonnement, dans cette partie surtout, où il s'agit seulement de comparer nos idées entre elles, fut soumise à des règles fixes et certaines, pendant que l'analyse des sensations, la distinction des premiers matériaux de l'entendement, les opérations simples qui suivent immédiatement les lois de la sensibilité, le mécanisme de ces opérations, les causes réelles des maladies de l'esprit, de son exaltation, de ses saillies ou de son inertie et de sa langueur, en un mot des divers états physiques auxquels l'observation peut s'étendre et qui correspondent toujours à un état moral déterminé, étaient non seulement négligées par les philosophes qui s'occupaient des facultés de l'homme, mais encore étaient entièrement méconnues et ne semblaient même pas être soupçonnées [1].

Il faut excepter Bonnet, à certains égards, de ce reproche ; et on peut dire de ce philosophe, avec bien plus de fondements que de Locke, qu'il a créé *la physique expérimentale de l'âme*. Il est bien évident pour tous ceux qui l'ont médité et qui l'ont comparé avec les autres métaphysiciens, qu'il doit la supériorité, la précision et la délicatesse de ses analyses, à la manière purement physique dont il a traité son sujet. Il donne un corps à ces idées qui nous échappent par leur finesse et leur simplicité, et en les représentant symboliquement par des mouvements de fibres du cerveau, il nous fait pour ainsi dire suivre de l'œil et toucher du doigt ces modifications de la pensée, dont les signes du langage peignent si imparfaitement les nuances. C'est ainsi qu'un

---

[1] Tout ce que l'on a dit de l'influence du signe et de l'artifice du raisonnement ne s'applique rigoureusement qu'aux idées abstraites ou complexes que nous créons nous-mêmes et dont nous ne percevons les rapports qu'en comparant les signes. Quant aux rapports de nos idées avec les faits, ils ne consistent pas dans les signes ; c'est pour avoir confondu ces deux espèces de rapport que l'on a exagéré l'influence des signes.

aveugle parvient à connaître les lois de la vision et la marche des rayons lumineux, lorsqu'il se les représente sous l'apparence de fils déliés dont il peut suivre du doigt la direction ; mais Bonnet, qui semble s'excuser d'avoir mis trop de physique dans son livre, ne s'est trompé au contraire que pour s'en être trop écarté. Persuadé selon l'opinion commune que les sens externes, se réunissant et combinant leurs impressions dans le cerveau, étaient les organes exclusifs de la sensation comme de la perception, entre lesquelles il n'établit aucune différence, il rapporte tout au cerveau, ne reconnaît que lui pour centre de sensibilité, multiplie et complique les mouvements de ses fibres et leur nombre selon le besoin, arbitrairement, comme les Cartésiens imaginaient et variaient les tourbillons à chaque phénomène nouveau ; enfin, il explique par le même mécanisme et confond dans une même origine et ces modifications agréables ou douloureuses que nous ne séparons jamais de nous-mêmes, ces sentiments tantôt sourds, tantôt énergiques qui ébranlent tout le système, dont le foyer n'est point dans le cerveau, qui n'entrent point d'ailleurs comme matériaux dans sa mémoire, il les confond, dis-je, avec ces images claires, distinctes, indifférentes, nulles pour le sentiment et dont la facilité du rappel, les comparaisons, les combinaisons variées annoncent qu'elles ont en effet un rendez-vous commun dans l'origine des nerfs auparavant ébranlés par les objets.

Malgré ces erreurs, la marche de Bonnet est très souvent lumineuse, ses analyses qui ne sont pas seulement grammaticales roulent au moins sur des faits palpables, et il a sur les autres métaphysiciens l'avantage d'un géomètre qui construit ses formules sur l'algébriste qui les expose.

Il était réservé à l'auteur de l'*Histoire des sensations* de porter la lumière de la physiologie dans cette partie de la métaphysique qui doit servir de base à toutes les autres, de bien distinguer les phénomènes, d'en rapporter chaque classe à son principe, d'envisager les premiers matériaux de la pensée dans leur siège organique, et d'assigner par la différence physique des organes, les degrés de persistance et de netteté dans les impressions, de trouver dans des foyers particuliers de sensibilité dont l'influence avait été méconnue par les métaphysiciens les causes des déterminations instinctives, des appétits violents et des sentiments énergiques, des anomalies et des variations des modes de sensibilité qu'offrent les individus, dans les divers âges de la vie, dans chaque période et quelquefois dans chaque instant de leur mobile existence, enfin de lier le sentiment, le mouvement et la pensée et de faire voir par une collection précieuse de faits, parfaitement appropriés à son dessein, comment ces trois grands phénomènes de la nature animée ne sont que des modifications du même principe et des résultats purement organiques de l'activité du système sensitif...

C'est après avoir lu cet ouvrage, qu'on est conduit à penser avec Diderot « qu'il appartient à celui qui a pratiqué la médecine d'écrire de la métaphysique ; lui seul a vu les phénomènes, la machine tranquille ou furieuse, faible ou vigoureuse, saine ou brisée, délirante ou réglée, successivement imbécile, éclairée, stupide, bruyante, muette, léthargique, agissante, vivante, morte ».

Il me semble qu'un traité des facultés de l'entendement, où l'on réunirait la méthode de Bonnet avec les lumières répandues sur cette matière dans l'ouvrage déjà, cité, pourrait faire avancer la vraie métaphysique et présenter l'ensemble des phénomènes sous un jour entièrement neuf.

Si la science de l'homme est encore au berceau et paraît stationnaire, depuis des siècles, c'est par le défaut de concours et de correspondance des savants qui se sont divisés entre eux et ont étudié chacun séparément les différentes parties de ce microcosme. Combien il est à désirer pour les progrès de la vraie métaphysique ou de la science de l'homme et de ses facultés que les idéologistes sentent enfin la nécessité de puiser leurs premières données dans les faits importants et vraiment instructifs qu'offre l'étude de l'organisation humaine et les rapports immédiats qu'elle soutient avec ses facultés intellectuelles ! C'est sur cette base, n'en doutons pas, que reposent les moyens les plus puissants, les plus sûrs d'influer sur le perfectionnement de l'intelligence et l'amélioration ou le bonheur des individus.

L'analyse des impressions faites sur les sens externes, des opérations dont elles sont le sujet, des combinaisons qui s'en forment, de leurs associations entre elles et aux signes artificiels qui les expriment, surtout les degrés d'influence de ces signes sur toutes les opérations, et la manière dont l'être sensible est élevé par leur usage à la dignité d'être pensant, la connaissance et l'emploi des instruments qui servent à la fois et à développer et à régulariser les forces virtuelles de cette machine qu'on appelle esprit, enfin tout ce qui a rapport aux méthodes et à l'artifice du raisonnement a exercé jusqu'à ce moment le génie de plusieurs philosophes avec un succès qui a heureusement rejailli sur d'autres branches des connaissances humaines ; mais il est permis de douter que cette marche continuée puisse désormais conduire à des résultats nouveaux et très instructifs, et peut-être l'idéologie, considérée dans l'analyse des signes et des méthodes du raisonnement, est-elle parvenue au même degré que les mathématiques, dont les géomètres eux-mêmes conviennent que l'on ne peut guère attendre d'accroissements très remarquables, au moins en usant des méthodes actuelles, à moins que le hasard ou le génie n'ouvre des routes nouvelles.

L'union de la physiologie à la métaphysique semble pouvoir seule féconder cette dernière, lui donner un appui solide dans des faits précieux que l'expérience et l'observation tournées de ce côté peuvent recueillir, et la faire marcher de front avec les autres sciences physiques, dont les progrès doivent illustrer notre âge et notre nation. Imbu de cette vérité que la forme même de son institution a fait pressentir, le corps respectable des savants, qui a proposé la question de l'influence de l'habitude sur la faculté de penser, semble avoir l'intention de réunir les vues, de provoquer le concours de ceux qui ont médité séparément sur les facultés organiques et sur les facultés intellectuelles de l'homme, sur une question qui intéresse également ces deux ordres de facultés, et paraît éminemment propre à dévoiler leur liaison immédiate et la parité de mécanisme ou plutôt d'organisme qui existe entre le sentiment, le mouvement et la pensée. Il a voulu sans doute avertir les physiologistes qui, trop concentrés dans l'étude des phénomènes de la vie et des fonctions diverses des organes, négligent d'observer les proportions correspondantes du sentiment, des penchants et de la tournure des idées et du caractère, qu'il était temps d'appliquer leurs connaissances à des objets moraux et intellectuels non moins utiles, et plus dignes peut-être de leurs efforts, car qu'importe la vie sans les connaissances et les vertus ?

Il a voulu avertir les métaphysiciens qu'il était temps de remonter à la source des phénomènes, de revenir sur les produits immédiats de la sensibilité pour trouver de nouvelles branches d'analyse, et de tâcher de ramener les effets perçus par la conscience à leurs causes déterminantes, qui ne peuvent être différentes des modifications et dispositions des organes.

Et en effet, la question proposée, quoiqu'énoncée en termes idéologiques, réveillera nécessairement dans l'esprit du physicien l'idée d'une foule de phénomènes que l'observation et l'étude de l'homme physique offrent perpétuellement à ses yeux. Le mot habitude lui rappelle cette cause active dont il a tant d'occasions d'admirer la puissance dans les modifications infiniment variées de la nature organique, les degrés de force ou de sensibilité de chaque organe, la manière dont il exécute ses fonctions proportionnée à la fréquence ou au mode de leur exercice. S'il songe alors que la pensée est aussi une fonction de l'être sensible, qu'elle a un organe propre, indiqué par l'observation et le sentiment intime, que son exercice est soumis à certaines conditions physiques, que tous les autres radient vers lui et qu'il réagit sur tous, comment ne tenterait-il pas de ramener les effets des impressions et des fonctions répétées dans cet organe à ceux que l'expérience lui montre dans des organes mieux connus et dont le mécanisme se décèle à l'observateur d'une manière plus marquée ?

D'un autre côté, quelque effort que fasse le métaphysicien pour se concentrer dans le monde idéal pur, s'il s'occupe des phénomènes de l'habitude, il ne pourra fermer les yeux sur tous les actes mécaniques que sa propre expérience lui découvre à chaque instant, sur tant de mouvements auxquels la volonté ne participe pas, tant de sentiments confus qui l'entraînent malgré lui, uniquement parce qu'ils ont été répétés, tant de besoins particuliers à chacun de ses organes et dont ils appètent les objets dans des périodes fixes déterminées par la coutume. Le voilà donc rentré malgré lui dans le monde physique et forcé de chercher un point de ralliement entre ses habitudes organiques et ses habitudes intellectuelles.

Pour traiter la question dans toute sa généralité et avec toute la précision dont elle est susceptible, pour répondre aux vues des philosophes qui l'ont proposée, il faudrait donc s'élever à cette hauteur d'où, embrassant l'ensemble des phénomènes physiques, moraux et idéologiques qui constituent la science de l'homme, on saisit les rapports qui unissent les facultés ou puissances de divers ordres. Après avoir suivi l'économie vivante et *le microcosme* en particulier dans ses divers états, dans ses modifications, dans ses nuances successives, s'être assuré comment le développement des facultés intellectuelles suit constamment celui des organes, que les variations dans ces derniers amènent des changements proportionnels dans le mode d'exercice des autres, que les causes physiques dont la répétition assidue imprime telles déterminations à certaines parties du système sensitif, donnent en même temps une tournure particulière au caractère, aux penchants, aux idées de l'individu, que l'état de maladie, les affections organiques, contre nature et particulièrement les lésions du cerveau changent les déterminations, les habitudes auparavant contractées, et en font naître de nouvelles ou en réveillent d'anciennes, analogues à cet état, que les dispositions acquises et les habitudes des pères sont souvent transmises à leurs enfants par la génération, qu'il est donc des déterminations antérieures à l'expérience et à l'éducation que celles-ci peuvent modifier, mais non détruire, que le tempérament primitif, le climat rendent l'individu propre à contracter telles habitudes exclusivement à d'autres - fondé sur ces observations et sur plusieurs autres, on démontrerait que le système des habitudes ne peut avoir ses racines que dans le physique de l'homme, dans ses dispositions organiques, dans les déterminations de sa sensibilité, qui sont en partie innées, et en partie résultantes de l'action répétée des causes externes ; on parviendrait peut-être, en comparant les faits, à déterminer les conditions physiques de la formation, de la persévérance des habitudes. Alors les différents modes de l'exercice de la pensée, les degrés d'influence que la répétition a sur eux, ne seraient que des cas particuliers qui rentreraient dans l'explication générale des effets que produit la répétition des diverses classes d'impressions ou d'opérations sur la sensibilité de chaque organe et la manière dont il exerce son activité ou ses fonctions. Le parallélisme entre les facultés sensitives et intellectuelles, qui aurait servi à répandre du jour sur celles-ci, recevrait de même sa confirmation par l'identité ou l'analogie des effets produits par l'habitude sur les unes et les autres.

Je sens combien il me manque de force et de connaissance pour exécuter ce plan dans toute son étendue. Lorsque, pénétré de la difficulté de la question et de la faiblesse de mes moyens, j'osai entreprendre de la traiter, j'ai été loin d'espérer que mes efforts fussent couronnés du succès. Je sais combien il manquera de choses à mon écrit pour lui concilier les suffrages des juges qui ont acquis tant de droits pour être difficiles ; mais mon but est entièrement désintéressé ! Si dans l'ensemble des idées qui me sont propres, il y en a quelques-unes qui paraissent vraies et utiles, je serai assez payé de mes travaux, et du sein de l'obscurité dont je ne désire point de sortir, j'aurai la consolation de me dire : « Et moi aussi j'ai apporté une petite pierre dans la construction de cet édifice, dont les philosophes de notre siècle ont rassemblé les matériaux et jeté les fondements, de cet édifice qui, sous le nom de science de l'homme, s'élèvera par les travaux de ceux qui viendront après nous et servira de rempart et d'asile aux générations futures, contre les préjugés, les vices et la tyrannie. »

Un autre motif m'a déterminé, c'est que les questions, du genre de celles qui nous occupent, demandent de la part de ceux qui veulent les traiter, un retour absolu sur eux-mêmes et une espèce particulière d'observation intérieure, trop méconnu des métaphysiciens. Il ne s'agit pas seulement de combiner les idées par leurs signes, de poser des principes abstraits et par la seule force de la tète, d'en suivre au loin les conséquences ; il ne s'agit pas seulement d'observer la marche de son esprit dans l'exercice régulier de la pensée, et l'emploi de ses méthodes et de son instrument, il faut encore se surprendre, pour ainsi dire, dans ces états de rêverie, d'atonie ou d'exaltation, de saillies ou de langueur dans les modes de la pensée, revenir en même temps sur le sentiment particulier que l'on a de son existence, les modifications des forces motrices et des dispositions senties des organes intérieurs, s'observer, en un mot, sous le double rapport, physique et intellectuel. Mais pour cela, il faut être doué d'un certain tempérament qui rende les modes de la sensibilité, les dispositions morales et intellectuelles si variables, établisse entre eux des nuances successives si tranchées qu'elles ne puissent échapper à l'individu qui s'observe. Avec ce tempérament, lorsqu'il est excessif, on n'est guère propre à enchaîner et à ordonner ses idées, à suivre un plan quelconque avec quelque constance, et par conséquent à faire des grands progrès dans les sciences de raisonnement ; mais comme l'individu ainsi affecté a le sentiment intime de la subordination de l'état moral à l'état physique, ou du parallélisme et peut-être de l'identité de ces deux modifications, il peut fournir des matériaux utiles à ceux qui s'occupent avec zèle de l'étude et de la connaissance de l'homme, envisagé sous ses divers rapports. Ils ne doivent donc pas dédaigner de l'écouter afin de profiter d'une expérience étrangère, qu'ils ne peuvent pas suppléer par la leur propre. Helvétius d'un tempérament fort et chez lequel il y avait stabilité d'énergie n'a soutenu l'égalité des esprits que parce qu'il n'éprouvait aucune variation dans l'exercice de ses facultés. C'est ainsi que le médecin recueille souvent des lumières précieuses en conversant avec des malades qui savent s'observer et bien rendre ce qu'ils éprouvent, et que ces malades feraient mieux que les médecins les mémoires à consulter.

Je dirai enfin pour justifier une entreprise au-dessus de mes forces que s'il appartient au génie, lorsqu'il entrevoit la vérité dans les profondeurs où elle se cache, d'écarter tous les obstacles et de descendre jusqu'à elle et de la produire au grand jour, la médiocrité faible peut quelquefois découvrir l'endroit où il faut la chercher et comme ces statues placées dans les carrefours indiquer la route aux voyageurs.

Comme la marche analytique demande que l'on commence toujours par les faits les plus simples et qui se présentent naturellement les premiers dans un ordre de succession que l'on propose de déterminer, je dois examiner d'abord quelle est l'influence de l'habitude sur les sensations et les perceptions, considérées comme les premiers faits qu'offre l'étude de la nature sensible et intelligente. Je renferme à dessein la question dans les premiers termes dans lesquels la classe l'a présentée.
A (12-32).

II

Condillac, si lumineux, lorsqu'il approfondit les méthodes de raisonnement et met à nu les artifices du langage, a laissé dans le vague les plus simples éléments de la pensée. Suivez, dans ses ouvrages, les différents sens qu'il a attachés aux mots sensation, perception, impression, idée, et vous serez étonné de la variété, souvent du louche, de l'inexactitude de ces expressions. Ce grand homme ne s'était pas placé, dès son début, dans le point de vue propre à apercevoir les faits dans leur source ; or, c'est uniquement sur la classification exacte des faits que peut être fondée une nomenclature, une langue fixe.

Bonnet qui a tant analysé, qu'on croit entendre, selon l'expression d'un homme de génie, le bruit que font en se heurtant les chaînons de ses idées, n'a pas poussé son analyse jusqu'aux sources de la sensation et de la perception ; « elles ne diffèrent, dit-il que par le degré ». Il suppose avec Condillac, quoique suivant une marche différente, que toutes nos sensations peuvent être également distinguées, les unes des autres et même dans leurs nuances, et servir de matériaux à l'entendement, et devenir les objets ou termes de ses opérations.

Cependant Reid, se déclarant l'avocat de ce qu'il nomme sens commun, avait été conduit à distinguer la sensation de l'effet de l'action des objets sur les organes, ou des modifications agréables ou désagréables qu'ils nous procurent, de l'aperception de ces objets et de la connaissance que nous en prenons comme existants hors de nous, car c'est ainsi qu'il caractérise ces deux premières opérations de l'être intelligent, et reconnaissant qu'il n'y a entre elles aucun rapport que la raison puisse découvrir, il prétend que la liaison que l'esprit y met et la nécessité avec laquelle il passe de l'une à l'autre est un résultat de l'instinct et non de l'expérience, une première loi de la nature, en vertu de laquelle la sensation est signe naturel de la perception qui la suit. La distinction de Reid a été renouvelée par des idéologistes très modernes dont l'un, auteur d'un grand ouvrage que la classe a couronné : il remarque très bien qu'il y a une si grande différence entre sentir et apercevoir que souvent nous apercevons mieux lorsque nous sentons moins vivement ; mais cet auteur estimable pressé d'en venir à l'objet principal de son travail ne fait qu'effleurer cette distinction. Selon lui la sensation et la perception sont simultanées. C'est la sensation même qui est aperçue et non l'objet extérieur, comme l'entendait Reid, le *moi* peut toujours se séparer de sa modification, fût-elle unique, pendant tout le cours de son existence ; l'affirmation, je *sens,* suppose la connaissance d'un fait et constitue un jugement, une perception.

On voit qu'ici la sensation et la perception sont toujours unies et simultanées, ne sont séparées que par une métaphysique assez subtile et tandis que Reid désigne la perception et le jugement par cette affirmation tacite « ce n'est pas *moi* » que nous faisons à la présence d'un objet extérieur, l'auteur de *l'ouvrage des signes*... trouve encore le caractère de la perception dans cette affirmation plus simple : c'est *moi* qui sens.

Il y a dans l'opinion de Degérando un cercle vicieux, car pour apprendre qu'une sensation nous affecte avec un tel degré de force, il faut l'avoir déjà comparée avec une autre, ainsi la comparaison ne résulte pas de deux jugements ; je ne puis pas dire que je me sens sentir ou que je me perçois percevant.

A (33-34).

III

Indépendamment de toute impression faite sur les sens externes et même de toute modification rapportée à quelque partie du corps, il y a encore en nous un sentiment fondamental qui est celui que nous avons de notre existence ; cette modification générale est la résultante de toutes les affections particulières qu'éprouve plus ou moins sourdement chaque organe interne, selon ses dispositions variables, elle n'est point soumise aux actions du dehors, se combine il est vrai avec ces actions, s'enveloppe et disparaît le plus souvent sous leurs produits, mais elle n'en détermine pas moins toutes leurs formes et les teint pour ainsi dire de ses propres couleurs.

Isolons-nous de tout ce qui peut agir sur nos sens ; écartons, s'il est possible, tous les tableaux de l'imagination ; suspendons les mouvements du cerveau, le travail de la pensée, et fixés sur nos dispositions physiques intérieures, voyons s'écouler, se pousser les modes successifs de notre existence, comme le sauvage assis tranquillement sur les bords de la mer regarde couler les flots. Qu'apercevons- nous ? Des sentiments tantôt de bien-être, de calme, de sérénité, de confiance en nos forces, tantôt d'anxiété, de trouble, d'impatience, d'hésitation ou de timidité. Sortons-nous hors de nous-mêmes ? Nous portons dans tous les objets la tache ou la nuance qui est dans notre œil ; tous les êtres seront amis ou ennemis ; il faudra voler au-devant d'eux ou les fuir, un coloris enchanteur sera répandu sur toute la nature, ou elle se présentera voilée d'un crêpe funèbre.

Maine de Biran

Ces modes variables du sentiment de notre existence, quoique presque toujours confondus avec les impressions des sens externes ou leurs images peuvent néanmoins sortir de leur obscurité, soit par l'attention particulière que nous leur donnons, en nous examinant sous ce rapport, soit, en prenant d'eux-mêmes des caractères saillants qui ne permettent plus de les méconnaître et de les rapporter à des causes étrangères : C'est ainsi que dans les états d'hilarité, de chatouillement intérieur qui résultent d'une harmonie parfaite entre toutes les parties du système, il est impossible de ne pas sentir que la cause de cette béatitude est en nous-même ; il faut en dire autant de cette tourmente intérieure qui sans douleur locale, sans sujet de peine dont on puisse se rendre compte, rend quelquefois l'existence si pesante, si difficile à supporter.

Quoique l'analyse ne se soit point appliquée à ce genre d'impressions et qu'il soit même d'autant plus difficile de les classer qu'elles ne se rapportent directement à aucun organe, et se perçoivent plutôt par leur résultante, que par leur influence particulière, elles n'en ont pas moins tous les caractères que nous avons reconnus dans les sensations dont nous avons parlé et doivent être mentionnées par conséquent dans une classification ou énumération tant soit peu exacte des résultats immédiats ou des affections simples de la sensibilité physique.

Je dis qu'elles ont tous les caractères de nos autres *sensations* elles les ont même dans un degré supérieur ; résultats immédiats de l'activité des organes internes, elles n'intéressent que le sentiment dont elles sont les propres excitateurs, ne s'adressent au centre de la pensée que pour ranimer son action, quelquefois pour la troubler, l'offusquer ou en faire jaillir des images importunes qui la distinguent de ses opérations, elles lui donnent des lois sans jamais en recevoir, déterminent ses combinaisons sans jamais en faire partie ; sujettes à toutes les variations, elles se chassent, se poussent les unes les autres, et font de la vie qu'elles composent un fleuve rapide où il est aussi impossible de jeter l'ancre que de remonter; fugitives dans le souvenir, elles se refusent à toute reproduction volontaire ; ainsi les sentiments aimables de la jeunesse, cette douce chaleur dont nous sommes animés, ces sensations vives, dont nous portons en nous-mêmes la source ont disparu, et pour toujours. Nous ne concevons même plus la possibilité de ces penchants, de ces désirs, de ces passions véhémentes qui nous ont entraînés autrefois avec tant de force [1].

« Il est pourtant un âge où pour certains sujets, la vie semble revenir sur ses pas, et ramener les illusions et les rêveries heureuses de la jeunesse (voyez le *Mémoire sur l'influence des âges* ; de même dans l'état de gaîté, nous oublions entièrement tout ce qui tenait aux modifications de la tristesse, dans l'état sain, ce qui tenait à celui de maladie ; en un mot jamais le même état physique ne ramène le même état moral, l'un entraîne l'autre dans son flux rapide *et labitur in omne volubilis ævum.* »

Ces sensations, enfin, quand elles sortent de leur obscurité et font prédominer le sentiment agréable ou fâcheux de notre existence sur toutes les impressions extérieures, ces sensations, dis-je, sont éminemment affectives ; c'est à elles bien plus qu'aux événements, aux chances, aux divers jeux de la fortune que nous devons presque tout le bonheur ou le malheur de notre vie, comme le charme ou le dégoût de chacun de ses instants. S'il existait quelques moyens de fixer ces sensations heureuses ou de les multiplier, ceux qui auraient trouvé ce précieux secret seraient les premiers bienfaiteurs de l'espèce et les dispensateurs du *souverain bien,* de la sagesse même et de la vertu, si on pouvait appeler vertueux celui qui serait toujours bon sans effort, puisqu'il serait toujours calme et heureux, c'est ce sentiment que

1 Cette classe d'impressions intérieures concourant à former le sentiment de l'existence ne sont point aperçues puisque le moi est entièrement identifié avec elles, comme nous ne voyons pas le fluide qui nous fait voir, nous n'entendons pas celui qui nous fait entendre, nous ne sentons pas non plus immédiatement ce en quoi et par quoi nous sentons. Si de telles impressions étaient seules, notre mode d'existence serait donc purement végétatif et parce que le *moi* serait tout ce qu'il éprouve, il n'y aurait pas de *moi* à proprement parler. Mais lorsque par l'action et la résistance il y a une personnalité formée, ce sentiment d'existence résultant d'impressions intérieures continues se distingue par des variations successives et des contrastes, l'impression de résistance et d'effort étant le terme constant ; nous sentons donc l'identité du moi agissant et voulant au sein de toutes les variations sensitives. C'est sur cette base que repose la personnalité, la réminiscence. Il me paraît évident que le même sentiment de l'existence ou les mêmes impressions intérieures qui le constituent, renaissant à diverses époques, nous n'aurions aucun moyen de les reconnaître. Voilà pourquoi ceux qui vivent avec nous s'aperçoivent bien mieux que nous-mêmes des variations et des retours de nos humeurs, de nos goûts, de notre caractère. Celui-ci, constituant notre manière d'être fondamentale la plus intime, est aussi la partie de nous-mêmes sur laquelle nous sommes le plus aveuglés ; il décide de la tournure de notre imagination et lui donne des lois ; cette faculté a donc aussi des rapports immédiats avec notre vie intérieure ; la réminiscence, la mémoire et tout ce qui tient au jugement étant liées à la vie extérieure.

Maine de Biran

Rousseau avait puisé dans l'observation de lui-même auquel il revient dans tous ses ouvrages.

Les modifications, qui dépendent des organes internes, sont si nombreuses, si variées, si influentes, qu'on doit être surpris qu'elles aient échappé aux analystes des facultés de l'homme, lorsqu'ils rapportaient l'origine et le développement de toutes ses facultés aux impressions des sens extérieurs, comment pouvaient-ils méconnaître cet aiguillon interne qui le dirigeait, qui donna si souvent l'impulsion à leur volonté et des lois mêmes à leur génie ?

Ce fut donc une découverte précieuse en philosophie, un nouveau champ ouvert, un nouveau domaine ajouté à l'analyse, que de distinguer les impressions et les déterminations, dépendantes de l'activité des organes internes, de celles qui se rapportent à l'action de ceux que l'on a proprement appelé *sens* ; cette découverte explique bien des phénomènes, sauve bien des contradictions et donne au principe de la sensibilité physique une étendue, une généralité qu'elle ne pouvait comporter tant qu'on en restreignait les limites à l'exercice des sens extérieurs.

Aux sensations dont nous venons de parler et qui résultent d'un ensemble d'impressions plus ou moins confuses, dont chacune en particulier échappe à la conscience, il faut joindre ici celles qui se rapportent subitement à quelques parties externes ou internes de notre corps, quand celles-ci s'érigent par un chatouillement voluptueux ou se resserrent, se contractent sous l'aiguillon de la douleur, ces sensations (que l'on peut considérer comme des modifications de celles du tact, séparées de la résistance) singulièrement variées dans leurs nuances, multipliées à l'infini selon la sensibilité de chaque individu, sont également fugitives, et se succèdent sans laisser de traces après elles ; cependant lorsqu'elles ont vivement intéressé la sensibilité et se sont associées par simultanéité avec quelques mouvements, perceptions ou généralement quelques déterminations naturellement persistantes dans l'organe cérébral, les mêmes signes ou circonstances qui provoqueront la reproduction de ces dernières pourront aussi remettre le système dans un état semblable à celui qu'il éprouva par l'effet premier et direct des causes de ces sensations.

C'est ainsi qu'à la présence ou même au souvenir de l'homme ou de l'instrument qui nous a fait éprouver une opération très douloureuse, il se passe dans les parties qui ont souffert, un mouvement de rétraction suivi d'un frémissement, d'une sorte d'horripilation qui ressemblent au commencement de la douleur autrefois ressentie, et en renouvellent l'idée ou plutôt la sensation même affaiblie. Locke qui cite l'exemple d'un fait semblable le rapporte à ce qu'il nomme assez vaguement des associations d'idées ; ... ce n'est point un phénomène du même ordre [1].
B (38).

ISBN : 978-1511511827

[1] C'est toujours l'association ou la non-association des idées avec quelque sentiment qui décide si elles sont ou du ressort de l'imagination ou de celui de l'intelligence.

Maine de Biran